E.KERR-MUIR Oct '04.

Practising Italian Grammar

Practising Italian Grammar

A Workbook

Alessia Bianchi and **Clelia Boscolo**
University of Birmingham, UK

with **Stephen Harrison**

A member of the Hodder Headline Group
LONDON
Distributed in the United States of America by
Oxford University Press Inc., New York

First published in Great Britain in 2004 by
Arnold, a member of the Hodder Headline Group,
338 Euston Road, London NW1 3BH

http://www.arnoldpublishers.com

Distributed in the United States of America by
Oxford University Press Inc.,
198 Madison Avenue, New York, NY10016

British Library Cataloguing in Publication Data
A catalogue record for this book is available from the British Library

Library of Congress Cataloging-in-Publication Data
A catalog record for this book is available from the Library of Congress

ISBN 0 340 81144 7

1 2 3 4 5 6 7 8 9 10

Typeset in 11 on 12pt Palatino by Phoenix Photosetting, Chatham, Kent
Printed and bound in Great Britain by Bath Press Ltd

Contents

Introduction

This book aims to be a companion volume to *A Reference Grammar of Modern Italian* – a workbook of practical exercises designed to give students of Italian the opportunity to practise the rules of Italian grammar in a structured way.

Like *A Reference Grammar of Modern Italian*, it is meant to be accessible to all learners of Italian, whatever their level of knowledge of the language, in a variety of academic and vocational contexts.

Also as in *A Reference Grammar of Modern Italian*, we have taken as many usages as possible for the exercises from current newspapers, magazines, novels and other examples of modern Italian practice. Where some sentences have been omitted from adapted material, this has been marked with [. . .] (see Chapter 14, ex. 14.8).

The words used in the exercises are aimed at presenting a further opportunity to expand and refine the learner's vocabulary and should be used with this aim in mind.

The book does not have to be worked through from beginning to end, but, rather, is a self-access book which can be used by the student to consolidate and expand his/her knowledge and command of particular points of Italian grammar and usage. To facilitate this, an index has been included and each exercise is cross-referenced to the relevant chapter and paragraph of *A Reference Grammar of Modern Italian* (GMI). The book follows GMI's chapter structure.

The workbook has been designed, however, in such a way that it does not have to be used exclusively in conjunction with GMI but can be used on its own as a coherent and comprehensive set of exercises, both in a formal learning environment and by the independent learner.

As a guide, each exercise carries an indication of its level of difficulty:

Level 1: basic exercises suitable for revision of the essential points of Italian morphology and syntax, and using straightforward, everyday language;

Level 2: intermediate exercises which involve more ambitious language, especially authentic texts, and cover all the points of standard usage;

Level 3: advanced assignments which involve sophisticated manipulation of the language, or language which is stylistically marked or of non-standard usage.

Answers to all exercises are included at the end of the book. The answers offered correspond to the explanations and examples given in GMI, but in many cases they are not the only acceptable answer (i.e. in 13.2 (b), 7, *cuocendo* is as valid as *cucinando*).

The translation exercises should be used creatively. They are not meant to teach translation but to offer examples of idiomatic usage on specific grammatical points in both languages and as a further learning opportunity. For example, the answers to English-into-Italian translations can be used as a starting point, for Italian-into-English translations and then back-translated into Italian. At a lower level, the two sets of sentences, English and Italian, could be offered to learners for a matching exercise.

This book is the work of two authors, Alessia Bianchi and Clelia Boscolo, who have jointly compiled each chapter. The translation exercises have been written by Clelia Boscolo and Stephen Harrison. The cartoons have been reproduced by kind permission of *La Settimana Enigmistica* – Copyright held.

Our thanks go to our editor, Eva Martinez, for her patience and forbearance; to our students, who tried the exercises and suggested many improvements; and to those colleagues who looked through the first draft of the workbook and made many valuable comments and suggestions – Professor Michael Caesar, Professor Italo Mariotti, Mr Gerry Slowey, Miss Monica Boria, and Dr Jacqueline Visconti.

We would be grateful to receive comments on the exercises from colleagues and learners who use them.

Alessia Bianchi
Clelia Boscolo
Stephen Harrison

e-mail: C.Boscolo@bham.ac.uk
AXB020@bham.ac.uk

Conventions used in the text

GMI = Grammar of Modern Italian
Dash (–) = No word required (see for example 3.3)

1

Spelling and pronunciation

– Non fai in tempo a **prendere l'accento** d'un luogo, che subito devi emigrare da qualche altra parte!

1.1 Removal of final unstressed vowel

In the following sentences, remove the final vowels when possible. The first one is done for you as an example. (GMI 2.8, Level 1)

1. Dopo avere pranzato con loro, siamo tornati a casa.
   Dopo ***aver pranzato*** con loro, siamo tornati a casa.
2. Finita la festa, sono andati al lavoro, senza avere dormito.
3. Si è scusato di essere arrivato così in ritardo.
4. Forse non dovevamo fare finta di non vedere Matteo: vedrai che si offende!
5. Guarda come corrono: sono pazzi!
6. Mio padre mi ha detto di essere stato a Roma solo una volta e di non avere visto il Vaticano.
7. Il signore De Carlo passerà in ufficio dopo essere andato in magazzino.
8. Il signore che se n'è appena andato ha detto di essere il ragioniere Filippi.
9. Ti ringrazio di essere venuta a trovarmi.
10. Dobbiamo ricordarci di fare vedere queste fotografie ai signori Torlani.
11. Che pasticcio hanno fatto i bambini!

1.2 Punctuation

(a) Read the following letter and note its punctuation, then add the missing punctuation to the reply. (GMI 2.13, Level 2/3)

Caro Beppe,

desidero interrogarti sullo stile di scrittura. Ho pensato che, se riportassi in un tema scolastico alcune tue frasi, verrebbero corrette dalla mia insegnante. Un esempio: "Basta ragionare, e si capisce come comportarsi in società". Non capisco il perché di una virgola prima della congiunzione "e". Poi ho notato che utilizzi spesso i due punti e il punto e virgola, quando la mia professoressa li trancerebbe inesorabilmente con un bel segno rosso. Esempio: "Sono sicuro che ognuno di queste persone penserà: egoista!". Oppure: "Non è così; o meglio, non è sempre così". La mia correttrice direbbe: "Molto meglio una virgola" (in genere, aggiunge anche altre dieci parole, diventando ripetitiva). Ho appreso che sei stato (e sarai) anche tu docente e probabilmente risulterà, dalla tua risposta, che le mie conoscenze in campo grammaticale sono molto basse. Ma almeno chiarirò una volta per tutte i miei dubbi. E, forse, quelli della mia insegnante.

Emanuele

Caro Emanuele

Parlo come giornalista e scrittore non come docente Quindi come uno che scrive di mestiere non come uno che di mestiere insegna a scrivere La prima cosa da dire è questa le regole sono fatte per essere violate Se no che ci starebbero a fare Non tutte naturalmente Alcune È questione di sensibilità Anzi di orecchio Montanelli ne aveva moltissimo per esempio Vediamo i tuoi dubbi Emanuele Virgola prima della congiunzione e per esempio Secondo me qualche volta ci sta bene Introduce una pausa e le pause sono la chiave di tutto nella scrittura come nella musica che ho il sospetto siano parenti Per lo stesso motivo utilizzo spesso i due punti i quali hanno un altro vantaggio Introducono il discorso diretto e permettono di eliminare un che il nemico giurato di chi scrive MAI due che nella stessa frase È come andare in giro con due cappelli Si può fare ma sta male

Qui mi fermo Chiudo con un aggiornamento circa il mio corso di scrittura alla Bocconi 7 14 21 28 maggio che sembra aver intrigato tanti tra di voi parlo dei bocconiani il corso universitario è per loro I posti sono stati aumentati da 80 a 150 ma sembra che questo non abbia risolto il problema come dimostrano le ultime due lettere di oggi Dico questo non per far farmi bello ma perché spero segretamente che alla Bocconi possano far qualcosa per aumentare i posti 150 o 200 cosa cambia E per esprimere pubblicamente il mio stupore non pensavo che tanta gente fosse interessata alla scrittura all'alba del XXI secolo Eppure è così

Beppe

(b) Read the following two letters and note their punctuation, then add the missing punctuation to the third letter, which talks of a similar experience. (GMI 2.13, Level 2)

1.

Caro Beppe,

stamattina alle 8 sono rotolata giù dal letto e, tazza di caffè alla mano, mi sono collegata al sito della mia università per un'iscrizione (studio alla Bocconi e dicono che un giornalista dal cospicuo ciuffo – tu, per capirci – terrà un corso di scrittura il 7, 14, 21 e 28 maggio). Sito bloccato. Bocconi, ore 9,45. Un po' trafelata, ho inserito il tesserino nel punto blu virtuale: a un'ora e un quarto dall'apertura delle iscrizioni i posti sono esauriti. Come esauriti? Ma è un corso di scrittura o un concerto di Bruce Springsteen? Sono anche andata a pigolare qualcosa allo sportello studenti ma non sapevano, non dicevano, non era a loro che competeva e le persone cui competeva non c'erano. Promettimi che farai finta di niente se durante il corso vedrai una studentessa biondina e gracile entrare dal condotto dell'aria condizionata. Un saluto e buona giornata,

Laura

2.

Caro Beppe,

questa volta non s'è trattato di minuti: il secondo giro di iscrizioni al tuo corso di scrittura alla Bocconi si è giocato sui riflessi. Alle 8,59 a ogni Punto Blu, il terminale da cui si fanno tutte le iscrizioni, era incatenato uno studente; alle 9 hanno sguainato tutti il tesserino ed è cominciata la corsa contro il tempo. Prima di me si è iscritta una ragazza, che ha cominciato ad agitarsi ("Oddio già 44 iscritti") e, lasciandomi freneticamente il posto, mi ha suggerito i tasti da schiacciare in modo che non dovessi neanche leggere le istruzioni. F4! Invio! 01! Invio! A705! Invio! In questa sfida dal sapore di Playstation i posti sono finiti in un minuto – non esagero – e neanche stavolta sono riuscita a conquistare un posto. Il mio amico Gigio dice che se quando arrivi ti urlo la formazione dell'Inter dello scudetto, mi porti dentro l'aula con te. Altrimenti c'è sempre il condotto dell'aria condizionata.

Laura

3.

Caro Beppe

vai veramente a ruba Letta la lettera di quella ragazza che già alle 10 di mattina non era riuscita a iscriversi al tuo corso di scrittura all'università mi fiondo sul sito web In una vecchia news sui corsi in generale trovo la conferma alla tua risposta un update nel mezzo del lunghissimo documento segnala che ora i posti sono aumentati di 70 da 80 a 150 Anche gli altri corsi hanno aumentato la capienza e ci si può subito iscrivere Il tuo fa eccezione Solo dal 7 aprile ore 9 guarda caso a quell'ora le lezioni sono cominciate da un quarto d'ora sarà un metodo di discriminazione Faccio un nodo al fazzoletto Lunedì 7 aprile ore 8 Suona la sveglia mi catapulto giù dal letto andare all'uni sarebbe l'ultima cosa che farei dopo la sbornia post esami ma ho una mission impossible Monto in bici e per strada incontro Alberto anche lui insolitamente mattiniero immagino perché Avevo ragione Decidiamo un piano d'attacco bisogna occupare un punto blu il terminale per iscriversi Piano terra ore 8,45 tutti impegnati oggi è anche l'ultimo giorno per iscriversi al programma scambi Tentiamo al primo siamo più fortunati uno è libero

Estraggo il tesserino e lo inserisco controlliamo che quei burloni non abbiamo già aperto le iscrizioni Non c'è ancora ma intanto su consiglio di Giuseppe che ci ha raggiunto mi esercito per automatizzare la procedura temo che ogni secondo risparmiato sarà vitale Intanto diamo un'occhiata alle ragazze accanto a noi anche loro hanno in mano i tesserini degli amici che non avendo lezione sono ancora tra le braccia di Morfeo Sincronizziamo gli orologi e comincia il countdown 5 minuti 4 3 2 1 59 secondi -3 2 1 9:00:00 adrenalina al massimo dentro il tesserino attività extra iscrizione attività 705 metti una x fatto Sono passati 10 secondi ci sono già 5 iscritti Alberto mi passa i tesserini con la pratica divento un ottimo "pianista" ogni volta il numero sale 11 23 34 43 quando anche il mio compagno di stanza è iscritto sono 49 ore 9:02:13 Rimango a guardare le ragazze non hanno ancora finito alle 9,03 praticamente i posti sono esauriti Soddisfatto del felice esito della missione mi avvio a diritto industriale apro la porta non vedo la prof ma sento tre parole in giuridichese Marcia indietro devo festeggiare rimango fuori a leggere il giornale Arrivederci a maggio

Bruno

(Adattato da: www.ricerca.corriere.it/solferino)

1.3 Hyphens and syllabification

(a) Divide the following words into syllables. The first one is done for you as an example. (GMI 2.14, Level 1)

1. troppo *trop-po*
2. Achille
3. statua
4. pesca
5. tragedia
6. olivo
7. acqua
8. astratto
9. traspirazione
10. alpinismo
11. uova
12. lineetta
13. scia
14. piede
15. aiuola
16. atleta

(b) Divide the words in the following letter into syllables. The first one is done for you as an example. (GMI 2.14, Level 1)

Caro Beppe,

questa volta non s'è trattato di minuti: il secondo giro di iscrizioni al tuo corso di scrittura alla Bocconi si è giocato sui riflessi. Alle 8,59 a ogni Punto Blu, il terminale da cui si fanno tutte le iscrizioni, era incatenato uno studente; alle 9 hanno sguainato tutti il tesserino ed è cominciata la corsa contro il tempo. Prima di me si è iscritta una ragazza, che ha cominciato ad agitarsi ("Oddio già 44 iscritti") e, lasciandomi freneticamente il posto, mi ha suggerito i tasti da schiacciare in modo che non dovessi neanche leggere le istruzioni. F4! Invio! 01! Invio! A705! Invio! In questa sfida dal sapore di Playstation i posti sono finiti in un minuto – non esagero – e neanche stavolta sono riuscita a conquistare un posto. Il mio amico Gigio dice che se quando arrivi ti urlo la formazione dell'Inter dello scudetto, mi porti dentro l'aula con te. Altrimenti c'è sempre il condotto dell'aria condizionata.

Laura

(Adattato da: www.ricerca.corriere.it/solferino)

Ca-ro …

1.4 Capital letters

(a) Choose the correct form. The first one is done for you as an example. (GMI 2.15, Level 1)

1. *Guerra e Pace/Guerra e pace* ***Guerra e pace***
2. Giacomo/giacomo
3. Alpi/alpi
4. Società internazionale di fisica/Società Internazionale di Fisica
5. Milano/milano
6. Sabato/sabato
7. *Il Corriere della Sera/Il corriere della sera*
8. Nord/nord
9. Cara Dott. Rossi, La ringrazio/la ringrazio per …
10. Marzo/marzo
11. *I promessi sposi/I Promessi Sposi*

(b) Choose the correct form. The first one is done for you as an example. (GMI 2.15, Level 1)

1. ***Amore mio***/amore mio, ti ricordi quando non siamo andati a Samarcanda/samarcanda?
2. Scegliemmo la migliore stagione dell'anno, l'inizio d'autunno/Autunno.
3. L'avevamo comprata in una piccola libreria dell'Ile Saint-Louis/ile saint-louis, *Ulysse/ulysse*.
4. Per esempio potete partire da Parigi/parigi, da roma/Roma o da Zurigo/zurigo e volare direttamente su mosca/Mosca, ma qui dovete pernottare, perché non esiste una coincidenza aerea per l'Uzbekistan/uzbekistan che vi consenta di arrivare in serata.
5. Ci offriranno caviale di storione del Volga/volga, forse ci sarà un po' più di nebbia intorno ai fanali, come nei romanzi di pushkin/Pushkin, e sarà bello, ne sono sicuro, potremo andare anche al Bolscioi/bolscioi dove è obbligatorio andare se siamo a Mosca/mosca, e magari vedremo il Lago dei cigni/Lago Dei Cigni.

(A. Tabucchi, *Si sta facendo sempre più tardi*, Milano 2001)

(c) In the following passage, underline the letters which should be written in capitals. There are 24 of them in total. The first one is done for you as an example. (GMI 2.15, Level 1)

Il parco nazionale d'abruzzo, gestito dall'ente nazionale d'abruzzo lazio e molise, ha sede a pescasseroli in viale santa lucia. il parco è famoso in tutta italia e un po' in tutto il mondo come modello di conservazione della natura e di difesa dell'ambiente. il più antico dei parchi della montagna appenninica ha avuto un ruolo fondamentale nella conservazione di alcune delle specie più importanti della grande fauna italiana: orso bruno marsicano, camoscio d'abruzzo e lupo. è coperto per due terzi da faggete che costituiscono una delle maggiori estensioni continue di tutto l'appennino, ricche di esemplari vetusti che permettono la presenza di specie animali come il picchio di lilford. la reintroduzione del cervo e del capriolo e il ritorno del cinghiale hanno permesso la ricostituzione, assieme ai grandi carnivori, delle catene alimentari originarie. al di sopra della faggeta, le petraie di alta quota ospitano formazioni di pino mugo, rarissimo sull'appennino, e una quantità di specie legate a questi ambienti estremi, spesso relitti della vegetazione dei periodi glaciali o specie endemiche e localizzate. la presenza del parco ha permesso la rivitalizzazione dei centri storici, come quelli di civitadella alfedena e opi.

(Adattato da: www.pna.it)

2

Nouns and adjectives

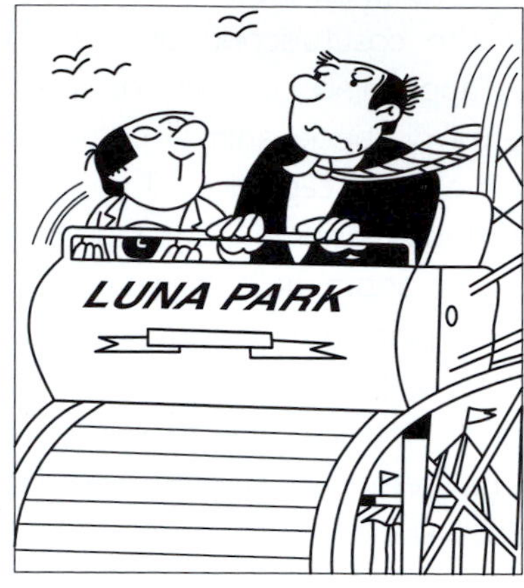

– **Divertente** da **pazzi**, eh, **papà**?

2.1 General principles of plural formation

(a) Turn the following nouns and adjectives into the plural. The first one is done for you as an example. (GMI 3.1, Level 1)

1. Televisore portatile – *televisori portatili*
2. Struttura portante
3. Oracolo delfico
4. Stazione centrale
5. Direttore artistico
6. Capriccio
7. Gnomo
8. Assoluzione piena
9. Urgenza
10. Pseudonimo
11. Recente acquisizione

(b) Turn the following expressions into the plural. The first one is done for you as an example. (GMI 3.1, 3.3, Level 1)

1. L'attore americano – *gli attori americani*
2. Il mio più caro amico
3. La crisi economica

4. Il famoso poeta
5. L'arduo problema
6. Lo zio Geraldo (Geraldo e Carlo)
7. L'ultimo album
8. Una tribù aborigena
9. La valigia blu
10. Il tè verde
11. Una terribile arma nucleare
12. Il cinema italiano
13. Un album di foto
14. Il delta paludoso
15. Il koala australiano
16. Il vestito rosa di Sara
17. La moto nuova fiammante di Stefano (Stefano e Davide)
18. Il paria indiano
19. Un vaglia telegrafico
20. Lo sport estremo
21. Un indice analitico

(c) Turn the following nouns and adjectives into the singular. The first one is done for you as an example. (GMI 3.1, Level 1)

1. Tappeti orientali – ***Tappeto orientale***
2. Risultati eccellenti
3. Creazioni moderne
4. Perimetri
5. Assonanze
6. Bibliografie aggiornate
7. Compromessi inaccettabili
8. Piani regolatori
9. Manifestazioni popolari
10. Produzioni artigianali
11. Dispute territoriali

2.2 Nouns in masculine singular -o and feminine plural -a, double plurals

(a) In the following pictures, name the part of the body shown. The first one is done for you as an example. (GMI 3.4, Level 2)

le labbra

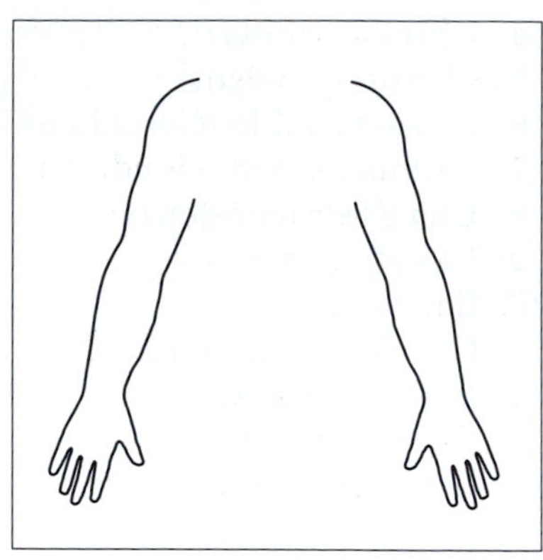

____

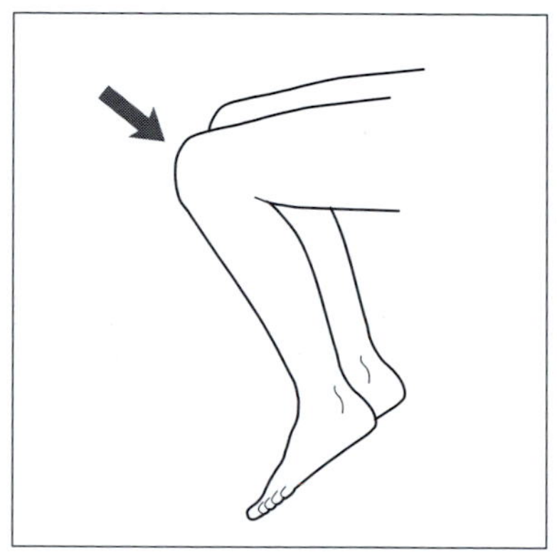

____

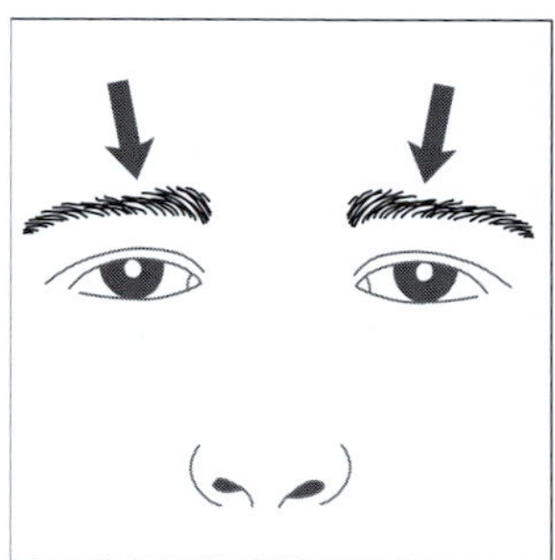

____

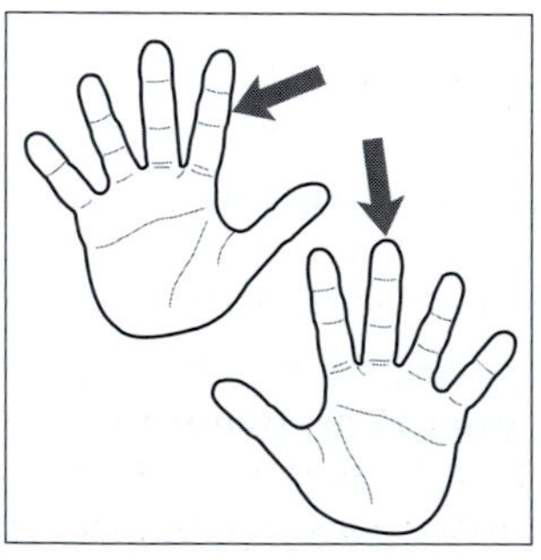

____

(b) Choose the correct plural. The first one is done for you as an example. (GMI 3.4, Level 2)

1. I fondamenti/Le fondamenta della geometria
   I fondamenti della geometria.
2. Lo stringeva stretto tra i bracci/le braccia.
3. Stanno ancora costruendo le fondamenta/i fondamenti della casa di Giorgio.
4. I muri/Le mura di quell'edificio erano coperti di graffiti.
5. Cerca di tenere le fila/i fili del tuo discorso!
6. Certo che fa proprio venire il latte ai ginocchi/alle ginocchia, non è vero?
7. Vendono delle lenzuola/dei lenzuoli a ottimo prezzo in quel negozio.
8. Il centro commerciale è molto vicino, appena fuori delle mura/dai muri della città.
9. A causa di quel terribile temporale, Giulia è arrivata a casa fradicia fino alle midolla/ai midolli.

2.3 Irregularities in the plural root

Turn the underlined expressions into the singular or the plural, as necessary. The first one is done for you as an example. (GMI 3.6, Level 2)

1. Questo mio amico è appena arrivato a Roma.
   Questi miei amici sono appena ***arrivati*** a Roma.
2. Tassos e Savvas sono greci, mentre Ulrike e Greta sono tedesche.
3. La teoria di quello psicologo milanese ha avuto un grande impatto sul pubblico.
4. L'albergo cui facevi riferimento è senza dubbio uno dei migliori della zona.
5. L'emeroteca comunale è in via Dante.
6. Il Professor Mariotti ha appena ricevuto un nuovo incarico per il prossimo anno.
7. Un naufrago è stato tratto in salvo ieri notte nei pressi di Bari.
8. Gli strascichi di quell'evento scioccante saranno molto difficili da superare.
9. Quell'equivoco ha creato grandi malumori in ufficio.
10. Un nuovo sarcofago è stato recentemente riportato alla luce.
11. Il catalogo di questa mostra sarà pubblicato presto.
12. Chi sono i più noti dèi della mitologia greca?
13. Due chirurghi e tre biologi sono richiesti agli ospedali civili.

2.4 The plural of compound nouns

In the following passage, imagine that instead of one of each object denoted by a compound noun, the narrator sees several. Put all compound nouns into the plural and make all the other required changes. The beginning is done for you as an example. (GMI 3.7, 3.13, Level 3)

La casa era vecchia, ma interessante. Ho notato subito il bassorilievo di stucco a forma di mezzaluna sull'architrave della porta. "Forse è un portafortuna per il povero senzatetto che cerca rifugio in questa casa" – ho pensato – e il vaso di terracotta con un ficodindia sistemato proprio accanto al battiscopa dell'ingresso, a poca distanza dal portaombrelli e dall'attaccapanni. Nello studio, altre sorprese: sulla scrivania, un tagliacarte di madreperla – un vero capolavoro –, un portacenere di cristallo che rifletteva l'arcobaleno, un portafoglio di pelle, un passaporto scaduto, un francobollo della Cina – un po' strano come soprammobile. Sulla parete, una grossa cassaforte, e, accanto a questa, un portachiavi appeso. In un angolo, sopra una cassapanca pesantissima, c'era persino un vecchio giradischi a manovella.

In cucina, della lavastoviglie nemmeno l'ombra: un vecchissimo tritacarne era stato lasciato ad arrugginire sulla credenza, accanto ad un apriscatole, un cavatappi, uno schiaccianoci ed un cacciavite ormai tutti arrugginiti.

Al primo piano, nella camera da letto, erano stati sistemati in bell'ordine un guardaroba immenso e un incredibile pianoforte a coda. Sul letto era stato lasciato un asciugamano e ai piedi del letto era stato messo uno scendiletto rosso.

Uscendo di casa, ho notato infine che dal tetto mancava il parafulmine.

La casa era vecchia, ma interessante. Ho notato subito ***i bassorilievi*** di stucco ...

2.5 Number mismatches between English and Italian

Translate the following sentences into Italian. The first one is done for you as an example. (GMI 3.8, Level 3)

1. The children had beautiful, long hair.
   I bambini avevano dei bei capelli lunghi.
2. Mum's lasagne is always excellent.
3. My pyjamas are blue and white.

4. The clowns all had big, red noses.
5. The boys took off their belts.
6. The girls were wearing green track-suits.
7. They stood there with their mouths open.
8. The houses all had thatched roofs.
9. These politicians change their minds every day.
10. Father and son embraced and shook hands.
11. They cycled with handkerchiefs on their heads.
12. At times people attach too much importance to money.
13. The information you have given me is wrong.
14. My parents have just celebrated their silver wedding anniversary.
15. I had no money left in my wallet but, fortunately, the change I had in my pockets was enough.
16. I am sure Carlo's house used to be in the vicinity of the station.

2.6 The gender of nouns

(a) Add the missing letters. The first one is done for you as an example. (GMI 3.9–12, 3.16, Level 1/2)

1. Abbiamo fatto un ottim____ brindisi.
   Abbiamo fatto un ottim*o* brindisi.
2. L'indice di questo libro è facilissim____ da seguire.
3. Quest____ dente cariat____ deve essere estratt____
4. Un tempo ad ogni ragazza era necessari____ un____ dote.
5. Ormai il mondo intero è collegato a reti telematic____
6. L'analisi eseguit____ dallo studente è stat____ molto accurat____
7. Allo zoo c'erano dei gorilla vecchissim____ e due panda buffissim____
8. Tutt____ Berlino risplendeva di luce.
9. Dalla cucina veniva un delizios____ aroma di caffè appena fatt____.
10. Il professore di filosofia ha molt____ carisma.
11. La principessa portava un prezios____ diadema.
12. Dalla finestra del mio albergo si vede l'inter____ panorama della costa.
13. Si dice che nel castello ci sia un____ spaventos____ fantasma.
14. L'asma è sempre più diffus____ tra i bambini.
15. Quest____ problema è molto seri____
16. L'ultim____ vittima dell'incidente d'auto ha subito un seri____ trauma cranic____
17. Al giorno d'oggi è disponibile una gamma infinit____ di elettrodomestici.
18. Carla è diventat____ il soprano solist____ del coro.
19. Il comandante dell'aereo si è rivelato un bravissim____ pilota.
20. La salvaguardia dell'ambiente è fondamentale per la salvezza del nostr____ pianeta.

(b) Complete the sentences with words taken from the following list. The first one is done for you as an example. (GMI 3.9–12, Level 2)

larice, gente, incudine, luce, volpe, società, spia, eremita, guida, dinamo, dilemma, emblema, sisma, tema, stima, autista, teppista

1. Dopo la morte della moglie, l'avvocato si comportava come un ***eremita***: non usciva più di casa e riceveva solo la visita del prete, sua ____ spirituale, e della figlia.
2. Nella ____ moderna, accettare l'esistenza di persone violente rappresenta un ____ di non facile soluzione.
3. Alimentata da una ____ vecchissima e mal funzionante, il faro della bicicletta proiettava una____ davvero flebile: chissà come faceva l'anziano contadino a vedere la strada di casa.
4. Sotto un ____ altissimo e dal tronco nerissimo, una giovane ____ aveva fatto la tana per sé e per i suoi cuccioli.
5. La ____ del paese non era disposta ad accettare le spiegazioni del postino: erano tutti sicuri che aveva fatto lui la____, riferendo alle autorità i suoi sospetti.
6. L'____ di casa Savoia, un giovane alto e bello, aveva il compito di lavare e lucidare l'auto ogni giorno. Sulla portiera era stato messo l'____ della famiglia nobiliare, un nodo dorato.
7. I danni causati dal ____ che ha recentemente colpito l'Italia centrale sono stati il____ di un dibattito cui sono intervenuti parecchi rappresentanti della Protezione Civile.
8. Lo sai benissimo che i tuoi colleghi nutrono enorme ____ per te: non fanno altro che dire quanto sei bravo nel tuo lavoro!
9. Pierluigi fa il fabbro, ma è un vero artista: battendo il metallo caldo sull'____, lo trasforma nelle forme più delicate.
10. Tuo fratello è un vero ____: uno di questi giorni finirà male!

2.7 The gender of compound and other nouns

Translate the English phrases in the following sentences into Italian, making any other adjustments that might be necessary. The first one is done for you as an example. (GMI 3.13–16, Level 2)

1. Il ricavato da***lla compravendita*** (the sale and purchase) di immobili è soggetto a pesanti tasse.
2. E ____ (getting shipwrecked) m'è dolce in questo mare. (Leopardi)

3. Non mi riesce mai di parcheggiare usando ____ (the reverse gear).
4. Finalmente le autorità hanno dato ____ (the go-ahead) al progetto di ampliamento della scuola.
5. Vai sempre dritto fino al prossimo ____ (crossroads), poi gira a sinistra.
6. Il materiale di queste calzature è stato sperimentato ____ (by NASA).
7. Anche se non è il fiume più lungo, ____ (the Thames) è senz'altro il fiume più famoso d'Inghilterra.
8. ____ (Juventus and Turin) sono le squadre di calcio della città di Torino.
9. Avevano un bellissimo giardino, pieno di ____ (forget-me-nots).
10. ____ (the blues and the reds) dei quadri degli Impressionisti sono estremamente suggestivi.

2.8 Meaning differences associated with gender

Choose the correct alternative. The first one is done for you as an example. (GMI 3.17–21, Level 1)

1. Il capitale/la capitale dell'Islanda è Reykjavik, sulla costa sud dell'isola.
   La capitale dell'Islanda è Reykjavik, sulla costa sud dell'isola.
2. Durante una passeggiata in campagna, abbiamo raccolto un'incredibile quantità di nespole/nespoli e pesche/peschi.
3. Il fonte/la fonte battesimale di quella chiesa risale all'epoca medievale.
4. Sul fronte/sulla fronte degli investimenti la situazione è al momento piuttosto grave.
5. Non sporgerti dalla finestra/dal finestrino! Il treno sta ripartendo.
6. È iniziata la stagione della caccia/del caccia, e non sono mancate le consuete proteste.
7. Quella terrazza/quel terrazzo è stato/a adibita/o a solarium da pochi mesi.
8. La dottoressa/dottor Mainini mi ha vivamente consigliato di mangiare più frutta/frutti.
9. Marcello è un lettore/una lettrice accanito/a di libri gialli.
10. Quella signora è stata trattata molto male da un'infermiera/infermiere e si è immediatamente rivolta a chi di dovere.

2.9 Ways of expressing 'male' and 'female'

Fill the gaps with the correct Italian expression. Add the article if necessary. The first one is done for you as an example. (GMI 3.17–21, Level 2)

1. ***La guida*** ci ha fatto visitare la reggia di Caserta e ci ha poi accompagnato negli splendidi giardini che la circondano (the guide).
2. Dire che Antonella sia soltanto un po'____ mi pare eufemistico (spendthrift).
3. Maria e Ivano sono ____ di Federico (uncle and aunt).
4. No, penso che tu ti stia confondendo: la Martini è una matricola, mentre la De Giorgi è ____ (a second year female student).
5. ____ di questa lunga 'tirata' del direttore non mi pare ancora chiaro (the aim).
6. ____ di sabato scorso è stato organizzato splendidamente da Stefania e sua sorella (the party).
7. ____ di quest'azienda sta crescendo considerevolmente di anno in anno (the capital).
8. Nel collegio le sale giochi sono al pian terreno e ____ al primo piano (the dormitories).
9. ____ italiano più noto all'estero è senza alcun dubbio Dante Alighieri (the poet).
10. Prima di comprare le tende, non dimenticarti di misurare ____ (the window).

2.10 Gender and adjectives

Add the correct ending to the adjectives. The first one is done for you as an example. (GMI 3.22–24, Level 1)

1. Non capisco il motivo per cui Carlo è sempre così pessimist***a***.
2. La gonna bl____ esposta in vetrina s'abbinerebbe perfettamente con la mia giacca, non credi?
3. Bruno e Loretta sono davvero amici preziosissim____.
4. Tutti si sono accorti di quanto la signora Manfredi sia cortes____.
5. Applausi scrosciant____ e sguardi ammirat____ accompagnarono l'entrata dell'attore in scena.
6. Quel set di asciugamani ros____ mi sembra molto delicato. Forse un lavaggio a mano sarebbe più indicato.
7. Dal 12 gennaio partirà una rassegna di film frances____ che si preannuncia di grande interesse.
8. Una delle mie più car____ amiche si è appena trasferita a Washington e lì si fermerà per almeno tre mesi con il fidanzato scozzes____.
9. Sto cercando da qualche ora la mia penna stilografica ner____.
10. Il primo film della famosa trilogia "Tre colori" di Kieslowsky s'intitola "Film Bl____".

2.11 The position of adjectives

Choose the correct alternative. The first one is done for you as an example. (GMI 3.25–27, Level 2)

1. Certamente la cucina italiana/l'italiana cucina è fra le più note e amate nel mondo.
   Certamente ***la cucina italiana*** è fra le più note e amate nel mondo.
2. Le tue battute pungenti/pungenti battute possono essere talvolta piuttosto offensive.
3. È decisamente un bravo ragazzo/ragazzo bravo, ma talvolta il suo comportamento non è fra i migliori.
4. La mia decisione/la decisione mia è ormai irrevocabile.
5. La brutta notizia/notizia brutta arrivò e gettò grande scompiglio/scompiglio grande.
6. È certo un'ipotesi affascinante/affascinante ipotesi, ma forse non sufficientemente convincente.
7. Questo bel quadro/questo quadro bello mi è stato donato il giorno della mia laurea.
8. Da pochi giorni è uscito nelle sale l'ultimo film del mio regista preferito/mio preferito regista.
9. Conosci Bernard, quell'ingegnere edile inglese/inglese ingegnere edile appena rientrato dal Giappone?
10. Alcune tue proposte/alcune proposte tue sono brillanti; altre sono, forse, da riconsiderare.
11. Si tratta di una trasmissione intelligente/intelligente trasmissione, condotta con garbo.

2.12 The form and position of adjectives

(a) Choose the correct form of the adjectives. The first one is done for you as an example. (GMI 3.28, Level 1)

1. Un bel/bello giorno riusciremo a trovare l'auto che fa per noi.
   Un bel giorno riusciremo a trovare l'auto che fa per noi.
2. Bel/Bell'amico sei! Di te non posso proprio fidarmi.
3. Quando è crollato l'edificio si è sentito un grande/gran boato.
4. Se vuoi un buon/buono pranzo, questa trattoria è l'ideale.
5. Il giorno di Natale c'è stata una gran/grande bella/bel nevicata.
6. Avrei una gran/grande voglia di dirle esattamente cosa penso di lei!
7. Certo che la vostra è davvero una grande/gran bella/bello casa!
8. La chiesa di San/Santo Miniato al Monte è uno dei più belli/begli esempi di architettura romanico-fiorentina.

9. Il buon/buono giorno si vede dal mattino!
10. Mi hanno regalato due bei/begli libri, ricchi di belle/bell' illustrazioni.

(b) Choose the correct position of the specificational adjectives. The first one is done for you as an example. (GMI 3.29–31, Level 1)

1. Sulla costa italiana sono stati costruiti troppi alberghi/alberghi troppi. Sulla costa italiana sono stati costruiti ***troppi alberghi***.
2. Non è facile andare d'accordo con certe persone/persone certe.
3. Le ho già telefonato diverse volte/volte diverse, ma non è mai in casa.
4. Alla gita hanno partecipato numerosi anziani/anziani numerosi.
5. È raro ormai trovare famiglie numerose/numerose famiglie in Italia.
6. Per non sbagliare, le ho comprato due libri diversi/due diversi libri.
7. È vero che Paolo esce ogni settimana con una diversa ragazza/ragazza diversa?
8. Diceva di star male, ma aveva solo un leggero raffreddore/raffreddore leggero.
9. Se vuoi aiutarmi, porta la borsa leggera/leggera borsa!
10. Abbiamo visto vari modelli/modelli vari di scarpe, ma nessuno ci è piaciuto.
11. Ti chiedo una semplice opinione/un'opinione semplice: non ti arrabbiare!
12. È una discoteca unica/un'unica discoteca: gli arredamenti e gli impianti sonori sono eccezionali.
13. Era un'artista di grande talento, ma aveva i modi semplici/semplici modi di una persona comune.
14. Ho visitato la Basilica di San Pietro un'unica volta/una volta unica, quando avevo dieci anni.
15. Ha fatto a tutti la stessa domanda/domanda stessa.

2.13 The present participle

(a) Complete the sentences with adjectives taken from the following list. The first one is done for you as an example. (GMI 3.32, Level 2)

abbiente, accogliente, arrogante, carente, coerente, divertente, fiorente, rassicurante sorridente, squillante, vincente

1. Non si era nemmeno accorto di avere il biglietto *vincente* della lotteria.
2. A volte il suo comportamento è inspiegabile: per essere capito dovrebbe essere più ____.

3. L'albergo era modesto, ma ____: tutte le camere erano arredate con molto gusto.
4. Paolo non viene da una famiglia ____, i suoi genitori sono semplici operai.
5. Nonostante la crisi economica, il settore della moda è ____.
6. Era molto preoccupata, ma la telefonata della madre è stata ____.
7. Non capisco perché suo figlio sia così ____: dovrebbe dimostrare maggiore rispetto per suo padre.
8. Lo spettacolo è stato davvero ____: erano anni che non ridevo così tanto.
9. Il servizio di assistenza ai clienti è molto ____: dovrò scrivere una lettera di reclamo.
10. Marina è sempre di buon umore: il suo viso ____ ispira simpatia a tutti.
11. Con una voce così ____ cos'altro avrebbe potuto fare?

(b) Complete the sentences with nouns taken from the following list. The first one is done for you as an example. (GMI 3.32, Level 2)

abitanti, brillante, comandante, commerciante, concorrente, conducente, conoscente, corrente, dirigente, insegnante, rappresentante

1. Sugli autobus italiani è vietato parlare al ***conducente***.
2. Per l'anniversario, il marito le ha regalato un bellissimo ____.
3. Il signor Bini ha un negozio, è ____.
4. Il presentatore del quiz ha fatto al ____ una domanda facilissima.
5. Il ____ ha annunciato che fra poco saremo pronti all'atterraggio.
6. Il padre di Marco fa il ____ per una ditta di farmaceutici: viaggia molto.
7. Non è sempre vero che una lingua straniera si impara più facilmente con un ____ di madrelingua.
8. Durante l'alluvione molti alberi sono stati trascinati via dalla ____ del fiume.
9. Da quando è diventato ____, il signor Rossi si dà un sacco di arie.
10. Nei paesi piccoli tutti gli ____ si conoscono bene.
11. Non posso chiedergli questo favore, è un semplice ____.

3

The articles

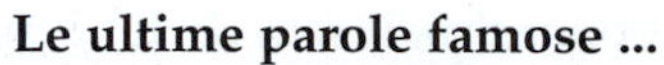

– Tu vai pure a **fare il bagno**, se vuoi, Nina:
io preferisco riposarmi un po'.

3.1 The definite article

(a) Fill the gaps with the correct form of the definite article. The first one is done for you as an example. (GMI 4.1, Level 1)

1. *Il* glicine
2. ____ specchi
3. ____ iodio
4. ____ strada
5. ____ Grazie
6. ____ pseudonimo
7. ____ *Gattopardo*
8. ____ jeans
9. ____ *dialoghi mancati*
10. ____ *barone rampante*
11. ____ *Divina Commedia*
12. ____ acqua dolce
13. ____ yacht
14. ____ angelo
15. ____ arte per ____ arte

(b) Fill the gaps with the correct form of the definite article, then turn into the plural or into the singular, as necessary. The first one is done for you as an example. (GMI 4.1, Level 1)

1. *L'*unico superstite, *gli unici superstiti*
2. ____ scarti
3. ____ orso bruno
4. ____ politecnico
5. ____ ultime parole famose
6. ____ giorno e ____ notte
7. ____ distanze
8. ____ svizzeri
9. ____ diari di guerra
10. ____ dèi
11. ____ opportunità (sing.)
12. ____ creazione
13. ____ uomini
14. ____ zaffiri
15. ____ champagne

3.2 The indefinite article

(a) Fill the gaps with the correct form of the indefinite article. The first one is done for you as an example. (GMI 4.1, 4.22, Level 1)

1. *Un'* incursione
2. ____ spazio limitato
3. ____ amara notizia
4. ____ zainetto alla moda
5. ____ eccezionale rinvenimento
6. ____ urgenza
7. ____ architetto geniale (m.)
8. ____ pseudonimo
9. ____ amore travolgente
10. ____ insegnante preparata
11. ____ pizzico di sale
12. ____ orticaria con i fiocchi
13. ____ fame terribile
14. ____ zitella acida
15. ____ scippo
16. ____ stillicidio
17. ____ albergo a quattro stelle

(b) Complete the following sentences using the indefinite article. The first one is done for you as an example. (GMI 4.1, 4.22, Level 2)

1. ***Un*** giorno della prossima settimana non mi dispiacerebbe andare a quella mostra.
2. Temo che mi dovrai dare ____ spiegazione più che convincente per questo episodio.
3. Per ____ informazione di questo tipo, credo che ci si possa rivolgere direttamente all'ingegner Bertani.
4. ____ indicibile quantità di fondi è stata investita in quel progetto di rimboscamento.
5. È ____ uomo sui quarant'anni, abito grigio un po' spiegazzato, porta ____ valigia.
6. C'era ____ fitta nebbia, e le macchine procedevano assai lentamente.
7. Lo stormo si alzò in cielo, come ____ nube di fumo sprigionata da ____ incendio. (*Alessandro Baricco*)
8. ____ grande fracasso di oggetti rovesciati, poi un silenzio. (*Rosetta Loy*)
9. Veniva da ____ famiglia di origine indiana, emigrata qui ____ trentina di anni fa.
10. ____ inimmaginabile sorpresa lo aspettava da lì a poco.

(c) Complete the following sentences using the preposition suggested, joined to the definite article if necessary. The first one is done for you as an example. (GMI 4.2 Level 1)

1. Non sapevo se aspettare fuori o entrare ***nel*** cortile ***della*** scuola. (in, di)
2. Erano pieni di stupore ____ notizia inaspettata appena portata da Gabriele. (per)
3. La discussione ____ questione non si esaurirà certo in pochi giorni. (su)
4. Fuori ____ stazione i genitori dei due ragazzi aspettavano trepidanti. (da)
5. A causa ____ forti piogge ____ giorni scorsi, innumerevoli sono state le chiamate ____ protezione civile. (di, di, a)
6. Non riesco a spiegarmi come tu possa essere sempre ____ difensiva. (su)
7. Cosa avete programmato ____ fine-settimana? (per)
8. ____ folla radunata ____ concerto, ci sembrava di aver visto Luca e sua moglie. (tra, per)
9. Coraggio, siamo a non più di mezz'ora ____ arrivo! (da)
10. L'udienza è fissata ____ le tre di sabato 12 marzo ____ terzo piano ____ tribunale. (per, a, di)
11. Lo spettacolo fu acclamato da un lunghissimo applauso ____ pubblico. (di)

12. ____ ultime statistiche, si direbbe che questo prodotto stia dando ottimi risultati ____ mercato. (da, su)
13. ____ tuo conto sono state addebitate le spese ____ acquisto di quegli scaffali. (su, per)
14. Con grande animazione si è discusso ____ progetto ____ costruzione di quel ponte ____ stretto di Messina. (di, per, su)
15. La pagina di apertura ____ *Il Giornale* è stata fonte di molte critiche. (di)

(d) Complete the following descriptions of the cartoon, using definite articles and prepositions, following the example. (GMI 4.2, Level 2)

1. La mamma è ____ la porta.
   La mamma è ***accanto alla porta***.
2. Il quadro è ____ la parete.
3. La fotografia è ____ la credenza.
4. Il vaso di fiori sono ____ la fotografia.
5. Il carrello è ____ il ragazzo.
6. I libri sono ____ il carrello.
7. Il ragazzo è ____ il carrello.
8. Il libro è ____ il braccio del ragazzo.
9. La credenza è ____ la porta.
10. ______________________________

3.3 Use of the definite article

Underline the correct form. The first one is done for you as an example. (GMI 4.3, 4.4, 4.6, 4.7, 4.8, 4.9, 4.10, 4.11, 4.12, 4.14, 4.15, 4.16, Level 1/2)

1. ***In Puglia***/Nella Puglia non siamo mai stati, ma ci è capitato di soggiornare per qualche giorno in un paesino ***della***/di vicina Basilicata.
2. Il/– cognato di Marta, Giulio, che vive ora a New York, è originario della/di Lombardia.
3. Abiti ancora nella/in via Inghilterra, 3?
4. Non so spiegarmi il/– mio terribile mal di testa.
5. Hai –/il sonno? No, sono solo un po' affaticato.
6. Parlando dallo/da specialista della materia, il conferenziere non ha reso la sua presentazione accessibile ai più.
7. La/–Milano, La/–Venezia, e altre città del/di nord Italia sono assiduamente frequentate dai turisti nell'arco di tutto l'anno.
8. Il/–Professor Vincenzi, posso chiederLe cosa ne pensa di questa soluzione del problema?
9. Le consiglierei di rivolgersi all'/a ingegner Baldini per avere ulteriori chiarimenti.
10. No, credo che Alessandro faccia in realtà il/ – dentista, non l'/–odontotecnico.
11. Il Monte Bianco è la cima più alta dell'/d' Italia, il Ben Nevis lo è di/della Gran Bretagna.
12. Perché non si va al/a lago di Garda per Ferragosto?
13. La/– fortunata come al solito! A me non capita mai di vincere neppure un euro al Lotto!
14. Che l'/– alcool sia un problema sempre più diffuso fra i giovani, pare purtroppo inconfutabile.
15. La/– Tua madre e la/– mia sorella hanno frequentato lo stesso corso di storia dell'/di arte.
16. In cinque valli dolomitiche si parla una lingua neolatina, il/ – ladino.

3.4 Special use of the definite and the indefinite article

(a) Say whether the underlined expressions are **correct (Corretto)** or **incorrect (Scorretto)**, then correct the incorrect ones. The first one is done for you as an example. (GMI 4.5, 4.13, 4.14, 4.20, 4.21, Level 2)

1. Nonostante mi faccia male dente, non ho intenzione di prendere nessun analgesico. C S
   Nonostante ***mi faccia male un dente***, non ho intenzione di prendere nessun analgesico.
2. Alza una mano, se vuoi prendere la parola. C S
3. Giovanni ha la febbre troppo alta. Dobbiamo chiamare il medico. C S
4. Nonostante abbia male al dente del giudizio da mesi, il dentista sembra sconsigliarle di intervenire. C S
5. L'uomo indagato per l'omicidio di quella donna è Paolo Rossi, studente d'ingegneria all'Università di Napoli. C S
6. La cooperazione fra l'Italia e la Francia si è andata via via consolidando nel corso dell'ultimo decennio. C S
7. Ieri sera è venuta a cena amica di Francesca, che si è da poco trasferita in città. C S
8. C'è ancora il pane, o passo dal supermercato mentre esco dal lavoro? C S
9. Non mangio la carne, sono vegetariano. C S
10. Un ingegner Fabbri così indignato certo non me lo potevo immaginare. C S

(b) In the following article, fill the gaps with the missing definite or indefinite article, or with a combination of article and preposition, if necessary. The first one is done for you as an example. (GMI 4.1–22, Level 2/3)

Patente per sciare

Fra non molto forse servirà ***la*** patente anche per sciare. È quanto prevede ____ "Codice ____ (di) piste da ____ sci" contenuto in ____ proposta di legge presentata recentemente da Luciano Caveri, deputato ____ (di) Union Valdôtaine. Per ____ trasgressori sono previste sanzioni che vanno da 20 a 650 euro. Secondo ____ "Codice", inoltre, sarà obbligatorio dare ____ precedenza a destra ____ (in) incroci, mentre sarà vietato accedere ____ (a) piste con ____ attrezzature diverse ____ (da) sci e fermarsi in mezzo ____ (a) percorso o ____ (in) passaggi obbligati. In caso di incidente, poi, ____ sciatore colpevole dovrà aiutare ____ infortunati, pena ____ arresto fino a tre mesi.

(da *Italia & Italia*)

4

Demonstratives

4.1 Forms of *questo* and *quello*

(a) Match up the demonstrative adjectives and the nouns. Choose a suitable word. The first one is done for you as an example. (GMI 5.1–2, Level 1)

quell'	pagine
questo	lampada
quegli	zoo
'sta	barzellette
questi	alberi
questa	faccenda
quello	bambina
queste	*arco*
quella	cd

(b) Fill the gaps. The first one is done for you as an example. (GMI 5.1–2, Level 1)

1. *Quest'* allergia (this)
2. ____ orologi (those)
3. ____ orribile incubo (that)
4. ____ fotografie (these)
5. ____ capricci (those)
6. ____ specchi (those)
7. ____ regalo (this)
8. ____ disciplina (that)
9. ____ albergo (this)
10. ____ sorpresa (this)
11. ____ scherzo (that)
12. ____ terreni (these)
13. ____ listino (that)
14. ____ opportunità (those)
15. ____ studenti (those)

(c) Translate the following expressions into Italian. The first one is done for you as an example. (GMI 5.1–2, Level 1)

1. Those books *Quei libri*
2. These apples
3. That house
4. This umbrella
5. These men
6. This soul
7. Those ones (masc.)
8. That mirror
9. Those girls
10. This road

(d) Fill the gaps with *questo* or *quello* in their correct form. The first one is done for you as an example. (GMI 5.2, Level 1)

1. Ti ricordi ____ signora che avevamo conosciuto a Torino tanti anni fa?
   Ti ricordi ***quella*** signora che avevamo conosciuto a Torino tanti anni fa?
2. ____ libro qui vorrei consigliarti come lettura per le vacanze.
3. Lo studio del Dottor Angelini? È ____ porta a destra in fondo al corridoio. La vedi?
4. ____ crepa lassù vicino al soffitto mi preoccupa molto.
5. Il castello che stiamo visitando è il più antico di ____ regione.
6. ____ anno sembra iniziato sotto i migliori auspici.
7. Non è ____ lampada là che cercavi?
8. Deve prendere questa strada e andare sempre dritto fino a ____ negozi laggiù.
9. ____ ragazze là non hanno la minima idea di quello che potrebbe accadere.
10. Vedi ____ ragazzo che sta parlando in fondo al corridoio con Cristina? È Stefano, uno dei migliori studenti della scuola.
11. ____ storia che mi raccontò la signora Paterni il mese scorso, risultò essere vera.

4.2 The demonstratives *questo* and *quello* as pronouns

Fill the gaps with the appropriate demonstrative pronoun. The first one is done for you as an example. (GMI 5.4–11, Level 1)

1. Tu cosa preferiresti? Quest'auto o ____?
   Tu cosa preferiresti? Quest'auto o ***quella***?
2. ____ qui sono le cornici che vorrei comprare per la signora Mainini.
3. ____ del gas sono passati oggi, ma io non ero in casa.
4. Marco è sempre ____: non c'è una volta che si presenti in orario!
5. Questi dipinti sono di Leonardo, ____ là dalla parte opposta della sala sono invece di Raffaello.
6. Queste richieste sembrano ragionevoli, ma ____ di Marta sono assolutamente eccessive.
7. Dopo anni ed anni, la situazione è sempre ____, e non mi sembra che nessun provvedimento sia stato preso a riguardo.
8. Sei sempre ____, Carla! Non cambi mai! Mai!
9. Mi hanno telefonato dall'ospedale per un'urgenza. Per ____ non sono riuscito a chiamarti, Sara!
10. Certo che non sembra più ____, vero? È invecchiato moltissimo negli ultimi anni.

11. Quale dizionario vuoi? ____ francese o ____ inglese?
12. E così Franco si è sposato! ____ è bella! Non me lo sarei mai aspettato.
13. Ma la ditta ti ha poi contattato?
    ____ sì, ma poi non ho più saputo niente.

4.3 Other demonstratives: *costui, così, tale, qui, lì, qua, là*

In the following sentences, modify the underlined words using the suggestions in brackets and adapting the punctuation, when necessary. The first one is done for you as an example. (GMI 5.12–16, Level 2)

1. Paolo è onesto: non accetterà mai un compromesso di questo genere. (così, tale)
   Paolo è così onesto che non accetterà mai un tale compromesso.
2. Marcella era davvero felice di aver vinto il concorso: tutti erano contenti per lei. (talmente)
3. Non ci aspettavamo un film triste fino a questo punto. (così)
4. Li avevamo avvertiti, ma questi uomini hanno ignorato i nostri consigli. (costoro)
5. L'incidente è stato di una serietà da richiedere l'intervento dei vigili del fuoco. (tale)
6. Mi riesce difficile accettare un comportamento di questo tipo. (simile)
7. Ma come gli è venuta in mente un'idea di questo genere? (simile)
8. Dopo la festa c'era un disordine così grande che quasi mi sono messa a piangere. (tale)
9. Come puoi dire una cosa del genere? (simile)
10. Da dove abito io a dove abiti tu saranno almeno tre chilometri! (qui, lì)
11. Per favore, si sposti un po' più lontano, mi sta pestando il piede! (in là)
12. Ma come, siamo finalmente arrivati al ristorante e adesso mi dici che non hai appetito? (qui)
13. Mi dispiace, ma sopra questo armadio la tua valigia non c'è, vuoi che guardi dietro il cassettone? (qua, lì)

4.4 Demonstratives of identity: *stesso, uguale*

(a) In the following sentences, put the word suggested in brackets in the correct place and form, making all the necessary adjustments. The first one is done for you as an example. (GMI 5.17–20, Level 2)

1. Mi avevi detto tu di prenotare tre posti, mamma! (stesso)
   Mi avevi detto tu stessa di prenotare tre posti, mamma!

2. Ieri ho visto Luca con la giacca che hai anche tu. (stesso)
3. I ragazzi hanno preparato loro il cibo per la festa. (stesso)
4. Dopo l'incidente, il pover'uomo non ricordava più il suo indirizzo. (stesso)
5. Sono stati i suoi genitori a dirgli di comprare quell'auto. (stesso)
6. Luisa è una vera noia: parla sempre e solo di sé. (stesso)
7. Quando siamo arrivate alla festa, ci siamo accorte di avere un vestito identico. (stesso)
8. Ha regalato alla sua nuova fidanzata la cintura che io avevo regalato a lui! (stesso)
9. Non vi siete visti perché è partito il giorno in cui tu sei arrivato. (stesso)
10. Quando siamo arrivate alla festa, ci siamo accorte di avere un vestito identico. (uguale)
11. È una storia così complessa che io non la capisco bene. (stesso)

(b) Translate the following sentences into Italian. The first one is done for you as an example. (GMI 5.17–20, Level 3)

1. Even her brother can't stand her.
   Suo fratello stesso non la sopporta.
2. We ourselves bought the birthday presents.
3. Those journalists used to write for the same newspaper.
4. Those journalists used to write for the newspaper itself.
5. Your own father was ignoring you!
6. Joe writes about himself again.
7. Joe himself writes, this time.
8. In his letters, Joe often writes about himself.
9. I love you but I hate myself.
10. You are never yourself these days.
11. Gisella told her to think about herself a bit more.
12. My husband died and I've had to look after the garden by myself.
13. Marco and Paolo use the same aftershave.
14. It was clear from their hair-styles that they had been to the same hairdresser.
15. For myself, I would rather not go on holiday this year.

5

Personal pronouns

5.1 Subject pronouns

(a) Choose the correct pronoun. The first one is done for you as an example. (GMI 6.1, 6.19, 6.21–23, Level 1)

1. Paolo, è me/io che cercavi?
   Paolo, è *me* che cercavi?
2. Sto parlando a tutti, te/tu compreso, Giacomo!
3. Ciao Anna, sono io/me. Mi passi Daniela, per favore?
4. Io/me accetterei senza pensarci nemmeno un secondo.
5. Non sarò certo io/me a ricordarti ancora che devi richiamare Giorgio.
6. Andiamo soltanto io e te/tu o viene anche Paola?
7. Avevo capito che il direttore volesse vedere me/io alle 10.30, non te/tu.
8. Hai sentito di Marco Ruggeri? Beato lui/lei! Si prenderà un periodo di vacanza di quattro settimane a marzo.
9. Spero che tu tornerai in te/tu al più presto. In queste condizioni non ha alcun senso discutere.
10. Spesso parla tra sé/lui e sé/lui. Non farci caso.

(b) Answer the questions using the appropriate stressed pronoun. The first one is done for you as an example. (GMI 6.1, 6.19, 6.21–23, Level 1)

1. Hai riconsegnato il libro? (sì, ieri)
   Sì, l'ho riconsegnato ieri.
2. Chiami Paola? (No, domani)

3. Avete comprato i due libri per Simone? (sì)
4. Hai letto l'ultimo libro di Camilleri? (no)
5. Ricordi quella vecchia sveglia del nonno? (sì)
6. Hai riordinato le mensole? (sì, ieri l'altro)

5.2 Forms of the clitic pronouns

(a) In the following sentences, underline any incorrect pronouns and correct them. The first one is done for you as an example. (GMI 6.2, Level 1)

1. <u>Me</u> lavo i denti e scendo immediatamente.
   Mi lavo i denti e scendo immediatamente.
2. Ho dimenticato l'ombrello? Gli prendi tu?
3. Guardati! Come sei conciato? Non ti ho mai detto di stare attento quando mangi?
4. Mi chiesero di portarlo i due vecchi orologi del nonno.
5. Si chiedeva se valesse la pena comprargli quel costoso libro.
6. Mi prendi in giro?
7. Lo telefonerete dalla cabina, allora?
8. Vi credete furbi soltanto per questo?
9. Se vi senti male, non c'è nessun motivo per cui tu oggi debba rimanere in ufficio.
10. Li vende per un prezzo completamente inadeguato. Quel quadro non vale di certo più di 400 euro.

(b) Answer the following questions using the appropriate clitic pronoun. The first one is done for you as an example. (GMI 6.2, Level 1)

1. Quando telefoni a tua madre? (ogni sera)
   Le telefono ogni sera.
2. Cosa hai suggerito a Gabriella? (un viaggio in Norvegia)
3. Ti ho deluso, forse? (sì, profondamente)
4. Cosa regalerai ad Alessandro? (un maglione)
5. Ti piace la torta al cioccolato? (sì, moltissimo)
6. A che ora ti posso richiamare? (verso le 9)

(c) Put the following sentences in the right order. The first one is done for you as an example. (GMI 6.3–4, Level 2)

1. alzo sette mi alle
   Mi alzo alle sette.
2. preparata avevo l' ieri sera di uscire prima

3. scrivo un'e-mail ti oggi
4. lo di tutto auguro te cuore
5. ve affido per tutto il mese agosto di le
6. alzi subito da sedia quella si !
7. andava lo dicendo
8. n'è voluto se andare
9. devo fare lo
10. vedere fate lo me?
11. posso fare tre ne

5.3 Order of combinations of clitics

(a) In the following sentences, replace the underlined expressions with a combination of clitics. The first one is done for you as an example. (GMI 6.6, Level 2)

1. Offri <u>la pizza a Marco</u>!
   Offrigliela!
2. Non dimenticare di portare <u>il libro al signor Rossi!</u>
3. Puoi passar<u>mi il dizionario</u>, per favore?
4. Quando <u>ti consegneranno il pacco</u>, non dimenticare di telefonarmi!
5. Credo che <u>vi</u> dovreste prendere <u>un periodo</u> di ferie presto.
6. Togli<u>ti questa idea irragionevole</u> dalla testa!
7. Pensò di affidare <u>a noi i progetti</u> per la costruzione della nuova biblioteca.
8. Puoi passare tu <u>i compiti a Marco</u>?
9. Lui <u>si</u> preoccupa troppo <u>del futuro</u>.
10. Se <u>mi</u> consegni <u>le tue lettere</u> in tempo, passo io dalla posta.
11. Farai avere <u>al dottor Carli il preventivo</u>?

(b) Translate the following sentences into Italian. The first one is done for you as an example. (GMI, 6.3–4, Level 2)

1. Get up! (pl.) ***Alzatevi!***
2. Wake up ! (sing.)
3. Let's get up!
4. Do take some! (pl.)
5. I make him write it.
6. They got up at 3.
7. I must read it.
8. Having to do it.
9. I'm coming to see you.
10. Having sent it to him.
11. He wanted to go away.

5.4 Using ecco, *loro*, *lo*; idioms with *la*

Translate the following sentences into Italian. The first one is done for you as an example. (GMI 6.5, 6.7–9, Level 3)

1. Where are your cousins? There they are, near the restaurant.
   Dove sono i tuoi cugini/le tue cugine? Eccoli/Eccole là, vicino al ristorante.
2. Have you seen my newspapers? Yes, here is one of them.
3. As their parents had passed away, we gave them our condolences.
4. The general reminded the soldiers that Italy was in danger and ordered them to fight bravely.
5. I ought to send this parcel immediately, but I'll do it tomorrow.
6. Rome is the largest city in Italy, while London is its counterpart in England.
7. Christmas is coming!
   Yes, we know.
8. The police are here! Let's beat it!
9. You really must stop smoking in my office.
10. He sacked me many years ago, but I am still annoyed with him.
11. I had to make a real effort to move that wardrobe on my own, but I did it in the end.
12. I can't say I'm a skiing champion, but I get by with dignity.
13. The day following the operation, the doctor asked him to get out of bed, but he didn't feel up to it.
14. Mike can be really touchy, sometimes. He takes offence even when people are joking.

5.5 Using *ci*

Answer the following questions using *ci* and the suggestions in brackets. The first one is done for you as an example. (GMI 6.10–12, Level 1)

1. Pensi ancora a quello che è successo? (No, non più)
   No, non ci penso più.
2. Quando vai dal medico? (domani)
3. Gioca spesso a scacchi tuo padre? (Sì, ogni giorno)
4. Avete tutti la patente? (Sì)
5. Chi non ha il biglietto? (Io, no)
6. Di solito metti il pigiama sotto il cuscino? (Sì)
7. Vai spesso in piscina? (Sì, tutti i giorni)
8. Pensate voi a prenotare i voli? (Sì)
9. Sei mai stato in Oriente? (No, mai)

10. Posso camminare sul ghiaccio? (No)
11. C'è una soluzione a questo problema? (Sì, sembra di sì)

5.6 The functions of *ne*

Rewrite the following sentences using *ne*. The first one is done for you as an example. (GMI 6.13–14, Level 2)

1. Ieri sera ho mangiato molta pasta.
   Ieri sera ne ho mangiata molta.
2. Ho alcuni amici a Perugia.
3. Ci sono tre giustificazioni.
4. Arriva poca corrispondenza per Anna, non trovi?
5. Vuoi dei pomodori per cena?
6. Ha ottenuto due borse di studio.
7. Le coltivazioni furono distrutte dalla tempesta.
8. Arrivò a Roma il tre, ma ripartì da lì quasi subito.
9. Non ti rimane che salutare e andare via da lì.
10. Si arruoleranno migliaia di soldati.
11. Non mi era mai capitato di vedere dei pizzi così finemente lavorati.

5.7 Revision: forms and position of clitic pronouns

In the following passage, add the missing pronouns. The first one is done for you as an example. (GMI 6.1–4, Level 2/3)

– E ***tu***, Anna, ____ chiedi ancora cosa dovresti fare? Credevo di aver____ dato il mio parere molto chiaramente, ma forse non sono stata chiara. Rispondi a queste domande onestamente:

1. Quante volte ____ chiami alla settimana? E lui, invece, quante volte ____ chiama?
2. Perché ____ permetti di rivedere la sua ex-fidanzata senza batter ciglio? Non ____ sembra del tutto irragionevole il suo comportamento?
3. Perché ____ sei sempre così tempestiva nel rispondere ai suoi messaggi e ____ a volte ____ risponde dopo giorni, a volte non ____ risponde proprio?
4. C'è mai una volta che ____ tratti civilmente senza quell'atteggiamento arrogante e superiore?
5. Si preoccupa mai di sapere come stai e come ____ ____ passi?
6. Uscite mai ____ due soli? Siete sempre con ____ quando si va fuori!

Insomma, Anna, che ____ ____ fai di uno così? Perché non prendi invece più sul serio Davide? Alessandro ed io te lo diciamo sempre. ____ è sempre così premuroso e affidabile, con dei modi garbati e delicati. E poi, ____ sono stufa di sopportare una che si lamenta della situazione senza mai affrontar____ con lui!

5.8 The pronoun *si* as part of intransitive verbs

In the following pairs of sentences, fill the gaps with the correct form of the verb, choosing between transitive and intransitive, in a suitable tense. The first one is done for you as an example. (GMI 6.15, Level 2)

1. È davvero paurosa, anche gli insetti la ***spaventano***.
   È davvero paurosa, ***si spaventa anche*** anche se vede gli insetti. (spaventare; spaventarsi)
2. Su richiesta del turista, un passante ____ a dare indicazioni.
   Il turista ____ un passante per chiedergli indicazioni. (fermare; fermarsi)
3. La sua prepotenza ____ tutti.
   Tutti ____ con lui perché è prepotente. (irritare; irritarsi)
4. Se non andava a rispondere al telefono, la cena non ____.
   Se non andava a rispondere al telefono, non ____ la cena. (bruciare; bruciarsi)
5. Bisogna ____ a Paolo di comprare il latte.
   Bisogna che Paolo ____ di comprare il latte. (ricordare; ricordarsi)
6. Il risultato delle elezioni ____ l'opinione pubblica.
   L'opinione pubblica ____ del risultato delle elezioni. (stupire; stupirsi)
7. Se Sandro parla con quel tono, di certo ____ chi lo ascolta.
   Se Sandro parla con quel tono, chi lo ascolta ____ di certo. (offendere; offendersi)
8. Questa sua insistenza mi ____ davvero.
   Mi ____ davvero della sua insistenza. (seccare; seccarsi)
9. La polizia ____ la folla dal luogo dell'incidente.
   Su invito della polizia, la folla ____ dal luogo dell'incidente. (allontanare; allontanarsi)
10. Se ____ la cornice in questo modo, la rompi.
    Se la cornice ____ in questo modo, si rompe. (piegare; piegarsi)
11. Quando ____ la luce, non riuscirai a vedere niente.
    Quando ____ la luce, non si riuscirà a vedere niente. (spegnere, spegnersi)

5.9 Use of *si* as reciprocal pronoun

Rewrite the following sentences using the reciprocal form of the verb. The first one is done for you as an example. (GMI 6.27, Level 3)

1. Paolo ha fatto un regalo a sua madre e lei ha fatto un regalo a Paolo.
   Paolo e sua madre si sono fatti un regalo.
2. Ogni mattina, Olga abbraccia e bacia la sua bambina e la bambina abbraccia e bacia lei.
3. L'estate scorsa, i miei cugini mi hanno mandato una cartolina dal mare e io ne ho mandata loro una dalla montagna.
4. Lucia confida tutti i suoi segreti alla sua migliore amica e lei fa altrettanto.
5. Il direttore si è presentato e ha stretto la mano al presidente, che ha fatto altrettanto.
6. Quando era piccolo, Giovanni insultava e picchiava spessissimo suo fratello, il quale faceva altrettanto.
7. Marito e moglie non andavano d'accordo, ma lui rispettava lei e lei rispettava lui.
8. Se studiate insieme, tu puoi aiutare lei e lei può aiutare te.
9. La vicina di casa parlava con il postino e il postino parlava con la vicina.
10. I miei figli hanno passato tutta l'estate a mandare e a ricevere SMS dagli amici.
11. Quando Giulio non vede Lucia, le scrive due volte alla settimana, e lei fa altrettanto.

5.10 Indefinite personal *si*

Rewrite the following sentences using *si*. The first one is done for you as an example. (GMI 6.29, Level 1)

1. Quando siamo in Italia, passiamo più tempo fuori che in casa.
   Quando si è in Italia, si passa più tempo fuori che in casa.
2. Se vuoi che la torta lieviti bene, non devi aprire il forno durante la cottura.
3. Tutti sapevano che la benzina sarebbe aumentata di prezzo.
4. Lunedì prossimo nessuno lavorerà perché è festa.
5. Se non state attenti, a questa velocità uscirete di strada.
6. Ma è vero che in Italia la gente legge poco?
7. Tutti speravano che la situazione politica cambiasse.
8. Il museo è chiuso: non possiamo entrare.
9. Nei cinema all'aperto non sentiamo mai molto bene.
10. La gente crede che imparare una lingua straniera sia facile!
11. Se girate a destra, arrivate prima!

5.11 Passive *si*

Rewrite the following sentences using ***si***. The first one is done for you as an example. (GMI 6.30, Level 1)

1. Con l'inquinamento luminoso che c'è nelle città, non vediamo quasi più le stelle.
   Con l'inquinamento luminoso che c'è nelle città, non si vedono quasi più le stelle.
2. È più probabile che in Italia la gente mangi le tagliatelle con il ragù, non gli spaghetti.
3. Comprate i biglietti dell'autobus prima di salire in vettura.
4. Se uno vede un reato, deve chiamare i carabinieri.
5. La gente dice spesso cose che non pensa veramente.
6. In futuro scriveremo meno lettere: magari manderemo un SMS!
7. Se prendevamo il treno delle 8, non perdevamo la coincidenza.
8. In quest'agenzia organizziamo escursioni e visite turistiche.
9. Agli studenti: dovrete consegnare gli elaborati entro la fine della settimana.
10. Oggi non possiamo visitare i Giardini Reali: sono chiusi.
11. I pazienti non dovrebbero utilizzare medicinali scaduti.

5.12 Indefinite personal construction with reflexive or reciprocal verbs

Rewrite the following sentences using ***si***. The first one is done for you as an example. (GMI 6.31, Level 2)

1. A essere trattati male, tutti si offendono.
   A essere trattati male, ci si offende.
2. Purtroppo in questa località turistica ci annoiamo molto, ma sapevamo che dovevamo arrangiarci.
3. Se il sole sarà troppo caldo, vi brucerete e non vi divertirete per niente!
4. Al giorno d'oggi non dobbiamo stupirci di niente.
5. Se la materia di studio è difficile, è facile che gli studenti si scoraggino.
6. Mia madre diceva sempre che degli sconosciuti non posso fidarmi.
7. Non dovevate arrendervi alle prime difficoltà!
8. Com'è possibile che la gente si odi in questo modo?
9. Se non ci aiuteremo a vicenda, non riusciremo a finire.
10. Se non fossimo così imbarazzati, ci abbracceremmo.
11. A Natale tutti si scambiano auguri e regali.

5.13 Use of *si* in compound tenses

In the following sentences, put the underlined verbs into the past tense. The first one is done for you as an example. (GMI 6.32, Level 2)

1. Quando si studia molto, fa piacere fare una pausa.
   Quando si è studiato molto, fa piacere fare una pausa.
2. Se si prenota con un certo anticipo, si è sicuri di trovare posto in albergo.
3. In quest'albergo si sta sempre bene.
4. Quando si leggono tutti questi libri, si sanno molte cose.
5. Quando si studia una lingua straniera, si vuole andare nel Paese dove la si parla.
6. Se si promette di fare qualcosa, bisogna farlo.
7. Quando si arriva in ritardo, ci si sente in imbarazzo.
8. In questo negozio si compra sempre bene.
9. Quando ci si abitua ad alzarsi presto, non è poi così difficile.
10. Se si riesce a fare quello che si voleva, si è sollevati.
11. Quando si fa una promessa a qualcuno, la si deve mantenere.

5.14 Use of *si*

Rewrite the following passage using a construction with ***si*** whenever possible. The beginning is done for you as an example. (GMI 6.29–33, Level 3)

Chissà perché, a volte la gente arriva alle sospirate vacanze completamente stremata, esasperata e con i nervi a pezzi. Forse non abbiamo avuto il tempo di prepararci a questo periodo di riposo come avremmo voluto, non abbiamo affrontato mesi di esercizi fisici in palestra, non abbiamo comprato un costume da bagno alla moda, noi donne non siamo andate dal parrucchiere.

Sappiamo in partenza che cosa aspettarci: faremo code interminabili sull'autostrada, troveremo la spiaggia e l'albergo affollati, al bar berremo bibite calde.

Dovremo cercare di mantenere l'autocontrollo, altrimenti torneremo dalle vacanze più stressati di prima.

Quando torniamo dalle vacanze, ci accorgiamo di essere spesso più stanchi di prima. Forse non abbiamo trovato un buon albergo, oppure abbiamo passato troppo tempo sulla spiaggia, ci siamo scottati al sole, non abbiamo conosciuto gente nuova ed interessante. Non siamo usciti la sera perché eravamo troppo stufi. Insomma, non ci siamo divertiti. Adesso dovremo aspettare un anno intero. Lavoreremo, saremo ancora più stressati dalla vita in città, passeremo ore lunghissime davanti alla tv.

Chissà perché, a volte ***si arriva*** alle sospirate vacanze completamente stremati, …

6

Relative structures

– Non ho affatto bisogno di un computer più veloce: me ne serve uno **che** lavori lento come me!

6.1 Use of *che*

Link the two sentences using the relative pronoun *che*. The first one is done for you as an example. (GMI 7.1, 7.4, 7.7, Level 1)

1. Francesca ha un fratello. Lui si chiama Matteo.
   Francesca ha un fratello ***che*** si chiama Matteo.
2. La signora De Pietri ha incontrato Giovanni. Lui stava partendo per Genova.
3. A Natale Anna ha visitato Londra. Questa è la sua città preferita.
4. Vincenzo è un ragazzo calabrese. L'ho conosciuto a Firenze.
5. La signora Franca sta cucinando il pesce. L'ha comprato questa mattina il marito, il signor Giuseppe.
6. Ho appena fatto sviluppare le fotografie. Le ho fatte al Carnevale di Venezia.
7. Hai cinque minuti per guardare questo DVD? L'ho noleggiato ieri in centro.
8. Non so se Laura ha letto il messaggio. L'ha lasciato Marina questo pomeriggio.
9. Sei già stata al nuovo centro mostre? L'hanno appena inaugurato.
10. Hai sentito il concerto? L'hanno appena trasmesso in tv.
11. Non dimenticare di andare a ritirare i due pacchi. I signori Barbieri li hanno mandati.

6.2 *Che* v. *cui*

In the following sentences, delete the incorrect relative. The first one is done for you as an example. (GMI 7.4, 7.8, Level 1)

1. Seguirò il consiglio che/cui mi hai dato.
   Seguirò il consiglio ***che*** mi hai dato.
2. Purtroppo la mostra di cui/che ti parlavo ha chiuso ieri.
3. Non trovo le persone che/con cui esci molto interessanti.
4. Non posso credere alla situazione in cui/che ci troviamo.
5. È impossibile verificare le notizie che/a cui mi hai dato questa mattina.
6. Sono gigli i fiori che/a cui hai appena ricevuto?
7. Cristina ti ha spedito il fax per la conferma di quella prenotazione a cui/che ti ho accennato ieri?
8. Che meraviglia quel quadro che/cui ti sei comprata!
9. Non dimenticare di restituire a Gianni i libri che/cui ti ha dato in prestito!
10. Per la mia bisnonna, che/a cui domani compie 100 anni, abbiamo preparato una grande festa.
11. Tre sono stati i docenti che/da cui sono stati esaminati.

6.3 Special uses of *cui*

In the following sentences, indicate whether the use of the relative pronoun is **correct** (**Corretto**) or **incorrect** (**Scorretto**). If incorrect, supply the correct answer. The first one is done for you as an example. (GMI 7.9, 7.10, Level 2)

1. La casa editrice per cui lavoravo ha sede a Londra.
   C S
2. La prima cosa a cui ho pensato è che qualcosa di grave fosse successo.
   C S
3. Il presidente, in vece di cui tu stavi parlando, sarà di ritorno domani.
   C S
4. L'articolo 11, del quale anche nella sezione 5.3, presentava notevoli difficoltà interpretative.
   C S
5. Cinque studenti stranieri, di cui 3 spagnoli, 1 greco e 1 italiano, si sono iscritti ieri.
   C S

6.4 Use of *il quale*

In the following sentences, replace the preposition + *cui* with the correct form of *il quale*. The first one is done for you as an example. (GMI 7.12, Level 2)

1. La Professoressa Nannini è la persona a cui devi rivolgerti.
   La Professoressa Nannini è la persona ***alla quale*** devi rivolgerti.

2. Il medico di cui ti avevo parlato, riceve oggi dalle 2 alle 3.
3. Paola, Mariachiara e Graziana sono le amiche con cui andrò in vacanza fra due mesi.
4. Ti sembra forse una ragione per cui discutere?
5. Questa è la rivista su cui è stato pubblicato l'articolo di Mara.
6. Questi sono i prodotti fra cui puoi scegliere.
7. La signora a cui è stato spedito il pacco non abita più qui.
8. Il dato da cui questi risultati sono stati ottenuti sfortunatamente non era corretto.
9. Il motivo per cui sono qui oggi è la sua imminente partenza per la Francia.
10. Non è certo una persona con cui ti verrebbe voglia di fare due chiacchiere: è sempre così scontroso!
11. Capisco che la situazione in cui ti trovi non sia facile, ma devi promettermi di non abbatterti.

6.5 Using *il che*

Link the following pairs of sentences using *il che*, preceded, if necessary, by a preposition. The first one is done for you as an example. (GMI 7.5, Level 2)

1. Paolo arriva sempre in ritardo. Questo fatto è molto seccante per tutti.
   Paolo arriva sempre in ritardo, il che è molto seccante per tutti.
2. Lo studente si è rifiutato di fornire spiegazioni. Il suo comportamento ha stupito tutti.
3. Abbiamo riempito tre moduli e fatto la coda in tre uffici diversi. Tutto questo ha messo a dura prova la nostra pazienza.
4. Il direttore annunciò davanti a tutti il licenziamento di Barbara. Alle sue parole, la poverina diventò pallida e svenne.
5. Devi ancora preparare la relazione e consegnarla. Questo lavoro richiederà almeno due settimane di tempo.
6. Lo studente si è rifiutato di fornire spiegazioni. Dal suo comportamento si è capito che nascondeva qualcosa.
7. Nel sondaggio, la maggioranza si è dichiarata contraria alla legge. Questo vuol dire che molti non si fidano del governo.
8. Fra qualche minuto metteremo i dolci e i salatini sui tavoli e apriremo lo spumante. A questo punto, tutti gli invitati si avvicineranno ai tavoli.
9. Nicola non è ancora ritornato a casa. Questo significa che ha deciso di andare al cinema.
10. Per colpa mia, avevano perso il treno. Questo fatto mi era dispiaciuto moltissimo.
11. Domani firmeremo il contratto. Con quest'ultima procedura, l'acquisto della casa sarà concluso.

6.6 Using *cui* as possessive

Rewrite the following sentences using *cui*. The first one is done for you as an example. (GMI 7.11, Level 2)

1. Siamo andati a trovare dei nostri amici. La figlia di questi amici è appena stata operata.
   Siamo andati a trovare dei nostri amici, la cui figlia è appena stata operata.
2. Il concorrente ha vinto un ricco premio. La risposta del concorrente è stata giudicata la più divertente.
3. Gli studenti riceveranno la lode se il loro voto supererà l'80%.
4. Non mi fido delle persone se il loro interesse principale è il denaro.
5. Giulia si è fidanzata con un ragazzo. La madre di questo ragazzo è un'attrice famosa.
6. È andato a ritirare i risultati delle analisi. Dall'esito di queste dipende la diagnosi.
7. Questo romanzo è stato scritto nel 1905. L'autrice del romanzo è poco nota.
8. Luigi viene da una famiglia numerosa. Le condizioni economiche della famiglia sono state sempre difficili.
9. Ho dovuto dare un passaggio a Marta. La macchina di Marta è dal meccanico.
10. Fanno parte di una categoria di lavoratori. Le loro condizioni sono precarie.
11. Avevamo una bella camera. Dalla sua finestra si vedeva il castello.
12. Negli ultimi minuti della lezione, presento una canzone. Ne ho scelto il testo perché contiene punti grammaticali utili.

6.7 Using relative pronouns

In the following passage, fill the gaps with the appropriate relative pronoun. The first one is done for you as an example. (GMI 7.1–11, Level 2)

Una vita in scena. È stato questo il percorso di Alberto Sordi, ***che*** è scomparso oggi a Roma per una grave malattia. Nato nel 1920 a Roma, si esibisce davanti al pubblico fin da bambino, girando la penisola con la compagnia del Teatrino delle marionette. Poi canta come soprano nel coro della Cappella Sistina e a 16 anni incide un disco di fiabe per bambini. Dopo aver abbandonato l'Istituto d'avviamento commerciale a Roma (_____ si diplomerà in seguito studiando da privatista), si trasferisce a Milano per frequentare l'Accademia dei filodrammatici. Ma a causa del suo spiccato accento romano ____ non riusciva a liberarsi, Sordi viene espulso dalla scuola e soltanto nel 1999 riceverà dalla stessa Accademia ____ era stato cacciato un diploma honoris causa in recitazione! È il 1936, Sordi partecipa come comparsa al film *Scipione l'Africano*. L'anno successivo vince un concorso come doppiatore di Oliver Hardy e debutta nell'avanspettacolo, ____ imita proprio Stanlio e Ollio. Negli anni Quaranta, Alberto Sordi è impegnato soprattutto in teatro e nel doppiaggio, prestando la sua voce anche a famosi attori, ____ Robert Mitchum, Anthony Quinn e Marcello Mastroianni. Il cinema gli concede solo piccoli ruoli, mentre alla radio ottiene un successo straordinario con *Rosso* e *nero* e *Oplà*, ____ sono presentati da Corrado. Nel 1950 ottiene finalmente un ruolo da protagonista nel film *Mamma mia, che impressione!*, mentre l'anno seguente lavora ne *Lo sceicco bianco* di Fellini, ____ fa la parte appunto dello sceicco romanesco. Nel 1953 Sordi conquista definitivamente il pubblico e la critica con *vitelloni*, sempre diretto da Fellini, e con *Un giorno in pretura* di Steno, il film ____ vede nascere il personaggio di Nando Moriconi, "l'americano", protagonista poi del celebre *Un americano a Roma* (1954). La carriera di Sordi dalla metà degli anni 50 è una lista interminabile di titoli, con film presto diventati di culto e pellicole ____ successo è stato così grande da segnare addirittura la storia del costume del nostro paese. Solo per fare pochi esempi, *L'arte di arrangiarsi* (1955) di Luigi Zampa, *Un eroe dei nostri tempi* (1955) di Mario Monicelli, *Lo scapolo d'oro* (1956) di Antonio Pietrangeli, ____ riceve il suo primo Nastro d'Argento come miglior interprete protagonista, *Ladro lui, ladra lei* (1958), ancora diretto da Luigi Zampa e soprattutto *La grande guerra* (1959) di Mario Monicelli e *Il vigile* (1960), sempre di Luigi Zampa, dove, nei panni dello spiantato Otello, crea uno dei suoi personaggi ____ più piacciono al pubblico. Dopo aver ricevuto nel 1958 la prestigiosa carica di comandante della Repubblica italiana, nel 1965 Alberto Sordi esordisce come regista in *Fumo di Londra*, poi, nel 1968, recita in *Il medico della mutua* di Luigi Zampa e anche con *Riusciranno i nostri eroi a ritrovare l'amico misteriosamente scomparso in Africa?*. E poi ancora *Bello, onesto, emigrato Australia sposerebbe compaesana illibata* (1971), *Lo scopone scientifico* (1972), *Polvere di stelle* (1973), *Un borghese piccolo piccolo*, con un Sordi ____ conferma di saper utilizzare abilmente anche il registro drammatico, e poi *Il marchese del Grillo* (1980). In coppia con Monica Vitti, sua partner perfetta, nel celebre *Io so che tu sai che io so* (1982) e poi insieme a Carlo Verdone in *In viaggio con papà* (1982) e *Troppo forte* (1986), Alberto Sordi riceve negli anni Ottanta molti riconoscimenti internazionali, ____ tre Nastri d'Argento, sette David di Donatello, due Grolle d'Oro, un Golden Globe, un Orso d'Oro a Berlino e un Leone d'Oro a Venezia per celebrare la sua carriera.

(Adattato da: *La Repubblica*, 25.02.03, www.repubblica.it)

6.8 Special uses of *quale, quello che, ciò che, cosa che* and *quanto*

Translate the following sentences into Italian. The first one is done for you as an example. (GMI 7.14–16, Level 3)

1. What I have seen today is truly beautiful.
   Quello che ho visto oggi è davvero bello.
2. All that the children do is full of innocence.
3. Shakespeare wrote many sonnets the like of which had never before been heard.
4. The criminal got what he deserved.
5. I give you this advice in my capacity as your teacher.
6. They always do what they have to.
7. What we read in the newspaper shows the secret has been revealed.
8. These vegetables cannot be used in a cuisine such as the French.
9. Everything we discover shows we are right.
10. The soldiers vowed to fight to the death, which they did.
11. He gave her a look such as she had never had before.
12. We revised all we had learned that term.
13. From what you tell me, the war is over.
14. What has been discovered will win the Nobel Prize.
15. All that glitters is not gold.

6.9 *Chi* v. *che*

In the following sentences, fill the blanks with either *chi* or *che*, as appropriate. The first one is done for you as an example. (GMI 7.4, 7.17, Level 2)

1. ____ partecipa alla gita deve iscriversi entro domani.
   Chi partecipa alla gita deve iscriversi entro domani.
2. Ogni studente ____ partecipa alla gita deve iscriversi entro domani.
3. Se per voi è lo stesso, io viaggerei con qualcuno ____ non fuma.
4. Se per voi è lo stesso, io viaggerei con ____ non fuma.

5. Bambini, regalerò un libro a ____ per primo metterà in ordine i giocattoli.
6. Regalerò un libro al bambino ____ per primo metterà in ordine i giocattoli.
7. Non riusciva più a fidarsi dell'uomo ____ l'aveva tradita.
8. Non riusciva più a fidarsi di ____ l'aveva tradita.
9. Le persone ____ sono arrivate per prime, hanno scelto i posti migliori.
10. ____ è arrivato per primo, ha scelto i posti migliori.
11. ____ ha bisogno di altri libri, può prenderli in prestito dalla biblioteca.
12. Gli studenti ____ hanno bisogno di altri libri, possono prenderli in prestito dalla biblioteca.

6.10 Using *chiunque, qualunque/qualsiasi cosa* in relative constructions

In the following sentences, fill the gaps with *chiunque*, or *qualunque/qualsiasi cosa*, as necessary. The first one is done for you as an example. (GMI 7.18, Level 2)

1. ____ tu voglia fare, dovrai comunque dimostrare grande tenacia e senso di responsabilità.
   Qualunque/Qualsiasi cosa tu voglia fare, dovrai comunque dimostrare grande tenacia e senso di responsabilità.
2. ____ tu abbia fatto, ti perdono.
3. Mi opporrei a ____ cercasse di farmi cambiare idea.
4. State pure certi che, ____ voi siate, non vi faremo entrare.
5. ____ tu dicessi in questo momento mi irriterebbe.
6. ____ tu decida di contattare ti darà esattamente lo stesso consiglio.
7. Sarebbe perfetto poter dire ____ ci passi per la mente!
8. ____ tu sia, non credere di avere gioco facile con me!
9. Non ci sono problemi. Invita pure____ tu voglia!
10. ____ sia successo, dobbiamo agire immediatamente.
11. È incredibile come tu riesca ad essere sempre così indisponente con ____ ti rivolga la parola!
12. ____ voi compriate oggi, sceglietela con cura!
13. ____ o ____ sia stato a causarlo, il tuo scatto d'ira è stato decisamente inappropriato.

7

Interrogative structures

(Testo: Rossana D'Ambrosio) www.prontovignetta.com

7.1 *Chi?* and *che cosa?*

(a) In the following sentences, fill the gaps with either *chi* or *che cosa*, as appropriate. The first one is done for you as an example. (GMI 8.2–3, Level 1)

1. ____ hai regalato a Matteo per il suo compleanno?
   Che cosa hai regalato a Matteo per il suo compleanno?
2. ____ ha telefonato ieri sera, Maria?
3. ____ ti è venuto in mente? Non vedi che è completamente irragionevole?
4. ____ hai progettato per quest'estate?
5. ____ è l'inventore della pila elettrica?
6. Vorrei proprio sapere ____ è stato a rompere quel vaso di porcellana sul caminetto.
7. Fammi sapere appena avrai deciso ____ fare la prossima domenica.
8. Ero molto imbarazzata. Non sapevo ____ rispondere a Luciana.
9. ____ si occupa di questo settore in ditta?
10. ____ sia realmente accaduto, neppure il processo l'ha chiarito.
11. ____ diceva l'avvocato Monti ieri in quel programma in tv?

(b) In the following sentences, fill the gaps with either *chi* or *che cosa*, as appropriate, preceded by the correct preposition. The first one is done for you as an example. (GMI 8.2–3, Level 1)

1. ____ ti occupi, Anna?
   Di che cosa ti occupi, Anna?
2. ____ si basa la teoria di quello scienziato?
3. ____ sei uscita ieri sera? Con Paola?
4. Perché non mi dici chiaramente ____ hai paura, se non degli esami?
5. È difficile dire ____ sia dovuta la perdita di memoria di quell'uomo.
6. ____ è stato fatto quel soprammobile? Da tuo figlio?
7. ____ val la pena combattere? Solo per la pace?
8. ____ sei stata informata di questo?
9. ____ consiste il progetto del dottor Munari?
10. Si è alla fine scoperto ____ è stata assalita quella donna alla periferia di Milano?
11. ____ ti preoccupi? Tutto andrà per il meglio.

7.2 *Come?* and *perché?*

In the following sentences, choose the correct interrogative. The first one is done for you as an example. (GMI 8.4, 8.6, 8.9, Level 1)

1. Come/Perché ti chiami?
   Come ti chiami?
2. Come/perché posso arrivare in piazza Navona dalla stazione Termini?
3. Perché/come hai fatto a slogarti la caviglia?
4. Come/Perché hai risposto così maleducatamente a Davide?
5. Perché/come hai stracciato quei documenti?
6. Sai come/perché questo programma non funziona?
7. Sai come/perché funziona questo programma?
8. Come/perché avresti reagito se ti fosse capitata la stessa cosa, Marcello?
9. Non capisco perché/come Mario non chiama. Che sia ancora al lavoro?
10. Come/perché ti permetti di comportarti così?
11. Come/perché non ti rivolgi al consultorio in centro?
12. Come/perché hai potuto non considerare questo fattore?

7.3 *Quale?* and *quanto?*

In the following sentences, fill the gaps with the correct form of *quale* or *quanto*. The first one is done for you as an example. (GMI 8.5, 8.8, Level 1)

1. ____ spettacolo vai a vedere?
   Quale spettacolo vai a vedere?

2. Non puoi credere ____ ho insistito col dentista per prenotare una visita prima di partire.
3. Su ____ argomento vorresti scrivere la tua tesi?
4. ____ volte alla settimana hai il turno di notte?
5. Fammi sapere ____ libro vorresti acquistare.
6. ____ costa quel completo in vetrina?
7. ____ è la stagione dell'anno che consiglierebbe per un viaggio in Egitto?
8. Spiegami ____ sono i punti chiave di quell'articolo.
9. ____ giorni rimarrete via? Tutta la settimana?
10. ____ traduzione mi consiglieresti?
11. Non mi è stato ancora comunicato ____ compenso avrò per questo incarico.
12. ____ settimane di ferie posso avere nell'arco di un anno?
13. ____ farina devo mettere nell'impasta? Bastano 300 grammi?
14. Non mi serve altro. ____ è in tutto?

7.4 *Quale?* and *che/che cosa?*

In the following sentences, fill the gaps with *quale/qual* or *che*. The first one is done for you as an example. (GMI 8.3, 8.5, Level 2)

1. ____ libro mi suggeriresti?
   Quale libro mi suggeriresti?
2. ____ risponderesti a una domanda simile?
3. Mi sa indicare ____ è la tariffa più economica?
4. Ma ____ razza di film mi hai portato a vedere? Peggiore non poteva essere!
5. ____ mi racconti del tuo viaggio in Giappone?
6. Non è che ti ricordi ____ è il numero dell'ufficio tasse?
7. ____ film vorresti guardare questa sera? Questo giallo, forse?
8. ____ ti passa per la mente? Ti rendi conto di cosa stai sostenendo?
9. ____ candidato ti sembra più convincente?
10. ____ scenario si sta configurando?
11. ____ posso farci? La decisione non spetta a me.

7.5 *Dove?* and *quanto?*

In the following sentences, fill the gaps with either *dove* or *quanto*, in their correct form. The first one is done for you as an example. (GMI 8.7–8.8, Level 1)

1. Vorrei proprio sapere ____ va Paolo vestito così bene!
   Vorrei proprio sapere ***dove*** va Paolo vestito così bene!
2. ____ ti è costato l'albergo?
3. ____ tempo ci vuole per arrivare alla stazione?
4. ____ è l'ingresso principale di questo edificio?
5. ____ persone ci saranno alla festa?
6. Non mi hai ancora detto ____ devo mettere questa pianta.
7. Non mi hai ancora detto ____ acqua devo mettere su questa pianta.
8. ____ bambini ha tua sorella?
9. Da ____ arrivi, tutto sudato?
10. Da ____ non vedete Carlo?
11. ____ volte hai traslocato negli ultimi dieci anni?
12. Per ____ si passa per arrivare in piazza Maggiore?
13. Di ____ sono i tuoi studenti?
14. Non vedi con ____ passione lui fa il suo lavoro?

7.6 Reinforcement of question words; using *niente* and *nessuno* in questions

Translate the following sentences into Italian. The first one is done for you as an example. (GMI 8.9–11, Level 3)

1. Whatever is your brother reading?
   Che mai starà leggendo tuo fratello?
2. Where on earth did Andrea and Maurizio go?
3. What the hell did Paolo say?
4. Where else can she have gone?
5. How come we always eat at this restaurant?
6. Have you bought anything at the supermarket, mum?
7. Did they want to give me something in particular?
8. Is anybody in?
9. What about the tickets Michela and Carla were supposed to bring?
10. What about buying an ice-cream, gran?
11. What about watching the football match, kids?
12. How else could we explain it to him?

7.7 Structure of interrogative sentences

(a) Make the following questions indirect, using the necessary conjunction or interrogative phrase. The first one is done for you as an example. (GMI 8.12, Level 2)

1. Andiamo alla festa di Luigi domani?
   Non sappiamo ancora ***se andare alla festa di Luigi domani***.
2. Da chi è stato dipinto questo quadro?
   Carla vuole sapere ____
3. Per quale motivo sei uscito da solo?
   Vorrei proprio sapere ____
4. Perché non mi hai telefonato ieri?
   Dimmi un po' ____
5. Quanti libri hai dovuto comprare?
   Non ho capito ____
6. Prepariamo noi la cena?
   Non sappiamo se ____

(b) Make the following indirect questions direct. The first one is done for you as an example. (GMI 8.12, Level 2)

1. Mi piacerebbe sapere a chi sta scrivendo Paolo.
   A chi sta scrivendo Paolo?
2. Non sappiamo da quanto tempo duri questa situazione.
3. Devo chiedere se anche Maurizio vuole venire in centro con noi.
4. Non so a chi dobbiamo rivolgerci.
5. Non è chiaro da dove sia arrivata questa notizia.
6. Non saprei dirti se Piero e Silvia si conoscano bene.

8

Indefinite, quantifier and negative pronouns and adjectives

– Eh, non mi porti mai **da nessuna parte**, tu!

8.1 *Uno* v. *quello*

Choose the appropriate form. The first one is done for you as an example. (GMI 9.1, Level 1)

1. Hai comprato molte cornici d'argento? No, ne ho presa solo quella/una argentata.
   Hai comprato molte cornici d'argento? No, ne ho presa solo ***una*** argentata.
2. Quale videocassetta hai noleggiato? Proprio quella/una che mi aveva suggerito Rita.
3. Hai ordinato l'insalata caprese o la nizzarda? Una/Quella caprese, ovviamente.
4. Le ho chiesto di mandarmi un e-mail ieri mattina, ma ne ha mandato uno/quello solo nel pomeriggio.
5. Cercavo la valigia blu, ma sfortunatamente ho trovato solo una/quella rossa di Mattia.
6. La Dottoressa Cecati è una/quella che non ama intromettersi negli affari altrui. Ce ne fossero come lei!
7. Vedi quel paese laggiù, ai piedi del monte? È quello/uno dove si sono recentemente trasferiti i signori Marconi.
8. Si è rivelata una persona delicata, non un'/quell' arrogante che sembrava a prima vista.
9. È appena arrivata una bella notizia, non quella/una che tu mi dicevi di aspettare, però ...

10. È uno/quello che si fa intendere, Luigi. Non come molti suoi coetanei.
11. È quella grande che vuoi? No, vorrei quella/una piccola. È più elegante.

8.2 Some indefinite pronouns and adjectives

Fill the gaps with *qualcuno, qualcosa, qualcun altro, qualcos'altro, chi… chi…, tale, tal, tizio*. The first one is done for you as an example. (GMI 9.2–6, Level 1/2)

1. Non raccontarmi ancora questa storia! Hai ____ da dirmi?
   Non raccontarmi ancora questa storia! Hai ***qualcos'altro*** da dirmi?
2. Non ricordo chi, ma ____ mi deve aver detto che il sindaco inaugurerà la mostra domani.
3. No, non è stato Paolo. ____ ha telefonato nel pomeriggio e ha lasciato un messaggio per te.
4. Dev'essere successo____ di strano. Barbara non arriva mai in ritardo senza avvertire per tempo.
5. Gianni è effettivamente rientrato dopo la spesa, ma poi è uscito a comprare ____: forse i biglietti per lo spettacolo di domani.
6. Un giorno mi ferma 'sto ____ che vuole vendermi un ____ *Plebiscito*. Ma che rivista è? Non l'ho mai sentita nominare.
7. C'è ____ preferisce partire per vacanze last minute, e ____ preferisce organizzare tutto con largo anticipo.
8. Sai, ieri ho visto Davide da lontano mentre ero in centro!
   Davide? Impossibile! Dev'essere stato ____. Davide è partito per il Messico sabato scorso.
9. Ma che tipo di materiale è?
   È ____ di simile al cristallo, ma ho dimenticato chi me ne ha parlato. Dev'essere stato ____ in ufficio.
10. Presentati dicendo che sei il ____ dei tali, domiciliato in via ____ dei tali, e non avrai nessun problema.
11. Cercherei ____ di più originale, se fossi in te. Ma Paola, d'altro canto, adora quel profumo …

8.3 Other indefinites

Fill the gaps with *qualche, alcuno/a/e/i, da qualche parte, altrove*. The first one is done for you as an example. (GMI 9.7–8, 9.10, Level 1).

1. ____ volta mi sento improvvisamente stanca e non capisco perché.
   Qualche volta mi sento improvvisamente stanca e non capisco perché.
2. Non ho ____ intenzione di tornare sui miei passi!
3. Devo aver lasciato gli occhiali ____ a casa di Graziana. Qui non ci sono!
4. Per ____ strana coincidenza oggi ho incontrato il signor Bruni al cinema, al bar e poi in stazione.
5. Non c'è ____ dubbio che il tuo lavoro sia più che sufficiente, ma sono sicura che potresti fare di più.
6. ____ giorno fa sono stata al parco e ho rivisto Giulia con sua figlia.
7. Questo Foscolo l'avrà senz'altro scritto, ma ____, non certo in questo sonetto.
8. Abbiamo sentito al telegiornale che solo ____ studenti sono andati a Roma per lo sciopero.
9. ____ sere fa stavo ascoltando un po' di musica, quando hanno bussato alla porta. Era Pierpaolo, ti ricordi di lui?
10. Quella notizia non ha ____ attendibilità. Non preoccuparti!
11. Se ti dovesse infastidire ancora per un ____ motivo, me lo faresti sapere, vero?

8.4 Using *chiunque, qualunque/qualsiasi* in indefinite constructions

(a) Choose the appropriate form. The first one is done for you as an example. (GMI 9.9, Level 1)

1. Fammi sapere quando puoi passare. Io sono libera in qualsiasi/chiunque momento.
   Fammi sapere quando puoi passare. Io sono libera in ***qualsiasi*** momento.
2. Chiunque/qualunque può assistere al dibattito.
3. Resto a vostra disposizione per qualunque/chiunque informazione.
4. Pensa a un numero chiunque/qualsiasi fra 1 e 20.
5. Non si tratta certo di un incarico che affiderei a chiunque/qualsiasi.
6. Qualsiasi/chiunque colore si abbina bene a questa tinta.

(b) Fill the gaps with *chiunque, qualunque/qualsiasi cosa, qualunque/qualsiasi*. The first one is done for you as an example. (GMI 9.9, Level 1)

1. Sei davvero libero di fare ____?
   Sei davvero libero di fare ***qualunque cosa/qualsiasi cosa***?
2. Chiedi pure a ____: otterresti la stessa risposta!
3. Prendi ____ libro: basta che tu legga!

4. Farebbe ____ per trovare un buon lavoro.
5. Non è un lavoro da affidare a ____.
6. Non è un uomo ____. Non so, c'è qualcosa di molto speciale in lui.
7. ____ posto mi va bene, basta che usciamo.
8. Guarda che questo non è un mobile ____: ha più di duecento anni!

8.5 Negative pronouns and adjectives

In the following sentences, fill the gaps with either *niente* or *nessuno*, in their correct form. The first one is done for you as an example. (GMI 9.11, Level 1)

1. Alla festa di Gianni non abbiamo conosciuto ____ ragazzo carino!
   Alla festa di Gianni non abbiamo conosciuto ***nessun*** ragazzo carino!
2. Non c'era proprio ____ da fare per il gatto? Che peccato!
3. In vacanza ho letto, ho preso il sole, ho fatto bagni: ____ altro!
4. Se ____ vuole andare al cinema, andiamo in discoteca.
5. Guarda che non hai capito un bel ____: ____ voleva offenderti!
6. Dato che ____ di voi ha letto questo libro, oggi non potremo fare ____ discussione.
7. Ti sei offeso perché ____ ti ha invitato?
   Per ____
8. Quanto zucchero vuoi nel caffè?
   Per me ____ zucchero, grazie.
9. Sei a dieta?
   No, non sto facendo ____ dieta: il caffè mi piace amaro.
10. La nuova ragazza di Giorgio non è ____ di speciale: piccola, bruttina.
    Non ne trovava ____ altra?
11. Ero venuto qui senza ____ voglia di rimanere, adesso non ho ____ intenzione di andarmene.

8.6 Using *ogni, ciascuno, ognuno, l'uno*

In the following sentences, fill the gaps with *ogni, ciascuno, ognuno*, or *l'uno* in their correct form. The first one is done for you as an example. (GMI 9.12, 9.13 Level 1)

1. ____ volta che lo vedo mi sembra più triste.
   Ogni volta che lo vedo mi sembra più triste.
2. Siamo così stufi: ____ giorno di ____ settimana di ____ mese sempre la stessa vita!
3. ____ di noi vorrebbe solo il meglio per i propri figli.
4. Deve prendere due di queste compresse ____ tre ore.

5. Hanno regalato ai figli gemelli un motorino ____, così non litigano.
6. ____ delle case nuove che hanno costruito è stata venduta nel giro di tre settimane.
7. Alla conferenza, ____ dei partecipanti ha ricevuto un libro in omaggio.
8. Luciana si alza alle cinque ____ mattina, tranne la domenica.
9. Quanto abbiamo pagato? Per i gelati, 2 euro ____; per le birre, 3 euro e 50 centesimi ____
10. Bambini, non litigate per il computer: un po' per ____ non fa male a nessuno!
11. Non è possibile che si ricordi la trama di ____ libro che ha letto.

8.7 Using negatives

In the following passage, change the underlined expressions in order to make the meaning negative. The first one is done for you as an example. (GMI 9.10–13 Level 3)

> La mia macchina è veramente un gioiello! La mattina, anche se fa più freddo del solito, parte sempre: anche quando la lascio in strada. Posso metterla da qualsiasi parte. È una macchina tollerante: le va bene tutto, ogni condizione atmosferica le è congeniale, ogni autista riesce a farla partire. È sia facile che divertente esserne il padrone. Penso proprio di volerla tenere ancora per molto tempo.
>
> La mia macchina ***non è per niente*** un gioiello! ...

9

Possessives and related constructions

– **Mia moglie ha cambiato idea**

9.1 Differences in usage between English and Italian

Translate the following sentences into Italian. The first one is done for you as an example. (GMI 10.1–3, Level 3)

1. Is this not Marco's watch?
   Questo non è l'orologio di Marco?
2. Every year we would go on holiday to Carlo's aunt's hotel.
3. Where have I put my glasses?
4. Giovanni never wears his coat, not even if it's snowing.
5. Cecilia's hair is blond, like her mother's.
6. The dog's coat was very glossy.
7. His face is always dirty: what's his job?
8. They write to their mother every week.
9. When she worked as a potter, Paola had to wash her hair every day.
10. Why is the cover of your dictionary ripped?
11. To help her family, Antonia has decided to work for her son's company.
12. One of Riccardo's brothers is in the navy and the other is a missionary in Africa.
13. When she didn't have her handbag, she would carry her keys in her jacket pocket.
14. Besides her own, my neighbour also cleans her sister's house.
15. My friends' house is just round the corner.
16. The old man's nose was long and crooked.

9.2 Forms of the possessives

Fill the gaps with the correct form of the possessive adjective suggested in brackets. The first one is done for you as an example. (GMI 10.4, Level 1)

1. Hai sentito il ____ ultimo cd? (his)
   Hai sentito il *suo* ultimo cd?
2. La ____ tessera scade fra pochi giorni. Sai dove posso rinnovarla? (my)
3. Quando vieni a cena a casa ____? Non ti vediamo da Natale! (our)
4. Il ____ suggerimento mi sembra molto ragionevole. Credo lo seguirò. (your (pl.))
5. I ____ figli non abitano a Roma: Matteo è a Siena, e Margherita vive a Napoli. (their)
6. La batteria del ____ telefonino ha diversi problemi: mi domando se non mi convenga comprarne uno nuovo. (my)
7. I ____ esami saranno a metà maggio. Aiuto! (my)
8. Puoi scrivermi qui il ____ indirizzo? Ti invio il pacco non appena arrivo a Genova. (your (s).)
9. Durante le ____ ultime vacanze, abbiamo soggiornato in un agriturismo sulle colline toscane. (our)
10. Non mi trovo per niente d'accordo con la ____ idea. Come sempre, Massimo è troppo estremo. (his)
11. I ____ ultimi esperimenti hanno dato risultati sorprendentemente interessanti. (our)

9.3 Possessive adjective + nouns denoting close relatives

Choose the appropriate form. The first one is done for you as an example. (GMI 10.6, Level 1)

1. Mia sorella/La mia sorella è appena partita per Londra.
   Mia sorella è appena partita per Londra.
2. Quanti anni hanno i tuoi figli/tuoi figli?
3. Per mio padre/il mio padre penso comprerò un giallo, ma per la mia madre/mia madre non ho la più pallida idea.
4. Mio suocero/il mio suocero ieri pomeriggio non si è sentito bene e abbiamo dovuto portarlo d'urgenza al pronto soccorso.
5. Con quale dei tuoi figli/di tuoi figli Marianna lega di più?
6. Il comportamento di tuo zio/del tuo zio è stato riprovevole, ma se ne è scusato immediatamente.

7. Carlo molto orgogliosamente porta la sua nipotina/sua nipotina in centro ogni pomeriggio.
8. Questo a destra nella fotografia è Paolo, il suo figlio minore/suo figlio minore.
9. Nonostante siano separati da anni, l'ing. Burani è ancora in ottimi rapporti con la sua ex-moglie/sua ex-moglie.
10. È incredibile come tu assomigli a tuo/al tuo nonno!
11. La sua matrigna/sua matrigna è solo quattro anni più giovane di Giulia.

9.4 *Mia* v. *la mia*

Complete the following table using the existing answers to supply the missing ones. The first one is done for you as an example. (GMI 10.8, Level 2)

1. Questa valigia è la tua?	– ***Sì, è la mia!***
2. È questa la tua valigia?	– ____
3. È tua questa valigia?	– ____
4. Qual è la tua valigia?	– Questa (è la mia valigia).
5. Non è questa la tua valigia?	– Sì, è questa.
6. Non è tua questa valigia?	– No, non è mia.
7. Non è la tua questa valigia?	– ____
8. Qual è il tuo ombrello?	– ____
9. È quello il tuo ombrello?	– Sì, è quello.
10. Non è quello il tuo ombrello?	– ____
11. Quell'ombrello è il tuo?	– Sì, è il mio!
12. È tuo quell'ombrello?	– Sì, è mio.
13. Non è tuo quell'ombrello?	– ____
14. Non è il tuo quell'ombrello?	– ____
15. Qual è la tua macchina?	– ____
16. Non è tua questa macchina?	– No, non è mia.
17. Non è questa la tua macchina?	– ____
18. È questa la tua macchina?	– ____
19. È tua questa macchina?	– ____
20. Non è la tua questa macchina?	– No, non è la mia.
21. Questa macchina è la tua?	– ____

9.5 *Ne* v. *suo/loro*

In the following sentences, use *ne* to replace a possessive when it is possible. The first one is done for you as an example. (GMI 10.10, Level 2)

1. Questo comportamento ha ancora una volta dimostrato la furbizia di Pietro.
   Questo comportamento ne ha ancora una volta dimostrato la furbizia.
2. Con questo comportamento, Pietro ha ancora una volta dimostrato la sua furbizia.
3. Nel suo diario, scrive solo di sé.
4. Nel suo diario, scrive spesso dei suoi viaggi.
5. I vinti dovranno accettare la loro sorte.
6. Questi poveracci dovranno accettare la sorte dei vinti.
7. Ha parlato per un'ora della sua esperienza professionale
8. Ha parlato per un'ora di se stesso.
9. Non vi vergognate di esservi comportati così?
10. In questo quadro, il pittore esprime tutta la sua malinconia.
11. Questo quadro esprime tutta la malinconia del pittore.
12. I partecipanti devono confermare la loro adesione entro la fine del mese.
13. L'ufficio deve confermare le adesioni dei partecipanti entro la fine del mese.

9.6 *Proprio* and *altrui*

Modify the following sentences, using the words in brackets in their correct form. The first one is done for you as an example. (GMI 10.11, 10.12, Level 2)

1. A casa, si può fare come si vuole. (proprio)
   A casa propria, si può fare come si vuole.
2. È meglio che ognuno di noi porti la macchina. (proprio)
3. La proprietà deve essere rispettata. (altrui)
4. Come si può accettare questo attacco alla libertà? (proprio)
5. La libertà degli altri è importante quanto la nostra. (altrui, proprio)
6. Ogni studente deve acquistare i libri e i quaderni. (proprio, proprio)
7. Chi di voi affiderebbe i figli ad uno sconosciuto? (proprio)
8. Badare ai figli degli altri è una grande responsabilità. (altrui)
9. Anche sul posto di lavoro bisogna far valere i diritti. (proprio)
10. Le sue idee non sono originali: ha chiaramente plagiato quelle di altri. (altrui)
11. Ci si sente più rilassati in compagnia della famiglia e degli amici. (proprio, proprio)

9.7 Further differences in usage between English and Italian

Translate the following sentences into Italian. The first one is done for you as an example. (GMI 10.5, 10.13–15, Level 3)

1. They said that that boy had stolen his mother's purse.
   Dicevano che quel ragazzo aveva rubato il borsellino alla madre.
2. When Joe was little, he always pulled his sister's hair.
3. If he kicks his parents again, he will be punished.
4. George telephoned his wife from the station to tell her that her brother had arrived safely.
5. Paul and Laura have the same car, but his is blue and hers is yellow.
6. To comfort his friend, Richard put his hand on his shoulder.
7. We cannot prove our identity to you because we have lost all our documents: our passports, our driving licences, even our identity cards have suddenly disappeared.
8. Angela and her husband have two offices in their house: her office is on the ground floor, his is in the attic.
9. Can I pay with my credit card?
10. She entered my office without knocking and did not even take her sunglasses off.
11. Don't pull the cat's tail, stroke his back.
12. The latest fad among teenagers is to have their belly-button pierced.
13. When Robert and Louise get married, his son and her children will live with them.
14. As soon as Franca arrived, her husband took her hand and kissed it.
15. Italian parents often buy their children's first home, when they marry.
16. Peter is so generous that he has bought his sister's wedding dress and has paid for her honeymoon.
17. When the old lady fainted, the doctor felt her pulse and gently slapped her face.
18. If they want to answer a question, school children must put their hands up.
19. After his shower, he dried and combed his hair.
20. She was so scared I could hear her heart beat.

10

Prepositions

– Mi spiace, non è **in ufficio**. È ...

10.1 Structure and syntax of prepositions: *a(d), di,* etc.; *davanti a, verso di,* etc.

(a) Fill the gaps with the appropriate preposition, when necessary. The first one is done for you as an example. (GMI 11.1, Level 1)

1. L'ottico Biondi è esattamente ***di*** fronte ____ polizia municipale, ____ via Cavour.
2. Dentro ____ quella scatola, dovresti trovare una vecchia mappa ____ Firenze che la zia Anna aveva comprato molti anni fa.
3. Quei due ragazzi chiacchierano tra ____ loro tutta la lezione e disturbano pure chi vuole stare attento.
4. Guardi che lei è arrivato dopo ____ me. Me ne sono accorto, sa?
5. A parte ____ questo, non c'è nessun altro problema ____ risolvere, vero?
6. Per via____ questa complicazione, la signora Ferri non sarà dimessa prima ____ settimana prossima.
7. Dietro____ la nostra casa, hanno da poco iniziato ____ costruire un condominio ____ cinque piani.
8. Su____ lui si è detto ____ tutto, ma forse ____ troppa leggerezza.
9. La Biblioteca Nazionale ____ Firenze è lungo____ l'Arno, ____ pochi passi ____ Ponte Vecchio.
10. Senza____ questo cavo, sarebbe impossibile stampare direttamente dal computer portatile.
11. L'unico consiglio che mi riesce ____ darti è ____ contare sempre e solo su____ te stesso.

(b) Look at the picture on the next page, then say whether the statements are True (**V**ero) or False (**F**also). The first one is done for you as an example. (GMI 11.1, Level 2)

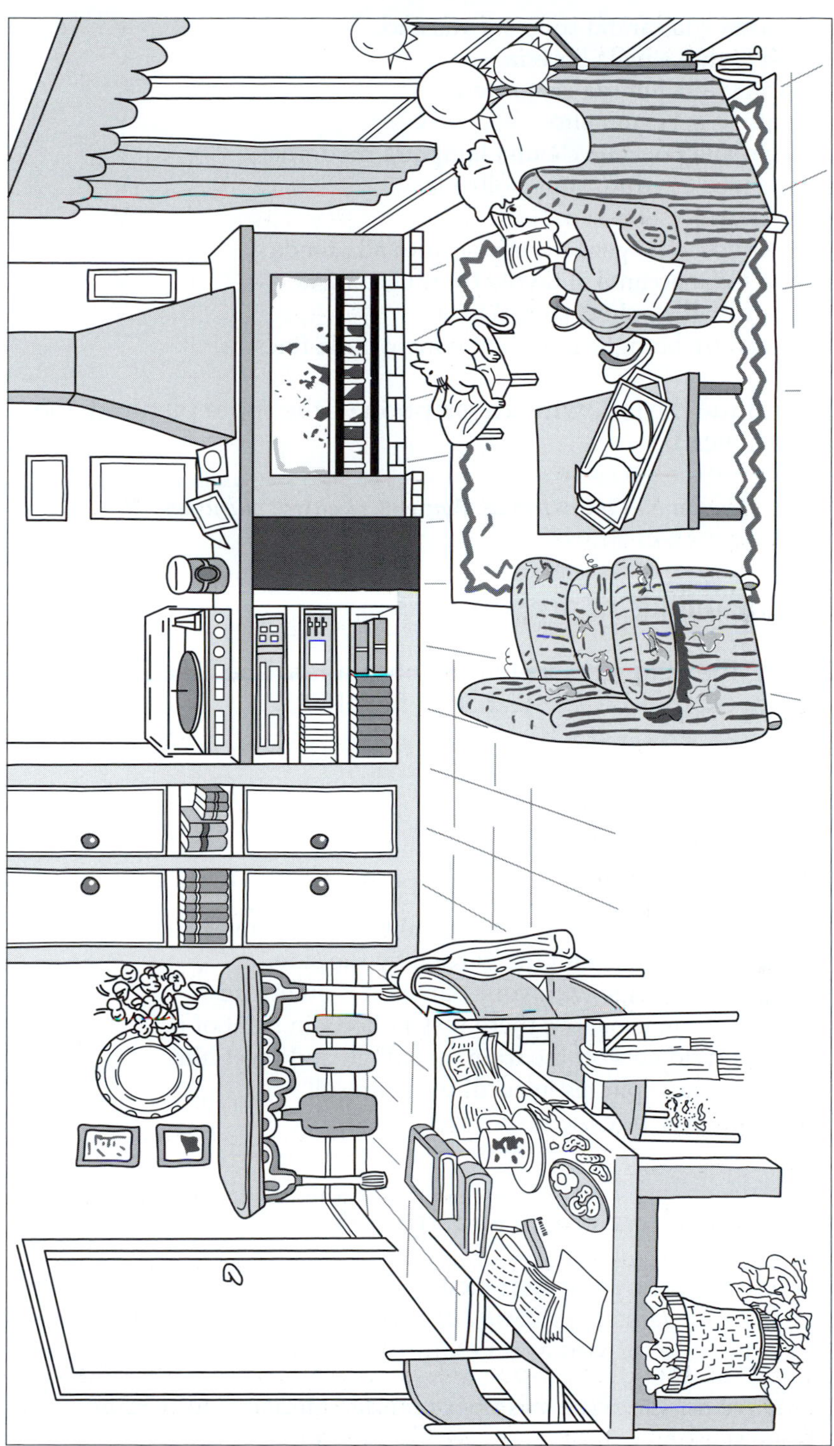

1.	La tazza e la caraffa sono sul vassoio.	V	F
2.	Lo specchio è nella libreria.	V	F
3.	Accanto alla libreria c'è lo stereo.	V	F
4.	Il gatto è nel caminetto.	V	F
5.	Vicino alla poltrona c'è una lampada moderna.	V	F
6.	Il ragazzo è seduto sulla poltrona.	V	F
7.	La sciarpa è sotto la sedia.	V	F
8.	Il cestino della spazzatura è accanto alla tenda.	V	F
9.	Sulla sedia accanto al tavolo c'è una camicia.	V	F
10.	Di fianco al tavolo ci sono 4 libri.	V	F
11.	Ci sono tre bottiglie grandi ai fianchi della finestra.	V	F

(c) Continue the following description of the room pictured above in (b) (Level 3).

Questa è la mia stanza. Appena si entra, sulla destra, . . .

10.2 'Stranding' of prepositions

Translate the following sentences into Italian. The first one is done for you as an example. (GMI 11.2, 11.4 Level 2/3)

1. Who did you give the book to?
   A chi hai dato il libro?
2. What shall we eat this dish with?
3. When can I keep the book until?
4. I don't understand what they are talking about.
5. She drew a picture with a beautiful border around it.
6. Mine is the house with the garden by the side.
7. There is a package with your name on it on my desk.
8. I found the cinema, but there was nobody in front of it.
9. When David gets off the train, I shall go and meet him.
10. The baby has spilt his juice all over himself.
11. Who did they buy the car for?

10.3 The multivalent preposition *di*

Complete the following sentences with the prepositions *di, a proposito di, nei confronti di* or *sul problema di* and the suggestions in brackets. The first one is done for you as an example. (GMI 11.5, 23, 26, 29, Level 2)

1. Si serve ***del suo sesto senso*** per prendere decisioni importanti. (suo sesto senso)

2. La vendita ____ in Italia è recentemente cresciuta del 30%. (libri)
3. Non ti piace affatto l'odore ____ (caffè)? Non ci posso credere!
4. ____, spero di avere una risposta entro la settimana. (quella questione)
5. Continuo ad avere un fortissimo rancore ____ (Roberto).
6. Vorrei un piatto ____ (fritto misto) e un contorno ____ (verdure fresche).
7. La tua idea ____ il ponte in quella posizione, mi pare non tenga conto della questione ambientale. (progettare)
8. L'amore ____ per Marcello era stato sottovalutato da Graziella. (Anna)
9. È un anello ____ quello che la signora Enrica ha regalato alla figlia per la laurea? (oro)
10. Puoi controllare l'orario dei treni direttamente sul sito ____ (Ferrovie dello Stato).
11. Ieri si è tenuto a Brindisi un convegno internazionale ____ (delinquenza minorile).

10.4 The prepositions of location

Choose the appropriate form. The first one is done for you as an example. (GMI 11.6, 7, 9–12, Level 1)

1. In/Al mare è necessario usare sempre la massima prudenza e mai allontanarsi troppo dalla costa, se si è soli.
   In mare è necessario usare sempre la massima prudenza e mai allontanarsi troppo dalla costa, se si è soli.
2. Abitavo a/– 40 km da Roma ma ero troppo scomodo dal lavoro. Ho traslocato due mesi fa.
3. Sono da/a Andrea, mamma. Non ti preoccupare! Torno per cena.
4. Sono di/a metà del mio corso, ma non so se sarò in grado di terminarlo.
5. Ho cercato quel documento da/– ogni parte, ma senza speranza. Non so proprio come fare.
6. Vicino al/del mercato c'è la fermata dell'autobus numero 61. Puoi prenderlo dalla parte del supermercato.
7. Sono a/in Venezia da cinque giorni e non sono ancora riuscita andare a/in Murano.
8. Ho visto Gianni per la/in strada ieri l'altro: sempre in gran forma!
9. Vivo accanto al/del nuovo parcheggio auto. Non puoi sbagliarti!
10. Sotto il/al giornale dovrebbero esserci i miei occhiali. Puoi dare un'occhiata per favore?
11. Quanti giorni siete stati in/a Danimarca?

10.5 Uses of the preposition *da*

Translate the following sentences into English. The first one is done for you as an example. (GMI 11.8–10, 13–16, 22, 27, 28–32, Level 2/3)

1. Quell'uomo è cieco da un occhio.
   That man is blind in one eye.
2. Se vengo da te dopo pranzo, ti trovo a casa?
3. Non dimenticare di mettere in valigia gli occhiali da sole!
4. Da una parte è un problema difficile da risolvere, dall'altra devo assolutamente affrontarlo.
5. Si è da poco separata da suo marito e si è trasferita a Treviso.
6. Viviamo a Napoli da due anni, e non possiamo certo dire di essercene pentiti!
7. Tutti impallidirono dallo spavento alla vista di quell'incidente.
8. Impossibile non riconoscerti da lontano! Quando ti sei fatto questi colpi di luce?!
9. Ce la farà: è una ragazza dalla volontà di ferro!
10. Dall'accento è facile intuire che Caterina è toscana.
11. Sono di Milano: ti farò io da Cicerone!
12. È un vero peccato! Mariachiara è caduta dalla padella nella brace!
13. Francesco è molto timido. È uno studente da incoraggiare, ma ce la farà sicuramente!
14. Sono così stanca da non reggermi in piedi!
15. È stato un gesto davvero carino da parte tua. Grazie!

10.6 Motion 'to'

Fill the gaps with the appropriate preposition. The first one is done for you as an example. (GMI 11.9, 11.13, Level 1)

1. Vai ***a*** Roma domani, allora?
2. Fossi in te, cambierei almeno 100 euro ____ sterline prima di partire.
3. Il treno ____ Bologna è ancora una volta in ritardo!
4. Avviatevi pure ____ Mario! Vi raggiungo appena mi libero da questo impegno.
5. Perché devi sempre spaccare il capello ____ quattro?!?
6. Come mai non siete venuti ____ lezione?
7. ____ il teatro? Prendi la prima a destra e subito dopo l'incrocio volta____ sinistra.

10.7 Motion 'through'

Choose the appropriate preposition. The first one is done for you as an example. (GMI 11.14, Level 1)

1. Non entrare ***dall'***/per l'ingresso principale, ma serviti della porta laterale, per favore!
2. Voli a Birmingham via/per Zurigo o via/per Amsterdam?
3. Buttava via la spazzatura dalla/per la finestra. È stata multata, finalmente.
4. Quell'uomo stava camminando rasente/attraverso il muro, barcollando, poi improvvisamente si accasciò a terra.
5. Va' dritto per/da via Panzani, poi gira a destra e all'incrocio prendi la seconda a sinistra.
6. Se passi attraverso/via il parco dietro casa mia, arrivi in centro molto prima che in autobus.

10.8 Motion 'from'

Fill the gaps with the appropriate preposition. The first one is done for you as an example. (GMI 11.15, Level 1)

1. Sei ***di*** Napoli o ***di*** Salerno?
2. Non ho capito nulla di quello che hai detto! Salti continuamente ____ palo in frasca.
3. Hai chiesto ____ ingegner Villa cosa ne pensa di questa tua idea?
4. Marina ha sempre sofferto ____ emicrania, ma ultimamente la situazione è considerevolmente peggiorata.
5. Rita Levi-Montalcini, nata a Torino ____ padre ingegnere elettronico e ____ madre pittrice, è stata insignita del Premio Nobel per la medicina nel 1986.
6. Paolo mi raccontava qualche giorno fa quanto sia difficile trasferirsi per lavoro ____ città ____ città ogni sei mesi.

10.9 The prepositions *a* and *per*

Choose the appropriate preposition. The first one is done for you as an example. (GMI 11.18, 21, 24, 25, 29, Level 1)

1. Hai già spedito quel modulo ***al***/grazie al provveditore?
2. Più di quaranta senzatetto sono morti a Mosca grazie al/per via del freddo.
3. Abbiamo appena sostituito la vecchia stufa a/da legna nel cucinotto del nostro rustico in montagna.

4. È una bella tovaglia con quadri/a quadri rossi e bianchi, molto informale ovviamente.
5. Gli spaghetti alla/con la carbonara sono uno dei nostri piatti più tipici.
6. Vorrei davvero comprare un parquet a/per spina di pesce per la sala, ma i prezzi che ho visto finora sono inavvicinabili.
7. Mi chiedo se abbia senso concedere a/per quel tizio la libertà provvisoria.
8. Anna, ti prendo/prendo per te un attimo la calcolatrice.
9. Per voi/vi è sempre stato ostile. Non capisco di cosa vi meravigliate, veramente ...
10. Ricordati di dire a Paolo/per Paolo che non andrai all'incontro stasera!
11. In seguito a/per una brutta caduta, ora Antonella deve fare sei mesi di fisioterapia all'ospedale di Cagliari.
12. Mi ha preso per/a matto, quando gli ho detto cosa avevo fatto ieri. Non capisco ...
13. Quanto hai pagato all'/per l'orologio che hai regalato a Daniele?

10.10 Prepositions of exclusion and 'concessive' prepositions

Choose the appropriate form. The first one is done for you as an example. (GMI 11.19–20, Level 1)

1. Malgrado/***Salvo*** questa parte, il resto del tuo saggio è davvero convincente.
2. Nonostante/A parte il suo stato di salute, Paolo è andato al lavoro fino all'ultimo.
3. Malgrado/Fuorché tutto, non l'ho ancora lasciato!
4. Al di fuori di/Nonostante pochi dipinti, la mostra non mi è piaciuta.
5. Eccetto/Nonostante il mio impegno, non sono riuscito a completare l'esercizio.
6. Lo spiacevole episodio che l'ha visto suo malgrado/nonostante vittima, è accaduto ieri sera nei pressi della stazione.

10.11 Time prepositions

Fill the gaps with the appropriate preposition, when necessary. The first one is done for you as an example. (GMI 11.32, Level 1)

1. Ho aspettato ***per*** più di mezz'ora, ma nessuno si è presentato!
2. Dovrò aspettare almeno ____ due settimane prima ____ avere l'esito di questo esame.
3. I signori Masoni abitano a Vicenza almeno ____ tre anni.
4. Sei rimasto ____ alla fine dello spettacolo?
5. Luigi è molto efficiente: ha concluso il suo lavoro ____ mezza giornata.
6. Anna, potresti richiamare ____ cinque minuti, per favore?
7. Dopo ____ essersi laureato a Melbourne, John si è trasferito a Londra per un dottorato.
8. ____ il film mi sono addormentata e mi sono risvegliata solo a pochi minuti dalla fine.
9. ____ da bambino, Giacomo ha preferito gli sport agli studi.
10. ____ a una settimana, sapranno se il visto gli è stato rinnovato.
11. Deve compilare il modulo e spedirlo ____ giovedì! Non oltre.

10.12 Use of prepositions

(a) Fill the gaps with the appropriate preposition, choosing from the ones in the box below. The first one is done for you as an example. (GMI 11.1–32, Level 3)

a, al, col, con (5), della, di (3) in (2)

Fu qui che nacque il caffelatte ***con*** panna che doveva diventare, alcuni anni dopo, il cibo ____ mia infanzia: quello, inconfondibile, che non si scorda mai. Tanto che s'è disposti a fare lunghe notti____ treno, quando s'hanno già i capelli grigi, per tornare a risentirne il sapore. Quello mio è fatto ____ latte vero, ____ caffè ____ orzo, ____ una pagnotta romagnola spezzata a dovere e, ____ cima ____ tutto, della panna che si forma ____ latte qualche ora dopo l'ebollizione, raccolta e poi posata ____ infinito garbo, come si posa un velo, senza stracciarlo e sgualcirlo. A questo punto c'è l'ultimo tocco, che va fatto ____ una certa poesia ma anche ____ la risolutezza di chi affronta la prova finale. ____ un colpo sicuro, senza rimestare il cibo, va piantato ____ centro della tazza il cucchiaio, che deve restare dritto. E quest'ultima è la sola garanzia che conta.

(Nerino Rossi, *La neve nel bicchiere*, Venezia 1977)

(b) Fill the gaps with the appropriate preposition, choosing from the ones in the box below. The first one is done for you as an example. (GMI 11.1–32, Level 3)

a, al (2), all' (2), alla (2), da (2), dalla, del (2), della (2), di (3), su, sul

La nostra casa era ***al*** centro di Crema, a un tiro di schioppo ____ Piazza ____ Duomo – il campanile sbucava oltre un terrazzo con l'uva e sorgeva ____ quello che era stato, un tempo, l'orto ____ Vescovo. La nostra casa era grande e aveva solo tre anni più di me. [...] L'atrio era ____ primo piano; l'androne ____ ingresso. Lo spazio ____ base ____ scala non aveva nome: sembrava un atrio, era attiguo ____ androne, e andava indicato con una perifrasi. La porta ____ servizio era quella che, ____ scala ____ servizio, dava ____ portico; le altre porte ____ scala erano anonime: si dovevano usare, servivano ma non si dovevano chiamare. L'ufficio era quello ____ papà (pianterreno, entrando ____ destra). L' "offis" – scritto *office*, immagino, però io non sapevo scrivere – era lo spazio di fronte ____ cucina, dominato ____ un armadio. Se avessi trovato papà seduto nell'*office*, sarei rimasto turbato.

(Beppe Severgnini, *Italiani si diventa*, Milano 1998)

11

Numerals

– Solo **uno**?

11.1 The cardinal numbers

(a) Match up the numbers in the left column with the appropriate transcription in the right column. The first one is done for you as an example. (GMI 12.1–3, Level 1)

29	settantanove
92	tremila
14	millequaranta
55	duecentotrentasei
128	***ventinove***
121	centoventotto
79	cinquantacinque
236	centoventuno
1040	quattordici
3000	novantadue

(b) Look at the box below and underline the numbers for which no transcription is provided. The first one is done for you as an example. (GMI 12.1–3, Level 1)

trentuno, cento, trecentosessantotto, duemilatre, settantaquattro, dodici, milletrecentoquarantadue

1342, 2, 74, 12, 30, 368, 77, 2003, 31, 2030, 100, 88, 1432

(c) Write the following numbers in letters. The first one is done for you as an example. (GMI 12.1–3, Level 1)

348	***trecentoquarantotto***
24	____
31	____
1973	____
567	____
239	____

11.2 General properties of cardinal numbers

Translate the following sentences into Italian. The first one is done for you as an example. (GMI 12.2–5, Level 2/3)

1. There are sixty-one students in my year.
   Ci sono sessantuno studenti nel mio corso.
2. £500 is not enough.
3. Milan has more than 2 million inhabitants.
4. Andy has spent more than 2 million euros on a second-hand car.
5. Thousands of people die on the roads every day.
6. She made a delicious cake in a trice.
7. My grandfather was 101 yesterday!
8. Fortunately we were an even number, so we could play the game.
9. I have just one hobby: reading.
10. In the last 24 hours, we have had two inches of rain.
11. There are two fives and three zeros in my phone number.

11.3 'Both', 'all three', 'another three', etc.

Alter the following sentences using the suggestions in brackets. The first one is done for you as an example. (GMI 12.6, Level 2)

1. I due ragazzi sono arrivati tardi. (tutto)
   Tutti e due i ragazzi sono arrivati tardi.
2. Ho trovato i tre libri che cercavi. (tutto)
3. Avete visto i due appartamenti in vendita? (ambedue)
4. Mentre vai al supermercato, mi compreresti un litro di latte? (altro)
5. Avrebbero bisogno di tre settimane per concludere il lavoro. (altro)
6. C'è il riscaldamento nei due appartamenti. (ambedue)
7. Queste tue proposte sono davvero interessanti. (ambedue)
8. Avremmo dovuto usare le tre uova e 200 g. di farina. (tutto, altro)

9. L'albergo è piccolo, ma nelle dieci camere c'è la televisione. (tutto)
10. Paolo ha avuto la febbre per i quindici giorni della sua vacanza. (tutto)
11. I 500 atleti iscritti hanno completato la maratona. (tutto)

11.4 Ordinal numbers

(a) Write the following English ordinal numbers in the Italian extended form. The first one is done for you as an example. (GMI 12.8, Level 1)

1. 19th ***diciannovesimo***
2. 2nd ____
3. 58th ____
4. 1st ____
5. 43rd ____
6. 3rd ____
7. 8th ____
8. 5th ____
9. 12th ____
10. 7th ____
11. 9th ____

(b) Translate the following English expressions into Italian. The first one is done for you as an example. (GMI 12.8, Level 1/2)

1. 1st year ***primo anno***
2. 2nd car ____
3. 3rd reason ____
4. 6th street ____
5. 8th stop ____
6. 50th time ____

11.5 Collective and approximative numerals

In the following sentences, make the numerals approximate. The first one is done for you as an example. (GMI 12.10, Level 1)

1. Vado a Londra per due giorni.
   Vado a Londra per un paio di giorni.
2. Alla festa c'erano venti persone, fra ragazzi e ragazze.
3. Durante il corso di laurea, dovrete comprare almeno cinquanta libri.
4. Il fratello di Nicola sembra più vecchio, ma non può avere più di quarant'anni.

5. Non ho speso molto per il volo: cinquanta euro!
6. Anche solo una pizza costerà quindici euro in quel ristorante!
7. La madre di Giulio si veste come una ragazzina, ma deve avere almeno quarantacinque anni.
8. La città più vicina è a 7 km dal villaggio turistico.
9. Alla manifestazione per la pace hanno partecipato più di mille studenti.
10. Prima di trovare un idraulico ho dovuto fare almeno dieci telefonate.
11. Per favore, comprami anche dodici uova!

11.6 Multiplicatives, percentages and distributives

Complete the following sentences with the numeral suggested in brackets. The first one is done for you as an example. (GMI 12.11–15, 12.17, Level 2)

1. Chi c'era a casa di Gianpiero? I soliti ____ gatti! (4)
   Chi c'era a casa di Gianpiero? I soliti quattro gatti!
2. Se non avrò niente di meglio da fare in vacanza, scriverò ____ righe a mia madre, così anche lei sarà contenta! (2)
3. Vendesi appartamento libero: due camere, cucina, ____ servizi, balcone. (× 2)
4. Quando gli ho telefonato, Carlo era ancora ____ addormentato. (½)
5. Oltre ____ degli italiani è contrario alla caccia. (60%)
6. Gli immobili sono aumentati al punto che adesso un appartamento costa .... di quindici anni fa. (× 3)
7. Per preparare questo piatto occorrono ____ di burro. (2½ hg)
8. ____ degli studenti hanno completato il corso con ottimi voti. (4/5)
9. I miei amici più cari sono stati in India: in ____ hanno girato tutto il Paese. (3½ weeks)
10. Nel circuito urbano, la mia macchina fa ____ di benzina. (15 km × 1 l)
11. L'anno scorso abbiamo deciso di fare una vacanza di gruppo: eravamo ____! (18)

11.7 Mathematical expressions

(a) Write the results of the following sums in letters. The first one is done for you as an example. (GMI 12.16, Level 2)

1. 14 + 2 = *sedici*
2. 29 × 4 = ____
3. 121÷11 = ____

4. 100 – 12 = ____
5. 36 + 47 = ____
6. 18 × 3 = ____

(b) Fill the gaps with the correct number or expression. The first one is done for you as an example. (GMI 12.16, Level 2)

1. cinquantacinque ÷ ***cinque*** = undici
2. ventidue + otto = ____
3. ____ ÷ quattro = sette
4. diciannove ____ uno = diciotto
5. settantaquattro – tre = ____
6. quarantanove + ____ = quarantanove
7. dodici + otto = ____
8. trentasei ____ sei = sei
9. ____ × due = duecento
10. cinque ____ due ____ sette
11. mille × due = ____

12

Adverbs and adverbial constructions

– Amico mio, stai **piuttosto bene**, considerato che sei un cane!

12.1 Adverbs in *-mente*

Make the adverb from the adjective. The first one is done for you as an example. (GMI 13.1, Level 1)

1. serio *seriamente*
2. cieca ____
3. felice ____
4. naturale ____
5. tale ____
6. vanitoso ____
7. ottimo ____
8. altro ____
9. violento ____
10. folle ____
11. faticoso ____

12.2 Adverbs identical to adjectives

Choose the appropriate adverb. The first one is done for you as an example. (GMI 13.2, Level 1/2)

1. Volare ***basso*** (basso /bassamente)
2. Capisco che non è una situazione facile, ma tieni ____ (duro/duramente)
3. Lavorerò in giardino nel pomeriggio. Suona____ (fortemente/forte) il campanello quando arrivi!

4. ____ (giustamente/giusto) si è inferocito a questa notizia: non posso certo biasimarlo.
5. Accomodati, Nicola! ____ (giustamente/giusto) in tempo per il caffè!
6. Mi hanno detto ____ e tondo (chiaro/chiaramente) che la mia auto è troppo vecchia per passare la revisione.
7. Non ti è passato neppure ____ (lontanamente/lontano) per la testa di avvertirmi, vero?
8. Rimproverare Michele ____ (duro/duramente) pare sia del tutto controproducente.
9. Non preoccuparti! Si è capito ____ (chiaro/chiaramente) che non avevate nessuna intenzione di offenderle.
10. Il dottor Iotti si è trasferito molto ____ (lontanamente/lontano) dal paese e ha inevitabilmente perso molti dei suoi pazienti.
11. È ____ (chiaro/chiaramente) che hai mangiato troppo a cena. Ecco perché ora ti senti così spossata.

12.3 Other forms of adverb

Choose the appropriate adverb. The first one is done for you as an example. (GMI 13.3–5, Level 1/2)

1. Il tuo tema è appena/troppo sufficiente.
   Il tuo tema è appena sufficiente.
2. Ha concluso a fatica/piuttosto i suoi studi. Ora sta cercando lavoro a Torino, mi pare.
3. Ben/bene/buono fatto. Complimenti!
4. Una volta usciti a Sarzana, si è quasi/apposta arrivati all'abbazia. Non più di dieci minuti.
5. È già per caso/molto tardi. Non si arriverebbe comunque in tempo per l'inizio del film.
6. Paola è ancora molto piccola, ma già cammina coccoloni/carponi.
7. Verremmo proprio volentieri/bocconi, sai?
8. Quel suo improvviso cambiamento d'umore è stato così/almeno evidente a tutti.
9. A momenti/su per giù è così gentile e accomodante, a momenti/su per giù così intrattabile!
10. Luigi fa i turni di notte/mai in un'azienda alla periferia di Ancona.
11. La sua domanda è arrivata tardi/forse e non potrà essere considerata, signor Faietti.

12.4 Other ways of forming adverbial expressions

Change the following adverbs in *-mente* into the form *in modo . . . /in maniera . . .* The first one is done for you as an example. (GMI 13.6, Level 1)

1. chiaramente
   in modo chiaro/in maniera chiara
2. frettolosamente
3. gentilmente
4. regolarmente
5. violentemente
6. benevolmente
7. stabilmente
8. oltraggiosamente
9. acutamente
10. facilmente
11. accuratamente
12. praticamente
13. rigorosamente
14. esaurientemente
15. esemplarmente
16. precisamente

12.5 The position of adverbs

(a) In the following sentences, put the adverb in brackets in the correct place. The first one is done for you as an example. (GMI, 13.9–11, Level 1/2)

1. Hai esaminato tutti i dati? (già)
   Hai già esaminato tutti i dati?
2. Ci sembra un progetto interessante. Lo valuteremo. (piuttosto, attentamente)
3. Ben potrai dissuadermi! (difficilmente)
4. Sfortunatamente la malattia è in uno stato avanzato. Un'operazione a questo punto non avrebbe senso. (troppo, assolutamente)
5. Pur criticando il comportamento di Daniele, finisce a volte per comportarsi nella stessa identica maniera. (spesso)
6. È più frequente di un tempo che dopo la laurea i giovani vadano all'estero per proseguire gli studi. (molto)

(b) In the following sentences, put the adverb in brackets in the correct place and form. The first one is done for you as an example. (GMI 13.9, 13.13, Level 1/2)

1. Sei stato furbo a rispondere così! (davvero)
   Sei stato davvero furbo a rispondere così!
2. Fra pochi minuti la torta sarà pronta. (bello)
3. Abbiamo ascoltato attentamente le vostre richieste. (molto)
4. È arrivato a casa bagnato. (tutto)
5. L'atleta correva velocissimo. (proprio)
6. Hanno scritto una lunga lettera. (piuttosto)
7. La musica che ascolti è forte. (troppo)
8. La borsa che ha comprato è bellissima. (veramente)
9. Erano contenti d'aver ricevuto il premio. (tutto)
10. Bisogna strofinare bene il mobile con uno straccio morbido. (bene)
11. La commedia che vedremo sarà divertente. (sicuramente)

12.6 Adjective, pronoun, or adverb?

In the following sentences, put the word in brackets in the correct form. The first one is done for you as an example. (GMI 13.11, Level 2)

1. Canti davvero (molto) bene!
   Canti davvero molto bene!
2. Laura canta con (molto) passione.
3. La serata è stata (molto) piacevole, ma abbiamo speso (troppo).
4. (Troppo) persone non si curano abbastanza dell'ambiente e sprecano (molto) delle risorse comuni.
5. (Molto) miei amici hanno deciso di non andare a votare, ma per me questo atteggiamento è (troppo) estremo.
6. I suoi genitori avevano (troppo) problemi e hanno deciso di separarsi, il che è stato (molto) doloroso per Agnese.
7. Lo so che la tua casa è (molto) grande, ma secondo me saremo in (troppo).
8. (Molto) delle sue colleghe di lavoro abitano fuori città.
9. Siamo arrivati alla stazione (troppo) tardi: il treno era già partito.
10. Il libro che mi ha prestato Luisa era davvero (molto) interessante: l'ho letto (tutto) in un pomeriggio.
11. Anche se ha (molto) amici, dice spesso di sentirsi (molto) sola.

12.7 Phrasal verbs with adverbs of place

Translate the following sentences into Italian. The first one is done for you as an example. (GMI 13.15, Level 3)

1. We wanted to go away but were not able to.
   Volevamo andare via ma non abbiamo potuto.

2. – Come out of there! he yelled.
3. She always puts the books away when she has read them.
4. Can Mauro come out to play, please?
5. The general will order the soldiers to go forward.
6. If you pull the toys down, you will break them.
7. The men carried the chairs out of the room.
8. The horses were coming up the narrow path that led to the house.
9. – We can't carry on like this! Andrea told Nicoletta.
10. You need to take the dog out three times a day.
11. The people were going back and forth along the main road.
12. They looked around to see where they had parked the car.

12.8 Time adverbs

In the following sentences, put the adverbs in brackets in the correct position, then translate the sentences into English. The first one is done for you as an example. (GMI 13.16, Level 2/3)

1. Questo pacco è arrivato. (proprio adesso)
   Questo pacco è arrivato proprio adesso.
   This parcel has arrived just now.
2. Ho ricevuto ieri la sua lettera: le rispondo. (ora)
3. Ha parlato con l'avvocato del contratto di lavoro. (appena)
4. Dovevi stare più attento: il danno è fatto. (ormai)
5. Cinzia era davvero agitata; tremava tutta, le ho detto di sedersi. (allora)
6. Ho capito che non vuoi finire questo lavoro. (già)
7. Perché non sono tornati? (ancora)
8. Natalia è la ragazza più spiritosa che abbiamo conosciuto. (mai)
9. Anche se sei a dieta, puoi fare uno strappo! (ogni tanto)
10. Siamo arrivati anche noi. (poco fa)
11. Avevano paura di non riuscire a completare il progetto, ma ce l'hanno fatta. (alla fine)

12.9 Position and function of negative adverbs

Match each question to its correct answer. The first one is done for you as an example. (GMI 13.17, Level 1/2)

1. Sei stato tu a rompere questo piatto? ***Assolutamente no.***
2. Hai mai studiato il giapponese?
3. È buono quell'antipasto?
4. È vero che si è comprato la macchina?
5. Non hanno risparmiato niente?

6. Neppure a te piacciono i film dell'orrore?
7. Non sono mai stati a Londra?
8. Non sono andati al cinema nemmeno loro?
9. Non bisogna aggiungere niente a questo documento?
10. Non volete proprio venire alla festa?
11. Davvero non ti piace la sua casa?

a. No, non l'ho mai studiato.
b. Neanche per sogno!
c. No, non ci sono andati nemmeno loro.
d. No, non bisogna aggiungere assolutamente niente.
e. Assolutamente no.
f. No, non mi piace affatto.
g. No, non è per niente buono.
h. No, non è mica vero.
i. Neanche un centesimo!
l. No, non piacciono neppure a me.
m. No, non ci sono mai stati.

13

Forms of the verb

– **Senti**, bello . . . ! Qui non **siamo** in democrazia, quindi se ti **dico** di **aprire** una finestra, tu **apri** una finestra . . . ! **Far partire** l'antivirus ogni volta che **mi avvicino** non ti **salverà** ancora per molto . . . !

13.1 Conjugations: regular verbs

(a) Match up the Italian verbs in the left column with the English ones in the right column. The first one is done for you as an example. (GMI 14.2, Level 1)

Vincereste	We would define
Preferivate	We shall define
Ricordai	Looked at
Definiremmo	You will win
Guardato	Looking at
Ricorderai	*You would win*
Vincerete	You were preferring
Ricordavi	You will remember
Guardando	I remembered
Definiremo	You were remembering

(b) Choose the correct answer. The first one is done for you as an example. (GMI 14.2, Level 1)

1. Amato	*Loved*/To love
2. Taglio	I cut/I was cutting
3. Temere	To fear/He fears
4. Finì	You finished/He-she-it finished
5. Acquisteranno	They will buy/We will buy
6. Suonerà	He-she-it will play/to play

(c) Fill the gaps with an appropriate conjugated form of the verb given in brackets. The first one is done for you as an example. (GMI 14.2, Level 2)

1. Mi auguro che tu ***rifletta*** bene sulla questione. Non ***prendere*** decisioni affrettate! (riflettere, prendere).
2. Pensate anche voi che Gina ____ presto quel costoso attico nel centro di Roma? (vendere)
3. Se tu avessi più tempo libero, ____ molto di più. (leggere)
4. Potendo scegliere, certamente Alberta ____ per una vacanza ai laghi. (optare)
5. Mentre ____ sul divano, il campanello è suonato e mi sono svegliato di soprassalto. (dormire)
6. Cosa ti ____ fare questo pomeriggio? (piacere)

13.2 Conjugations: major irregular verbs

(a) Translate the following Italian forms into English. The first one is done for you as an example. (GMI 14.3, Level 2)

1. Vincemmo *We won*
2. Muore
3. Leggesti
4. Cuoceva
5. Date
6. Date!
7. Dobbiamo
8. Piacque
9. Porre
10. Rimanevate
11. Videro
12. Vorrò
13. Parrebbe
14. Nacque
15. Nascosto
16. Misi
17. Apparendo
18. Assunto
19. Ebbero
20. Hai

(b) Translate the following English forms into Italian. The first one is done for you as an example. (GMI 14.3, Level 2)

1. He admitted *Ammise*
2. To hear
3. Drunk
4. They run
5. They ran
6. She goes out
7. Cooking
8. We devolved
9. I would have to
10. To have to
11. I had to
12. Expressed
13. You saw (pl.)
14. She did
15. They died
16. It seems
17. I can
18. I know
19. We want
20. They come

13.3 Other irregular verbs

Conjugate the following Italian verbs. The first one is done for you as an example. (GMI 14.4, Level 1)

1. giacere (passato remoto, 1 sing.) *giacqui*
2. diffondere (past participle)
3. commuovere (present subjunctive, 2 pl.)
4. sottoporre (gerund)
5. riconoscere (passato remoto, 3 pl.)
6. prescindere (passato remoto, 1 pl.)
7. prevalere (past participle)
8. sopravvivere (imperfect, 2 sing.)
9. intervenire (gerund)
10. assumere (past participle)
11. estrarre (present indicative, 1 sing.)

13.4 'Mixed' conjugation verbs: *compiere* and verbs in *-fare*

Conjugate the following Italian verbs. The first one is done for you as an example. (GMI 14.5, Level 1)

1. compiere (present subjunctive, 1 sing.) *compia*
2. soddisfare (present indicative, 1 pl.)
3. compiere (present conditional, 2 pl.)
4. adempiere (present indicative, 3 pl.)
5. assuefarsi (passato remoto, 3 sing.)
6. compiere (past participle)
7. disfare (present conditional, 1 sing.)
8. adempiere (imperfect subjunctive, 2 pl.)
9. rarefarsi (past participle)
10. soddisfare (present indicative 1 sing.)
11. compiere (gerund)

13.5 Imperatives

(a) Complete the table with the correct regular imperative forms. The first one is done for you as an example. (GMI 14.8, Level 1)

	Imperativo II singolare	Imperativo III singolare	Imperativo II plurale	Imperativo III plurale	Imperativo negativo II singolare	Imperativo negativo II plurale
Parlare	***parla***					
Temere					Non temere	
Finire			finite			
Dormire		dorma				
Irritarsi						non irritatevi
Leggere				Leggano		
Meditare						

(b) Translate into Italian the following imperative forms. The first one is done for you as an example. (GMI 14.9, Level 2)

1. Come on! (sing.) ***Ma dai!***
2. Do it! (pl.)
3. Give us 50! (sing.)
4. Let him have.
5. Stay there! (sing.)
6. Say something! (sing.)
7. Go away! (sing.)
8. Know! (pl.)
9. Here it is! Take it!
10. Be so good as to … (pl.)
11. Don't complain, John!

(c) Fill the gaps with the correct imperative form. The first one is done for you as an example. (GMI 14.8–9, Level 1)

Quando arrivi in fondo a via Caravaggio, ***gira*** (girare) a destra e ____ (proseguire) fino alla rotonda. Alla rotonda ____ (prendere) la prima a destra e ____ (andare) dritto fino al semaforo. ____ (voltare) a sinistra, ____ (passare) lo stadio e a questo punto vedrai una banca sulla sinistra. Dopo la banca, ____ (girare) a destra all'incrocio. Dopo duecento metri vedrai la stazione ferroviaria. ____ (fermarsi) e ____ (guardare) a sinistra della stazione. Lì di fianco ci sono 2 parcheggi. ____ (non/parcheggiare) la macchina in quello sotterraneo, mi raccomando. È carissimo, ____ (credere/a me)

13.6 Agreement of the verb with its subject

Choose the correct form of the verb. The first one is done for you as an example. (GMI 14.18, Level 1)

1. C'è sempre più gente che scommette/scommettono sui cavalli.
   C'è sempre più gente che scommette sui cavalli.
2. La maggioranza degli studenti sostengono/sostiene che le tasse universitarie siano troppo alte.
3. La polizia era intervenuta/erano intervenuti immediatamente.
4. Nessuno di loro è riuscito/sono riusciti a darmi una risposta esauriente.
5. Oltre il 50% degli italiani dichiarano/dichiara di essere cattolico, ma meno del 20% è/sono praticante/i.
6. Verrete/vieni alla mia festa, tu e tuo fratello? Le mie sorelle ed io vi aspettiamo/aspettano.
7. Una piccola percentuale dei dipendenti ha/hanno scelto il prepensionamento. Il resto, cioè la maggioranza, aspetterà/aspetteranno di sapere chi sarà licenziato/saranno licenziati.
8. Mia sorella ed io vado/andiamo molto d'accordo. In verità, siamo sempre andate/sono sempre andata molto d'accordo con lei.
9. Spesso la gente non si rende/rendono conto della portata di certi comportamenti.
10. La squadra italiana di sci ha/hanno collezionato innumerevoli trofei.
11. La Juventus hanno/ha ancora una volta vinto il campionato.
12. Nel dopoguerra, il governo italiano è passato/sono passati da una crisi all'altra.
13. Il governo ha/hanno recentemente varato la nuova legge antimafia.

13.7 Which auxiliary: *avere* or *essere*?

(a) In the following sentences, put the verb into its compound form. The first one is done for you as an example. (GMI 14.19–21, Level 1/2)

1. Paolo legge il giornale.
   Paolo ha letto il giornale.
2. Teresa prendeva l'autobus con me.
3. Noi faremmo volentieri un viaggio.
4. Riceverete mie notizie.
5. Davvero hai due lavori?
6. Berresti un superalcolico a digiuno?
7. Chiudevano piano la porta.
8. Daranno un premio anche a lui.
9. Sappiamo fare benissimo questo gioco.
10. Gli stringeresti la mano?
11. Pago io la bolletta del gas questo mese.

(b) In the following sentences, put the verb into its compound form. The first one is done for you as an example. (GMI 14.19–21, Level 1/2)

1. Le rose appassivano nel vaso.
   Le rose erano appassite nel vaso.
2. I tuoi bambini crescono a vista d'occhio!
3. Con l'età, mio nonno diventò più burbero.
4. Il contratto d'affitto scadrà a maggio.
5. Partireste domani?
6. Arrivavi in ritardo a scuola, Marcello.
7. Torneranno contenti dalle vacanze.
8. Scapperei anch'io in campagna la domenica!
9. Forse sorgerà un problema.
10. Quei libri non mi piacciono per niente.
11. Gli manca molto la famiglia.

(c) In the following sentences, put the verb into its compound form. The first one is done for you as an example. (GMI 14.19–21, Level 1/2)

1. Il cane di mio cugino abbaia tutta la notte.
   Il cane di mio cugino ha abbaiato tutta la notte.
2. Mentirebbero anche ai genitori.
3. Urlava di dolore.
4. Nuotano dalle 4 alle 6.
5. Credeva di sognare.
6. Me lo giureresti davanti ad un testimone?
7. Sciamo dalla mattina alla sera.
8. Soggiorneranno al mare con la famiglia.
9. La donna tremava di paura.
10. Tossisci tutto il giorno?
11. Sudava sette camicie per tenere la casa pulita.

(d) In the following sentences, put the verb into its compound form. The first one is done for you as an example. (GMI 14.19–21, Level 2)

1. Paolo correva a casa appena gli amici finivano la partita di tennis.
   Paolo era corso a casa appena gli amici avevano finito la partita di tennis.
2. Fra due mesi cominceremo la costruzione del nuovo edificio.
3. I lavori di allestimento del nuovo museo cominceranno a settembre.
4. Gli studenti seguono molto facilmente le nostre spiegazioni.
5 Dopo il telegiornale, segue un documentario sugli animali in estinzione.
6. Giacomo continuerebbe la lettura tutta la notte.
7. Il maltempo continua senza sosta su tutta la penisola.
8. Migliorerebbe il suo record se si allenasse regolarmente.

9. Le condizioni economiche degli operai miglioreranno notevolmente.
10. Ancora una volta l'OPEC aumenta il prezzo del greggio.
11. Il prezzo della benzina aumenta ancora una volta!

(e) In the following sentences, put the verb into its compound form. The first one is done for you as an example. (GMI 14.19–21, Level 2)

1. Dovevano scrivere quella lettera.
   Avevano dovuto scrivere quella lettera.
2. Non potresti comprare più pane?
3. Pietro non vuole andare in montagna.
4. Mi pare che cominci a piovere.
5. Non voleva sembrare antipatica.
6. Dovremmo insistere, secondo me.
7. Potrebbero essere questioni molto controverse.
8. Vorrei saperlo fare anch'io.
9. Deve vestirsi in fretta.
10. Non volevano andarsene.
11. Le bambine non vogliono lavarsi.

13.8 Agreement of the past participle

In the following sentences, add the correct ending to the past participle. The first one is done for you as an example. (GMI 14.22–24, Level 1/2)

1. Abbiamo acquistat*o* parecchi libri nuovi.
2. I biglietti vincenti sono stati acquistat____ a Milano.
3. Andrea ed io ci siamo fermat____ a bere qualcosa di fresco.
4. Patrizia è già tornat____ dalla Francia, ma non l'ho ancora vist____.
5. Vi siete ricordat____ di fare la spesa, ragazzi?
   No, ce ne siamo dimenticat____.
6. Dice di non aver fatt____ telefonate, ma secondo me ne ha fatt____ parecchie.
7. Giorgio ci avrebbe dat____ la sua macchina, ma l'aveva prestat____ a suo fratello.
8. La polizia ha riconosciut____ i ladri e li ha inseguit____ Dopo averli catturat____, li ha portat____ in questura.
9. Ti ho chiamat____ quando ti ho vist____ per la strada, Eleonora, ma non mi hai sentit____.
10. Durante la festa tutte le ospiti si sono divertit____ dopo essersi scambiat____ regali e auguri, si sono salutat____ con baci e abbracci.

11. Ho dat____ a mio figlio la giacca che gli avevo comprat____ per il suo compleanno.

13.9 Causative structures

(a) Transform the following sentence using *fare* + infinitive. The first one is done for you as an example. (GMI 14.25–29, Level 2)

1. Ristruttureremo il bagno.
   Faremo ristrutturare il bagno.
2. Hanno tinteggiato l'appartamento.
3. Hai cambiato i freni dell'auto?
4. Abbattendo questo muro, ci sarà più spazio.
5. Perché non hai ancora pulito questi tappeti?
6. Facendo altre modifiche, spenderemmo un capitale.

(b) Answer the following questions using the causative structure and the suggestions in brackets. The first one is done for you as an example. (GMI 14.25–29, Level 2)

1. Chi ci farà la spesa? (Giorgio)
   La faremo fare a Giorgio.
2. Hai passato l'aspirapolvere? (Lucia)
3. Come sceglieremo la destinazione? (le nostre mogli)
4. Hai portato tu le valigie? (facchino)
5. Chi faceva i lavori di casa quando Piera era malata? (il marito)
6. Come paghiamo la settimana bianca? (i nostri genitori)

(c) Answer the following questions using the causative structure, the pronouns and the suggestions in brackets. The first one is done for you as an example. (GMI 14.25–29, Level 2)

1. Hai scritto tu la lettera al tuo ex-marito? (avvocato)
   No, gliel'ho fatta scrivere dall'avvocato.
2. Hanno telefonato loro ai clienti? (segretaria)
3. Avevate lavato voi la macchina a Luca? (bambini)
4. Porteremo noi i regali ai nonni? (zio Carlo)
5. Mi registri tu la partita? (papà)
6. Si è servito da solo? (cameriere)

13.10 The passive

(a) Make the following sentences passive. The first one is done for you as an example. (GMI 14.30–35, Level 2/3)

1. Tutti gli studenti hanno consegnato la tesina prima della data di scadenza.
   La tesina è stata consegnata prima della data di scadenza da tutti gli studenti.
2. Di recente il Presidente del Consiglio ha fatto approvare una legge controversa.
3. Molto spesso gli articoli dei giornali non riflettono l'opinione pubblica.
4. I vincitori riceveranno i premi entro la fine del mese.
5. Il sarcasmo del critico non aveva risparmiato nessuno degli attori.
6. Penso che non tengano assolutamente in considerazione il nostro punto di vista.
7. Se fosse necessario, l'ambasciatore riceverebbe la delegazione dopo la cerimonia.
8. Gli inquirenti non hanno creduto la versione dei fatti fornita dalla donna.
9. Non bisogna aggiungere niente a quest'insalata?
10. In un attimo le cameriere cambiarono i letti, spolverarono i mobili e riordinarono la camera.
11. Bisogna indicare la data di scadenza del cibo sulla confezione.

(b) Translate the following sentences into Italian. The first one is done for you as an example. (GMI 14.32, Level 3)

1. I have been given this document to sign.
   Mi hanno dato/mi è stato dato da firmare questo documento.
2. They will be told to return tomorrow.
3. Peter was promised a bicycle for Christmas.
4. We were being asked to move by the police.
5. Customers are advised not to use the lift.
6. You have been given all the necessary instructions to complete the job.

(c) Answer the following questions using the passive construction with *andare*. The first one is done for you as an example. (GMI 14.33, Level 2)

1. Dobbiamo firmare anche questo documento? (Sì)
   Sì, anche questo documento va firmato.
2. Dovrò includere anche una fotografia? (Sì)
3. Devo inoltrare subito la richiesta di esonero? (Sì)
4. Dovevo compilare tutte le sezioni del modulo? (Sì)
5. Posso mandare le fotocopie dei documenti? (No)
6. Devo tenere una copia del modulo? (Sì)
7. Dove devo inserire i dati personali? (nella sezione 2)
8. Per quanto tempo dobbiamo conservare la ricevuta fiscale? (per 10 giorni)

9. Posso buttare via lo scontrino? (No)
10. Dovrei leggere tutto il contratto? (Sì)
11. Dobbiamo far osservare tutte le regole? (Sì)

(d) In the following recipe, change all the underlined verbs into passive constructions with *si* + third person or *andare* + past participle. The first one is done for you as an example. (GMI 14.33–35, Level 2)

I tortellini bolognesi

La preparazione dei tortellini è divisa in due parti ben distinte: la sfoglia e il ripieno.

Per la sfoglia dovete utilizzare 4 uova fresche e 4 etti di farina. Bisogna usare l'apposito matterello di legno e bisogna essere un po' abili nella spianatura dell'impasto, altrimenti potete creare spessori diversi, pieghe e buchi.

Create una fontana di farina e rompete nel centro le uova. Impasterete il tutto molto energicamente con le mani fino a quando non avrete ottenuto un impasto morbido e sodo. Spianatelo con il matterello finché non lo avrete trasformato in una sfoglia sottile ed uniforme. Non bisogna far seccare troppo la sfoglia, altrimenti non riuscirete a chiudere bene i tortellini.

Dividete la sfoglia in strisce larghe circa 6 cm e tagliate dei quadrettini larghi circa 4 cm. Su ogni quadretto dovrete disporre un po' di ripieno e poi chiuderete il tortellino.

La chiusura del tortellino è la parte artistica del lavoro. Piegate il quadrato di sfoglia lungo la diagonale. Dovete poi premere sui margini in modo che la sfoglia sia unita perfettamente, senza lasciare aperture. A questo punto piegate la punta del triangolo verso il basso e arrotolate il tutto sull'indice della mano, con la punta piegata rivolta verso l'esterno del dito. Saldate poi gli altri due angoli insieme. Otteniamo così il tortellino.

La preparazione dei tortellini ***si divide*** in due parti ben distinte: la sfoglia e il ripieno. ...

14

Uses of the verb forms

– La mamma e il babbo **hanno detto che avrei potuto suonare** il tamburo, alle nove e mezza.

14.1 Future and future perfect: forms and uses

(a) Answer the following question using the future perfect. The first one is done for you as an example. (GMI 15.5, Level 1)

Sono già le 5 e Claudio non è ancora arrivato. Chissà perché?

1. ____ l'autobus. (perdere)
   Avrà perso l'autobus.
2. ____ del nostro appuntamento. (dimenticarsi)
3. ____ un contrattempo. (avere)
4. ____ molto traffico. (trovare)
5. ____ qualche commissione. (dovere sbrigare)
6. ____ ci si dovesse incontrare in piazzale Fiume. (pensare)

(b) Turn the verbs in the following sentences into the future or future perfect, as appropriate. The first one is done for you as an example. (GMI 15.1–3, Level 1/2)

1. Prima arrivo al bar, poi ordino un cappuccino. (quando)
   Quando sarò arrivata al bar, ordinerò un cappuccino.
2. Prima ceno, poi mi metto al lavoro. (non appena)
3. Prima finisci il tuo lavoro, poi esci. (finché non)
4. Tu sei da Anna, io vado in banca. (mentre)
5. Prima si laurea, poi fa un master in business a Londra. (una volta che)
6. Vuoi, puoi contattarmi via email. (ogni volta che)
7. Prima volti a destra, poi trovi la biblioteca subito sulla sinistra. (quando)

8. Siete a Roma, dovete andare a trovare la signora Laura. (mentre)
9. Se il controllore ti trova senza biglietto, devi pagare una multa salata. (ogni volta che)
10. Abitano nei pressi della stazione, possono andare in centro a piedi in cinque minuti. (finché)
11. Se non si trasferiscono nei pressi della stazione, non possono andare in centro a piedi in cinque minuti. (finché non)

(c) Fill in the gaps with the correct tense of the verb given in brackets. The first one is done for you as an example. (GMI 15.1, 3, 5, Level 1/2)

1. Che ***organizzerai*** per il tuo compleanno, Lara? (organizzare)
2. La ____ appena il dottor Angelini ____ dalla riunione. (fare richiamare, rientrare)
3. Non c'è di che preoccuparsi: sono certa che Roberta____ prima dell'ora di cena. (ritornare)
4. Fra tre mesi noi ____ e ____. Quasi non ci credo! (laurearsi, sposarsi)
5. Dopo che ____ la tesi, Simone ____ per un lungo viaggio in Asia. (consegnare, partire)
6. Nel 2005, la nostra famiglia ____ quarant'anni in Brasile. (vivere)
7. Finché non me lo ____ coi fatti, mi ____ difficile credergli. (dimostrare, essere)
8. Non posso credere che non ci abbia neppure avvisati. ____ qualcosa? (succedere)
9. ____ le 2 quando abbiamo sentito un terribile boato provenire da quella direzione. (essere)
10. ____ alle 5.15 a Malpensa. Dovremmo essere a Milano centrale per le 6.30. (atterrare)
11. Perché Paolo ha gli occhi rossi?
    ____ stanco. (essere)

14.2 The future-in-the-past and the (past) conditional

(a) Turn the following sentences into the past. The first one is done for you as an example. (GMI 15.2, Level 1/2)

1. Siamo certi che vi troverete perfettamente d'accordo con loro.
   Eravamo certi che vi sareste trovati perfettamente d'accordo con loro.
2. Credo che verrà nel pomeriggio.
3. È ovvio che Paolo non supererà facilmente l'esame per l'abilitazione.
4. Stanno annunciando ora che l'aereo subirà un ritardo di 35 minuti.
5. Non si rende conto di quello che succederà a breve.

6. È chiaro che il premio andrà a Giacomo.
7. Mi sembra evidente che quella squadra vincerà il campionato.

(b) Turn the following sentences into the present. The first one is done for you as an example. (GMI 15.2, Level 1/2)

1. Ci rendemmo conto che non avremmo ottenuto facilmente molti fondi per le nostre ricerche.
   Ci rendiamo conto che non otterremo facilmente molti fondi per le nostre ricerche.
2. Era palese che quella causa sarebbe stata persa.
3. Le aveva promesso che non sarebbe andato a trovare sua madre.
4. Temevamo che le spese per quel progetto sarebbero state troppo alte.
5. I signori Biagini avevano detto che sarebbero arrivati per l'una.
6. Mi aspettavo che Gianni mi avrebbe chiamato oggi nel pomeriggio.
7. Si stava rendendo conto che non sarebbe stato un compito facile.

14.3 The present and imperfect tenses as expressions of future time

Change the following sentences, replacing the verbs given below in the present, *passato prossimo* and imperfect with the corresponding future, future perfect and future-in-the-past tense forms. The first one is done for you as an example. (GMI 15.4, Level 1/2)

1. Sapevo che arrivava alle 3.
   Sapevo che ***sarebbe arrivato*** alle 3.
2. Mi chiamerai appena sei a casa, Francesco?
3. Ci avevate promesso che passavate da Firenze questo fine-settimana.
4. Fabrizio, ti manderò le bozze appena le ho finite.
5. Ti disse che ti dava una risposta, e invece …
6. Mi aveva promesso che non investiva più in borsa.
7. Appena me lo posso permettere, mi comprerò una ML320!

14.4 Present and imperfect tenses after *da*

Translate the following sentences into Italian. The first one is done for you as an example. (GMI 15.10, Level 3)

1. My mother has been a teacher for more than twenty years.
   Mia madre fa l'insegnante da più di vent'anni.
2. I had been living in Paris since October, that is for six months at least, when I decided to return to Italy.

3. Nicholas has probably been working for several years already.
4. This product had been the absolute market leader for years.
5. My grandfather built this house in three years, from the end of the war to 1948.
6. He ought to have been at work for a few hours already.

14.5 The use of *trapassato prossimo* and *trapassato remoto*

Complete the following sentences with the auxiliary in the correct tense. The first one is done for you as an example. (GMI 15.11, Level 1)

1. Non ***avevo*** ancora finito di prepararmi quando Francesca è passata a prendermi.
2. Quando aveva 10 anni, Luca ____ già trascorso lunghi periodi all'estero.
3. Non interruppe il suo discorso finché non____ detto tutto quello che si sentiva di dire.
4. Dopo che gli inquirenti ____ passato così tanti mesi in inutili ricerche, il caso fu abbandonato.
5. Non appena si ____ sentita meglio, si rimise al lavoro.
6. Noi ____ appena finito di servire un cliente, quando il rapinatore è entrato.
7. Quando finalmente ____ ottenuto quel posto di lavoro, si sentì gratificato.

14.6 Imperfect v. *passato remoto* and *passato prossimo*

(a) Complete the following sentences with the correct tense. The first one is done for you as an example. (GMI 15.12–15, Level 2)

1. Pronto, ***volevo*** parlare con l'ingegner Fabbri, per favore. (volere)
2. ____ alto, biondo, occhi scuri e ____ a tennis superbamente: te lo ricordi? (essere, giocare)
3. Quando ____ la bella notizia, Andrea ____ nel suo studio a Roma. (avere, essere)
4. Cristoforo Colombo ____ l'America nel 1492. (scoprire)
5. Mentre ____ la stanza, la signora Beretti trovò una lettera che il padre le aveva scritto dall'Argentina. (riordinare)
6. Ogni mattina, Angelo ____ alle 6 e ____ per una camminata di circa mezz'ora. (alzarsi, uscire)
7. In meno di un anno, Giulia ____ l'inglese e il francese. (imparare)

(b) Turn the following passage into the past, choosing between the imperfect and the *passato prossimo*. The beginning is done for you as an example. (GMI 15.12–15, Level 2)

Un amico di Roma mi prega di portargli tre metri di quella tela americana a righe sottili, celeste, che vendono anche alla Rinascente. E io vado in giro per comprargli questa stoffa, mi faccio dare gli indirizzi dei negozi celebri e vado prima nella Fifth Avenue, poi in Park Avenue e chiedo questi tre metri di stoffa; tutti sorridono e allargano le braccia. Ogni giorno dedico un'oretta all'operazione. Il giorno della partenza mi viene l'idea del grande magazzino, quello in cui si può acquistare dall'ago allo yacht. Salgo decine di scale mobili, arrivo al piano abbigliamento e per un attimo osservo lo spettacolo: migliaia di persone si provano camicie, pigiama, magliette.

(Luca Goldoni, *Sempre meglio che lavorare*, Milano 1989)

Un amico di Roma mi ***ha pregato*** …

(c) Complete the following passage by conjugating the verbs in the correct tense (imperfect/*passato remoto*). The first one is done for you as an example. (GMI 15.12–15, Level 2)

Dante Alighieri ***nacque*** (nascere) il 29 maggio 1265 a Firenze da una famiglia della piccola nobiltà. Nel 1274, secondo la *Vita Nuova*, ____ (vedere) per la prima volta Beatrice della quale ____ (innamorarsi) subito e perdutamente. Quando ____ (morire) sua madre Gabriella, Dante ____ (avere) circa dieci anni. A 17, nel 1283, quando anche suo padre Alighiero di Bellincione, commerciante, ____ (morire) a sua volta, Dante ____ (divenire) il capofamiglia. Il giovane Alighieri ____ (seguire) gli insegnamenti filosofici e teologici delle scuole francescana e domenicana. In questo periodo ____ (stringere) amicizie e ____ (iniziare) una corrispondenza con i giovani poeti che ____ (farsi chiamare) «stilnovisti».

14.7 The *passato remoto* v. the *passato prossimo*

Complete the following sentences with the appropriate tense. The first one is done for you as an example. (GMI 15.16, Level 1)

1. Stamattina ***sono arrivata*** in ufficio con mezz'ora di ritardo. (arrivare)
2. Le reliquie di Foscolo ____ a Zacinto ed oggi si trovano nel mausoleo del museo Dionisio Solomos. (trasportare)

3. Ti ____ anche cinque minuti fa, ma tu non ____ (chiamare, rispondere)
4. Nel pomeriggio un terribile temporale ____ nella zona di Brescia. (abbattersi)
5. Ti ____ con lui per un motivo così banale? (arrabbiarsi)
6. Il figlio di Loretta ____ ieri: si chiama Luca e pesa 3,5 kg! (nascere)
7. ____ il figlio vent'anni fa e da allora non si è mai più ripreso. (perdere)

14.8 Revision: uses of the past tenses

Complete the following passage with the correct tense of the verb in brackets. The first one is done for you as an example. (GMI 15.1–16, Level 2/3)

Il servo non ***guardava*** (guardare) al di là del poderetto anche perché i terreni da una parte e dall'altra ____ (un tempo, appartenere) alle sue padrone: perché ricordare il passato? Rimpianto inutile.[...] Per questo ____ (lavorare) tutto il giorno e adesso, in attesa della notte, mentre per non perder tempo ____ (intessere) una stuoia di giunchi, ____ (pregare) perché Dio rendesse valido il suo lavoro. [...] A quell'ora, mentre la luna ____ (sbocciare) come una grande rosa fra i cespugli della collina e le euforbie ____ (odorare) lungo il fiume [...] un passo in lontananza gli ____ gli occhi (fare sollevare). Gli ____ (sembrare) di riconoscerlo; ____ (essere) un passo rapido e lieve di fanciullo [...] [Poi] il passo non ____ più (udirsi): Efix tuttavia ____ (rimanere) ancora là, immobile ad aspettare.

(Grazia Deledda, *Canne al vento*)

14.9 The 'progressive'

In the following sentences, replace the verbs with the progressive construction *stare* + gerund, where possible. The first one is done for you as an example. (GMI 15.17, Level 1)

1. Leggeva la lettera della madre.
   Stava leggendo la lettera della madre.
2. Nuotano velocemente verso la boa.
3. Che cosa fai in cucina?
4. A chi telefonavi poco fa?
5. Dove va Annalisa? È giovedì, andrà in piscina.
6. Mangiavamo insieme un gelato, quando è arrivato anche Matteo.

7. Non capisco perché mi diciate di smetterla.
8. Voleva sapere perché parlassero con il poliziotto.
9. Dormite ancora? Svegliatevi, è tardissimo!
10. Incomincio a capire il motivo del suo strano comportamento.
11. Daniela torna a casa in treno.

14.10 Meaning and syntax of the gerund

In the following sentences, replace a clause with the gerund, if possible. The first one is done for you as an example. (GMI 15.20–21, Level 2)

1. Mentre Paola usciva dal supermercato, ha incontrato una sua vecchia compagna di scuola.
   Uscendo dal supermercato, Paola ha incontrato una sua vecchia compagna di scuola.
2. Se corri, riesci a prendere l'autobus.
3. Siccome il datore di lavoro era assente, i dipendenti non rispettavano gli orari.
4. La vittima aveva incontrato la donna che lo ricattava parecchie volte e sempre nello stesso posto.
5. Mentre mettevamo in ordine i giocattoli dei bambini, abbiamo trovato questo vecchio libro.
6. Anche se abbiamo fretta, ti aspetteremo.
7. Se si premerà il tasto REW, si potrà riavvolgere il nastro.
8. Siccome non hai presentato la domanda in tempo, non potranno prendere in considerazione la tua candidatura.
9. Solo grazie al fatto che ha insistito costantemente per mesi, Lucia è riuscita a far valere i suoi diritti.
10. Quel cagnolino minuscolo, che mi saltava intorno e cercava di spaventarmi, mi ha fatto solo ridere.
11. Ho lasciato mio figlio che giocava tranquillo in salotto.

14.11 'Clausal' use of the past participle

Change the following sentences using the past participle, if possible. The first one is done for you as an example. (GMI 15.22–23, Level 2)

1. Non appena fu tornato il presidente, la riunione fu ripresa.
   Tornato il presidente, la riunione fu ripresa.
2. Una volta che avranno sistemato gli affari, andranno in pensione.
3. Quell'infame fece cambiare il testamento al padre e poi tentò di avvelenarlo.

4. Bisognerebbe prima annaffiare e concimare il terreno, e poi piantare gli arbusti di rose.
5. Come siete neri! Si direbbe che siate appena tornati dal mare!
6. Prima aveva imbucato la lettera, poi era entrato in banca.
7. Non appena avrò letto questo libro, ne potremo discutere il contenuto.
8. Credevano che fossimo già sposati.
9. Dopo che si fu accorto dell'errore, si scusò con tutti.
10. Quando avremo esaminato il problema, sono sicuro che raggiungeremo un accordo.
11. Non pensavo che lui si fosse già laureato.

14.12 The infinitive as noun

In the following sentences, replace a noun with the infinitive of a verb. The first one is done for you as an example. (GMI 15.24, Level 1/2)

1. Un viaggio in prima classe è sempre stato il mio sogno.
   Viaggiare in prima classe è sempre stato il mio sogno.
2. È ormai accertato che il fumo fa male alla salute.
3. Il gioco degli scacchi è da anni il suo unico passatempo.
4. Mi aveva rattristato il pensiero che sua madre fosse rimasta sola.
5. Se ti fa male il ginocchio, dovresti provare il nuoto, invece dello sci.
6. Prima della cena, faranno una passeggiata.

14.13 Infinitive, gerund, or participle?

In the following sentences, replace a clause or a verb with a non-finite form, as appropriate. The first one is done for you as an example. (GMI 15.20–24, Level 2/3)

1. Siccome era tardi, abbiamo deciso di tornare a casa.
   Essendo tardi, abbiamo deciso di tornare a casa.
2. Solo dopo che avrai finito di studiare potrai andare in discoteca.
3. Anche se è già la fine di aprile, fa ancora piuttosto freddo.
4. Invece di quelle critiche continue a suo padre, Gianluca avrebbe fatto meglio a sistemare da solo la faccenda.
5. Il nuoto fa molto bene a quelli che soffrono di mal di schiena.
6. Ora che si sono affermate come professioniste, molte donne preferiscono non dedicarsi alla famiglia.
7. Ho visto la mia amica Donata mentre camminavo in via Verdi.
8. Ho visto la mia amica Donata mentre camminava in via Verdi.
9. Se ci pensi bene, capirai di avere torto.

10. Sebbene ne avessero voglia, si sono rifiutati di comprare i salatini in confezioni di plastica.
11. È un vero peccato che si sia persa l'abitudine della lettura.
12. Anche se hanno riscoperto i vantaggi delle città medio-piccole, molti italiani preferiscono lo stesso la vita nelle metropoli.
13. Benché fossi un po' stanca, non ho voluto usare la macchina.
14. Gli fa davvero rabbia il pensiero che suo fratello se la sia cavata anche senza di lui.
15. Una volta che siano migliorate le nostre condizioni economiche, ci potremo permettere anche noi una vacanza.
16. Prima del ritorno si sono organizzati molto bene.

14.14 Translating the '-ing' form

Translate the following sentences into Italian. The first one is done for you as an example. (GMI 15.17–24, Level 3)

1. She is cooking at the moment.
   In questo momento sta cucinando.
2. I'm very good at playing cards.
3. The spaghetti must be put in boiling water.
4. We were taking a picture of our daughter swimming in the sea.
5. What were you doing standing on that chair?
6. Her fear of flying never stopped her going on holiday.
7. Sitting in our living room, we could hear him practising the piano.
8. A good way of not spending money would be not going out.
9. After studying for so many hours, I like watching television.
10. Did you see the robber coming out of the bank?
11. Having arrived early, they immediately started discussing why the recent measures were not working.
12. By pressing this button, the recording will stop.
13. Daniela doesn't mind cooking, but she hates shopping and doing the washing up.
14. Please carry on reading, and forgive my interrupting you.
15. Taking a couple of these tablets will help getting rid of your headache.
16. Taking a couple of these tablets I got rid of my headache.

14.15 The subjunctive as 'notion'

Change the following sentences using the subjunctive and the verbs in brackets. The first one is done for you as an example. (GMI 15.28, 40–42, 47–48, Level 2/3)

1. È ora di andare? (Pensi che, Vi sembrava che)
   Pensi che sia ora di andare?
   Vi sembrava che fosse ora di andare?
2. L'emigrazione è stata un fenomeno importante particolarmente all'inizio del secolo. (Suppongo che, Mi pareva che)
3. Nostro figlio va all'università. (Sono contento che, Non ero sicuro che)
4. Anche quest'anno i prezzi sono aumentati. (Non mi ero stupito che, Temono che)
5. Avete fatto degli errori nel montaggio dell'aspirapolvere. (È convinto che, Avevano l'impressione che)
6. Non succederà niente di grave. (Mi auguro che, Pregavamo che)
7. Facciamo una gita in barca. (Suggerivano che, Preferirei che)
8. Nessuno sa fornire una spiegazione esauriente di questo fenomeno. (Ho la sensazione che, Era capitato che)
9. Oggi si parte per distrarsi, per evadere. (Non si sa se, Si sarebbero aspettati che)
10. Non tutti sono riusciti a trarre dalle esperienze le dovute lezioni. (Immagino che, Sospettavate che)
11. Scegli tu il cd che vuoi. (Voglio che, Aveva permesso che)
12. Alcuni centri abitati offrono esempi palesi di abusivismo edilizio. (Può darsi che, Negavano che)
13. I libri vanno restituiti immediatamente. (La bibliotecaria riteneva che, Ho paura che)
14. Glielo dite voi. (Esigo che, Bastava che)
15. Maria faceva finta, era stanca. (Credevamo che, Non mi piace che)
16. Te lo giuro. (Pretendevi che, Ordinano che)
17. Non aveva voglia di discutere. (Mi dispiaceva che, Speravo che)
18. Torno subito. (Desidera che, Non avevano nulla in contrario che)
19. Tocca a te! (Dubito che, Si rallegravano che)
20. Ci vado io? (Permetti che, Impedivano che)
21. Tu le dai la colpa. (Voleva evitare che, Mi rincrescerebbe che)
22. Il cameriere mi porta il conto. (Avevo detto al cameriere che, Lascia che)
23. La merce viene consegnata. (Raccontavano come, Aspettano che)
24. Insisti ancora con lui. (Non vale la pena che, Proponevamo che)
25. Mi aspettano davanti al ristorante. (Ho insistito che, Bisogna che)
26. Ha detto la verità. (Non mi sarebbe passato nemmeno per la testa che, Si accontenterebbero che)
27. Lui parla prima di me. (Avevate accettato che, Chiedono che)
28. Loro partivano il giorno seguente. (Ottenni che, Non mi importa che)
29. Mia sorella si sposa. (Non vedevamo l'ora che, Non siete sorpresi che)
30. Conducono una vita sana. (Ci compiacciamo che, Bastava che)

14.16 The subjunctive after conjunctions

Change the following sentences using the subjunctive and the conjunction in brackets. The first one is done for you as an example. (GMI 15.29, 43–46, Level 2/3)

1. Oggi fa freddissimo, ma il mercato è pieno di gente. (benché)
   Benché oggi faccia freddissimo, il mercato è pieno di gente.
2. Io glielo avevo proibito, ma lui l'ha fatto lo stesso. (sebbene)
3. Anche se quel genere di film non gli piaceva, Luca è venuto ugualmente con noi. (nonostante)
4. Anche se è ammalato, il candidato vuole sostenere il colloquio. (per quanto)
5. I nonni arriveranno alle sette, se il treno non subisce ritardi. (a meno che)
6. Non possiamo annullare la sua polizza, se lei prima non lo ha notificato per iscritto. (prima che)
7. Gli ho comprato una cravatta nuova, così anche lui sarà vestito come si deve al tuo matrimonio. (affinché)
8. Aveva parcheggiato vicino all'ufficio, così lei non si sarebbe bagnata se fosse piovuto. (in modo che)
9. I genitori gli presteranno dei soldi, così potrà finalmente comprarsi la casa che desidera. (cosicché)
10. Ti do volentieri la mia auto, ma solo se me la tieni bene. (a patto che)
11. Anche se il concerto è stato ottimo, mio marito si è addormentato. (malgrado)
12. Anche se erano costose, quelle scarpe non le stavano per niente bene. (per costose che)
13. Ti lascio il mio numero di cellulare, se hai necessità di metterti in contatto con me. (nel caso che)
14. Potevano salire sull'autobus, ma solo se avevano già il biglietto. (purché)
15. Discuteremo la faccenda ancora una volta, ma solo se non ti metti a piangere di nuovo. (a condizione che)
16. Portavano loro la mamma dal medico, se solo glielo dicevi. (bastava che)
17. Anche se non mi va per niente a genio, dopo tutto sei tu che devi sposarlo. (quantunque)
18. Non gli dispiace cucinare, se glielo chiedi prima. (sempre che)
19. Non uscirà di casa se prima non sarà tornata la moglie. (finché non)
20. Da come parlava, forse aveva appena smesso di piangere. (come se)
21. Andiamo insieme, così non devi prendere la tua macchina. (senza che)
22. Lei si è sforzata di spiegarmi la situazione, ma io non ho capito bene. (benché)

14.17 The subjunctive in relative clauses

(a) Change the following sentences using a relative clause and the verb in brackets. The first one is done for you as an example. (GMI 15.33–37, Level 1)

1. Cerco un impiegato capace di parlare inglese, tedesco e russo. (sapere)
   Cerco un impiegato *che sappia* parlare inglese, tedesco e russo.
2. Non c'era nessuna medicina tale da lenire il suo dolore. (potere)
3. Ho telefonato a Paolo, credendolo la persona in grado di aiutarci. (potere)
4. Non è stato ancora possibile trovare terapie capaci di debellare quella malattia. (potere)
5. Volevamo un ragazzo in grado di gestirsi autonomamente. (sapere)
6. Non ci rimarrà altra scelta che rivolgerci a qualcuno in grado di risolvere questo problema. (sapere)

(b) Change the following sentences. The first one is done for you as an example. (GMI 15.34, Level 1/2)

1. Difenditi da quelli che vogliono approfittare di te.
   Difenditi da *chiunque voglia* approfittare di te.
2. Quelli che sono interessati a questo lavoro, devono presentarsi domattina alle 8.
3. Difenditi dalle persone che possono procurarti fastidi.
4. Non negare un favore a quelli che te lo chiedono!
5. Perché si comporta così con quelli che gli rivolgono la parola?
6. Prepara il tè per quelli che lo vogliono.
7. Tutto quello che tu farai, sarà ricompensato.
8. In ogni posto in cui andrete, portatevi l'ombrello.

(c) Change the following sentences. The first one is done for you as an example. (GMI 15.33–37, Level 2)

1. Venezia è la più bella città d'Italia.
   Venezia è la più bella città *che ci sia* in Italia.
2. Ieri ho incontrato il più bell'uomo mai visto.
3. È decisamente il più bel reperto mai trovato!
4. Sarà il gruppo più numeroso mai arrivato da Napoli.
5. Sarebbe la prima donna eletta in Europa.
6. Era il borsellino più piccolo mai esposto.

(d) Fill the gaps using the appropriate form (indicative/subjunctive). The first one is done for you as an example. (GMI 15.33–37, Level 2)

1. Ci sono dei giorni in cui non *c'è* niente da fare al lavoro. (esserci)
2. Ci sono dei giorni in cui non ____ niente che ti ____ bene. (esserci, andare)
3. È possibile che non ____ mai niente che ti____ bene? (esserci, andare)
4. Hai attaccato quel manifesto in una bacheca dove tutti ____ vederlo. (potere)
5. Attacca quel manifesto in una bacheca dove tutti ____ vederlo! (potere)
6. Nessuno che ____ là per più di dieci anni avrebbe detto la stessa cosa! (vivere)!

14.18 The subjunctive with impersonal expressions

Change the following sentences. The first one is done for you as an example. (GMI 15. 38–42, Level 1/2)

1. Oggi piove. È probabile.
   È probabile che oggi piova.
2. Tu non studi mai. È una vergogna.
3. Anna passa nel pomeriggio per un saluto. Può darsi.
4. Ha già restituito la videocassetta. È un peccato.
5. Era una notizia attendibile. C'è il dubbio.
6. La biblioteca è aperta fino alle 18.30. Mi pare.

14.19 Indirect questions

Make the following direct questions indirect by using the subjunctive. The first one is done for you as an example. (GMI 15.45, Level 2)

1. Chi era quel ragazzo che ha suonato alla porta? (mi chiedo)
   Mi chiedo *chi fosse* quel ragazzo che ha suonato alla porta.
2. Quando partono Marta e Anna per l'Egitto? (mi domando)
3. Come si chiama lui? (non so)
4. Del resto, dove poteva rintracciarlo? (si chiese)
5. Chi è entrato? (sai)
6. Dove si erano rifugiati? (rimane un mistero)

14.20 Equivalents of 'will', 'would', 'shall', 'should', 'must', 'ought to', etc.

Translate the following sentences into Italian. The first one is done for you as an example. (GMI 15.49–50, Level 3)

1. The train will arrive in a few minutes.
   Il treno arriverà fra pochi minuti.
2. If you asked him, Richard would lend you his book.
3. As a child, Andrew would often spend the summer at the seaside.
4. I've been trying for ages, but the tape recorder just won't work.
5. Yesterday my children just wouldn't eat their vegetables.
6. He would say that, wouldn't he?
7. He won't revise even though the exams are so important.
8. Shall I do the washing up?
9. Shall we go to the cinema, then?
10. What's up with that dog? It will keep barking!
11. Mark will not phone me even though I've begged him to.
12. Are you sure they won't come on holiday with us?
13. They assured me they would write to me.
14. Should I go back to that shop?
15. We must pay the fine by the end of the week.
16. You should take off your shoes when you come into the house.
17. The minister must have lied.
18. The judge should have changed his verdict.
19. The doctor ought to have checked his blood pressure.
20. The newspaper should have printed a correction.
21. They ought to have returned by midnight.

14.21 Equivalents of 'can', 'could', 'may', 'might'

Translate the following sentences into Italian. The first one is done for you as an example. (GMI 15.51–57, Level 3)

1. They may all go on holiday together.
   Può darsi che vadano in vacanza tutti insieme.
2. They can buy the new house after all.
3. Not all the people we have invited can be with us tonight.
4. It may be that she will decide not to take that job.
5. The football fans could not stop shouting during the match.
6. It may be that they will not get this letter in time.
7. The council may not spend more money than it has.
8. They might not have time to take the cat to the vet.
9. It can't be easy to support five kids on just one salary.
10. I really could not finish this report yesterday: I was too ill.
11. The opera singers could not perform last night because of the orchestra strike.
12. My parents had told me that I could go out alone when I was 16.
13. With a full team, Juventus might have won the match.
14. In our opinion, they could have phoned while we were out.

15. You might have known the shops were shut today: it was in the paper.
16. Shakespeare may have written the recently discovered sonnet.
17. He could not see a thing without his glasses, which he might have left at home.
18. The police could not rule out murder.
19. They can understand our reservations.
20. Now that you have shut the door, I can't hear at all.
21. If he can assemble the lawnmower, he will cut the grass.
22. If we can help you find a job, we will.
23. At the age of 10 she could already play the violin and the piano.
24. I can't talk to my mother on the phone; she can't hear very well.
25. Have they managed to find your house?
26. I'm sure I'd left my keys on the table, but now I can't find them.

15

Comparative, superlative and related constructions

– Se vuoi **le caramelle più dure**, sono quelle che hanno il segno dei denti.

15.1 Forming the comparative and superlative of adjectives and adverbs

(a) Make comparative sentences using the suggestions given. The first one is done for you as an example. (GMI 16.1, Level 1)

1. Giorgio è alto m 1,83. Luca è alto m 1,75.
   Giorgio è più alto di Luca.
   Luca è meno alto di Giorgio.
2. Questo regista ha già fatto 5 film. Quello solo uno.
3. Marco ha tre sorelle. Gabriella ha una sorella.
4. Stefania ha 20 anni. Marco ha 31 anni.
5. La valigia di Anna pesa 18 chili. La valigia di Laura pesa 20 chili.
6. In Italia oggi ci sono 35 gradi. In Gran Bretagna ci sono 22 gradi.
7. Bologna ha un aeroporto. Milano ha due aeroporti.
8. Il mio soggiorno è 7 m^2. Il tuo è 11 m^2.
9. Il tema di Alessandra ha 3.500 parole. Il tema di Francesco ha 3.650 parole.
10. Quella maglia costa 20 euro. Questa costa 26 euro.
11. Ad Anna piace molto nuotare. A Mariachiara piace poco.

(b) Translate the following expressions into Italian. The first one is done for you as an example. (GMI 16.1, Level 1)

1. The most beautiful car.
   La macchina più bella.
2. The cheapest flight to Paris.

3. My dearest friends.
4. The closest village.
5. The richest man.
6. His oldest book.

15.2 Special forms of comparatives and superlatives

In the following sentences, choose the correct alternative of the comparative or the superlative. The first one is done for you as an example. (GMI 16.2, Level 1)

1. È meglio/migliore se prima passiamo dalla biblioteca e poi dalla libreria.
   È meglio se prima passiamo dalla biblioteca e poi dalla libreria.
2. Questa pizza mi sembra migliore/meglio di quella che abbiamo ordinato l'altra sera.
3. Paolo è il fratello maggiore/più grande. Ha 12 anni.
4. Di questo non ti devi allarmare. Sarebbe il male minore/più piccolo.
5. Mia nonna mi lasciava sempre giocare. Era molto migliore/più buona di zia Angela.
6. Si andava di male in più male/in peggio.
7. È migliore/meglio che tu esca e ti distragga un po'.
8. Al piano più alto/superiore ci sono due camere da letto e un bagno.
9. Per ulteriori/più ulteriori informazioni rivolgersi direttamente all'Ufficio personale.
10. Meno male/Meno peggio che non sei venuto! Il film è stato di una noia mortale.
11. È senza dubbio uno dei peggiori/peggio alunni della scuola.

15.3 'Than' in comparatives

In the following sentences, fill in the gaps with *che, di, di* + article, as appropriate. The first one is done for you as an example. (GMI 16.7–11, Level 1/2)

1. La tua istruttrice di nuoto è più paziente ____ mia.
   La tua istruttrice di nuoto è più paziente ***della*** mia.
2. Il Mar Adriatico è più inquinato ____ Mar Tirreno.
3. È più piacevole studiare con un amico ____ da soli.
4. Viaggiare in auto è più comodo ____ viaggiare in treno, non credi?
5. Nessuno è più sfortunato ____ me!
6. In Italia il rugby è molto meno seguito ____ calcio.
7. La donna italiana è ora più presente ____ mai sul mercato del lavoro.

8. Si dovrebbe bere più acqua ____ bevande gassate, specialmente d'estate.
9. Davvero leggi più ____ tre libri alla settimana?
10. Non è vero che Luca andava peggio ____ suo fratello, a scuola.
11. Meglio ____ così non poteva andare!
12. Per fortuna hanno bevuto meno ____ solito.
13. Più ____ altro, avrebbe preferito un trasferimento ad una squadra di serie A.
14. Il risultato è stato peggiore ____ quanto si aspettasse.
15. Evidentemente il candidato era molto meno bravo ____ quanto credesse lui!
16. Piuttosto ____ tornare da sola, ti aspetto.

15.4 The 'elative' ending *-issimo*

In the following sentences, replace *molto* + adjective or adverb with the form in *-issimo*. The first one is done for you as an example. (GMI 16.15–16, Level 1)

1. Questa nostra città è diventata molto rumorosa e molto inquinata.
   Questa nostra città è diventata rumorosissima e inquinatissima.
2. I suoi compagni di corso sono tutti molto intelligenti e molto studiosi.
3. Avete conosciuto il ragazzo di Laura? È molto simpatico e molto buffo.
4. La torta che hai preparato era davvero molto buona.
5. È stato un viaggio molto lungo e siamo arrivati molto stanchi.
6. Il padre di Luciano è uno scrittore molto bravo e molto famoso.
7. Ho scoperto che Roberto sa andare molto bene in barca ed è un pescatore molto esperto.
8. Dovete fare molto piano: i bambini dormono e hanno il sonno molto leggero.
9. Quest'estate siamo andati al mare molto spesso anche se la spiaggia era molto affollata e a volte molto sporca.
10. Quando non sarete più molto giovani forse capirete il nostro comportamento, che adesso vi sembra molto intransigente.
11. Tanti giocano pur non essendo molto ricchi perché vorrebbero vincere premi molto belli.

15.5 Comparisons of equality

Make comparative sentences using the suggestions given. The first one is done for you as an example. (GMI 16.18–19, Level 1/2)

1. Paolo è alto 1,80. Anche Marcello.
   Paolo è tanto alto quanto Marcello.

2. Mara ha i capelli lunghi fino alle spalle. Anche Barbara.
3. Luca è irascibile. Anche Gabriele.
4. La macchina di Sofia ha 5 anni. Anche quella di Jessica.
5. Quel vaso di porcellana è antico. Anche questo.
6. Quel libro ha venduto milioni di copie. Anche questo.
7. Il Signor Rubini è indisponente. Anche la signora Rubini.
8. Mi piace molto nuotare. Anche correre.
9. Eleonora è molto bella. Anche tu.
10. Giocare a scacchi non è divertente. Neanche giocare a dama.
11. In città l'autobus è conveniente. Anche il tram è conveniente.

15.6 Special comparative and superlative expressions

Translate the following sentences into Italian. The first one is done for you as an example. (GMI 16.4–6, 16.12–14, 16.20–22, Level 3)

1. There are two extra tickets if you need them.
   Ci sono due biglietti in più, se ti servono.
2. With the new government, things ought to have changed for the better.
3. You'd better get changed: it's getting late.
4. They'd better make sure they have got their passports.
5. Three people fewer for dinner means we only need one chicken.
6. They would rather go out to dinner than cook.
7. I would rather not have to go to the bank.
8. Who is the tallest pupil in the class?
9. Surprisingly, the queen may not be the richest woman in England.
10. This is the oldest and most precious painting in our collection.
11. She really was a most beautiful woman.
12. The more we talked about it, the more we found we could not agree.
13. I had the impression that the more I ate, the hungrier I was.
14. This garden of yours gets prettier and prettier.
15. We got out of the house ever so quietly.
16. If the financial situation does not change, it will be less and less easy to take on new staff.
17. The more I hear about this story the less I like it.

16

Aspects of sentence structure

– Stai tranquillo! **Se non ha fame, non morde.**

16.1 Basic organization of declarative sentences

Translate the following sentences into Italian. The first one is done for you as an example. (GMI 17.1, Level 3)

1. Your brother phoned. Can you call him back?
   Ha telefonato tuo fratello. Puoi richiamarlo?
2. An extraordinary thing has happened: we have won the lottery!
3. At last all the clothes I had ordered arrived.
4. A week will go by before anyone gets in touch!
5. The parcel you were waiting for has arrived: it's in your bedroom.
6. Three eggs are enough for this recipe.

16.2 Left-marked word order

Make the order in the following sentences left-marked, dislocating the underlined element. The first one is done for you as an example. (GMI 17.2, 17.4–5, Level 1/2)

1. Avevo comprato quei dolci per Anna, non per te.
   Quei dolci li avevo comprati per Anna, non per te.

2. Non ha mai conosciuto <u>i suoi nonni</u>.
3. Solo Pepino fa <u>la cioccolata calda</u> come si deve.
4. Non dovete giocare <u>con i fiammiferi</u>.
5. È meglio che non parliamo <u>di questo</u>, finiremo per litigare.
6. In Italia, solo le metropoli sono <u>veramente caotiche</u>.
7. Mi ha detto che non va più d'accordo <u>con sua moglie</u>.
8. Perché non metti il quadro più grande <u>sulla parete di fondo</u>?
9. Non potevano certo permettersi <u>un appartamento in città e una casa al mare</u>.
10. Mamma, ho lasciato <u>i piselli</u>, ma ho mangiato tutta <u>la carne</u>.
11. Mio padre non <u>mi</u> presta certo <u>la sua macchina</u>.

16.3 Cleft sentences

Turn the following sentences into cleft structures. The first one is done for you as an example. (GMI 17.3, Level 2)

1. Volevano parlare con Matteo, non con suo fratello.
   Era con Matteo che volevano parlare, non con suo fratello.
2. Uno dei complici ha confessato tutto alla polizia.
3. I suoi colleghi si fanno in quattro per aiutarlo.
4. Il desiderio di rivedere la città natale l'ha fatta tornare prima del previsto.
5. Avete detto voi a Michele di andarsene?
6. La maggioranza degli italiani ha voluto questo governo.

16.4 Right-marked word order

Make the order in the following sentences right-marked, dislocating the underlined element. The first one is done for you as an example. (GMI 17.6, Level 2)

1. Ho mangiato <u>questo gelato</u> proprio volentieri.
   L'ho mangiato proprio volentieri, questo gelato.
2. Non hanno avuto tempo di fare <u>la spesa</u>.
3. <u>I miei amici</u> andranno negli Stati Uniti, sai?
4. Non saprei che fare <u>con questa vecchia bicicletta</u>.
5. <u>Il caffè che c'è all'angolo</u> dev'essere ancora chiuso.
6. Avresti anche potuto prestargli <u>la moto</u>.

16.5 Subordinate clauses: using *che* and/or the infinitive

(a) Fill the gaps with the appropriate preposition, if necessary. The first one is done for you as an example. (GMI 17.7–18, 17.27, Level 2)

1. Temo ____ dover sentire un'altra delle tue scuse.
   Temo *di* dover sentire un'altra delle tue scuse.
2. Deve ____ ancora iniziare, e già si lamenta.
3. Continui ____ fumare, nonostante gli avvertimenti del medico?
4. Pensavo ____ andare direttamente a Milano, ma ci ho ripensato.
5. Credi ancora ____ non aver bisogno di alcun aiuto?
6. Voleva solo ____ essere amata.
7. Purtroppo non me lo posso ____ permettere.
8. Avete imparato ____ sciare?
9. Ve ne abbiamo parlato soltanto ____ essere onesti al 100%.
10. Paola adora ____ fare lunghe passeggiate in bicicletta.
11. Aveva sempre sperato ____ potersi ____ trasferire a Roma.
12. Bisogna ____ pensarci seriamente.
13. Affacciati tu ____ vedere chi ha suonato.
14. Fece ____ entrare, ma poi si accorse di qualche ambiguo rumore proveniente dal salone.
15. Ti dispiacerebbe ____ allungarmi quella rivista sul tavolo?
16. In quel corso ti insegnano ____ dipingere su tela.
17. Vi basti ____ sapere che anche oggi le vendite non sono andate bene.
18. Dubito ____ poterti aiutare, ma farò del mio meglio.
19. Conviene forse ____ prendere nuovamente in considerazione i termini del contratto.
20. Sembra impossibile ____ contattarlo.
21. Fa troppo caldo ____ uscire. Non ci possiamo ____ vedere verso le sei?
22. Diventa sempre più difficile ____ valutare i fatti in modo oggettivo.
23. Chiudi gli occhi e immagina ____ essere a migliaia di chilometri da questo ufficio.
24. Ha appena annunciato ____ voler ____ sporgere denuncia.
25. Dici ____ sentirti bene, ma mi risulta difficile ____ crederti.
26. Si rifiutarono ____ collaborare alla ricostruzione dei fatti.
27. Non vi sembra ____ perdere tempo?
28. Non crediate ____ averla fatta franca!
29. Noi si è deciso ____ partire all'alba per evitare il traffico.
30. Le piace ____ farsi notare da tutti.
31. Mi sembra ____ essere totalmente fuori luogo.
32. Ci capita spesso ____ vederti passare.
33. Evita ____ interrompere in continuazione, Anna, per favore!
34. Mi ha detto ____ attendere nella sala d'aspetto.
35. Ti consiglierei ____ non tornare sull'argomento.
36. Abbiamo cercato ____ fartelo capire in tutti i modi, ma era chiaro che tu non ci stavi ____ ascoltare per nulla.
37. Ci fermammo ____ ammirare quell'incredibile tramonto.
38. Dovremo abituarci ____ lavorare fino a tarda notte.
39. Ti prego ____ non ricominciare ____ lamentarti ancora.
40. Ogni volta che parlo con te, mi sembra ____ parlare con il muro.

3. L'ho trovato un romanzo difficile ____ capire e pesantissimo ____ leggere.
4. I delegati sono stati concordi ____ richiedere un rinvio della decisione.
5. Sono proprio curiosa ____ vedere che cos'hanno combinato da soli.
6. Ma sei sicuro che questi funghi siano buoni ____ mangiare?
7. Dopo cena, i bambini sono liberi ____ guardare la televisione.
8. Lo credeva incapace persino ____ cambiare una lampadina.
9. I primi ____ sparire sono sempre i generi alimentari di base, come pasta e riso.
10. I passeggeri sono stati costretti ____ completare il viaggio in autobus.
11. Strano ____ dirsi, per quella parte era stata scelta un'attrice sconosciuta.

16.8 Other uses of the infinitive in subordinate clauses

Translate the following sentences into Italian. The first one is done for you as an example. (GMI 17.25–30, Level 3)

1. I'd like to come with you to the centre, but I have a lot to do.
   Verrei volentieri in centro con te, ma ho molto da fare.
2. James has one more exam to take and then he has finished.
3. There are all those letters to be posted.
4. Federico asked Nicoletta to marry him, but she replied no.
5. It seems to me that I have been here already.
6. He was not sure he had convinced her.
7. I heard the phone ring and I ran to answer.
8. When he saw him open the car door, he came out of his hiding place.
9. If they hear teachers and nurses criticized, they immediately get angry.
10. We used to see him take notes furiously for the whole lesson.
11. First the crowd heard the woman scream and then they saw her fall to the ground.
12. There's our bus coming.
13. If you look out of the window, you'll see Mrs Binni looking after her garden, as she always does.

16.9 Conditional sentences

(a) Complete the following Type 1 conditional sentences with the appropriate form of the verbs given in brackets. The first one is done for you as an example. (GMI 17.31, 34, Level 1)

1. Se domani vado in centro, ____ (chiamarti)
   Se domani vado in centro, ti chiamo/chiamerò.

2. Se non si va in centro oggi, ____ domani. (andare)
3. Se ti senti così in colpa, ____ (confessare, a lei)
4. Se hai cercato di contattare il tuo studente per lettera e per email senza ottenere nessuna risposta, ____ davvero tutto quello che potevi fare. (fare)
5. Se continui a dormire così poche ore per notte, la tua salute ne ____ presto. (soffrire)
6. Se ci pensi bene, ____ di avere torto. (capire)
7. Se non le ____ domenica scorsa, devi assolutamente farlo oggi. (telefonare)
8. Se Giorgio intende andarsene, ____ pure! (andare)
9. Se devi farmi questo favore così di malumore, ____, per favore. (non/fare)
10. Se lo ____, certo non me l'ha detto. (sapere)
11. Se non avrai completato il lavoro per domattina, ____ Luca a finirlo per te. (essere)

(b) Complete the following type 2 conditional sentence as shown in the example. (GMI 17.31, Level 1/2)

Se io fossi meno pigra,

1. telefonarti più spesso.
   Ti telefonerei più spesso.
2. uscire con gli amici tutte le sere.
3. iscriversi a un corso di balli latino-americani.
4. portare il mio cane in giro più spesso.
5. cucinare per i miei amici.
6. fare un po' di giardinaggio.
7. non dormire fino a mezzogiorno.
8. non prendere sempre l'ascensore.
9. leggere di più.
10. andare a far la spesa a piedi.

(c) Change the following into Type 3 conditional sentences. The first one is done for you as an example. (GMI 17.31, 32, 35, Level 2)

1. Se potessimo permettercelo, compreremmo un rustico in collina.
   Se ce lo fossimo potuti permettere, avremmo comprato un rustico in collina.
2. Se tu dovessi scegliere, che tipo di lavoro sceglieresti?
3. Se facessi l'abbonamento dell'autobus, risparmierei circa 20 euro al mese.
4. Se Luigi fosse in Italia, ci contatterebbe.
5. Se trovassi un'offerta per il fine settimana, ti verrei sicuramente a trovare.

6. Se poteste darmi una risposta entro stasera, ve ne sarei molto grata.
7. Se riuscissi a ottenere quel posto, mi trasferirei a Milano senza problemi.
8. So che se andassimo a quella festa, sicuramente ci divertiremmo.
9. Se si sapesse organizzare meglio, guadagnerebbe molto tempo.
10. Se avessi coraggio, lo farei.
11. Se questa bicicletta non fosse così scomoda, la userei molto più spesso.
12. Come se cambiasse qualcosa, se ammettessi che hai ragione ...

(d) Transform the following into negative hypothetical sentences, if the given sentence is positive and vice versa. The first one is done for you as an example. (GMI 17. 31–38, Level 2/3)

1. Non sono ricco, perciò non posso comprarmi la macchina.
   Se fossi ricco, potrei comprarmi la macchina.
2. È venuto in discoteca perché gli piace ballare.
3. Il tempo non era bello, perciò non siamo usciti per una passeggiata.
4. Non ha superato l'esame brillantemente, perché non ha studiato a sufficienza.
5. Fuma tantissimo, e per questo tossisce continuamente.
6. Sii più ottimista, la vita ti sembrerà più bella!
7. Dobbiamo finire di installare il collegamento ad Internet, perciò non siamo andati fuori a cena con Marco e Anna.
8. Non te l'ho comprato, perché costava troppo.
9. Non faccio colazione, perché non ho fame.
10. Hanno perso il suo indirizzo, e quindi non gli hanno scritto.
11. Giulia ha trascorso un anno in Inghilterra e adesso parla l'inglese benissimo.
12. Non vado da Marco, perché non ho la macchina.
13. Non mi hai inviato l'allegato, e io non ho potuto correggere le tue bozze.
14. La mia carta d'identità era scaduta e non ho potuto fare il check-in.
15. Il telefonino era scarico perciò non ho potuto sentire il tuo messaggio.

(e) Change the following sentences into the type with *se*. The first one is done for you as an example. (GMI 17.33–38, Level 2)

1. Potessi, lo comprerei immediatamente.
   Se potessi, lo comprerei immediatamente.
2. Dovessi subire le peggiori torture, non aprirei bocca.
3. Me l'avessi fatto sapere prima! Sarei venuta a prenderti all'aeroporto.
4. Vincessi la lotteria, mi licenzierei il giorno stesso e prenderei il primo volo in partenza da Linate.
5. Casomai cambiassi idea, fammelo sapere.
6. Nel caso venga a piovere, dovremo spostarci sotto la tettoia.

7. Bastava dirlo, Marina! Avrei provveduto a correggere questa svista.
8. A pensarci bene, forse non hai tutti i torti.
9. Leggi questo e mi dirai tu se non ho ragione!
10. Basta crederci! Succederà.

17

Negative constructions

– Vogliono umiliarci, sire, con queste armi **non convenzionali**!

17.1 Negation with *non*

In the following sentences, make the underlined elements negative by putting *non* in the correct position. The first one is done for you as an example. (GMI 18.1, 18.4, Level 1)

1. Giacomo parla molto bene l'inglese.
   Giacomo non parla molto bene l'inglese.
2. Sta piovendo molto forte.
3. Raccontatemi com'è andata!
4. Te l'avevo spiegato io.
5. Diglielo subito!
6. I viaggiatori provenienti dai Paesi dell'UE procedano al controllo passaporti.
7. Questo scompartimento è riservato ai fumatori.
8. Tutti sono d'accordo con te, mio caro!
9. Prendere una decisione del genere è sempre facile.
10. Molti si fidano esclusivamente delle terapie tradizionali.
11. Gli oggetti utilizzabili vanno messi da parte.
12. Quali insulti gli sono usciti di bocca!
13. Bevo solo bevande gassate.
14. Dovevi andare anche tu dal dentista?
15. Sono scontati anche questi pantaloni?
16. I prodotti commestibili saranno collocati sulla destra.

17.2 Using *no, meno* and *mica*

In the following sentences, put the expressions in brackets in the correct position. The first one is done for you as an example. (GMI 18.2–3, Level 1)

1. Non sarà uscito da solo? (mica)
   Non sarà mica uscito da solo?
2. Non sei stato il primo a scoprirlo! (mica)
3. Avete finito di ridere? (o no)
4. Per mesi non era riuscito a decidersi se iscriversi all'università. (o meno)
5. Non ci sarebbe una taglia più grande? (mica)
6. Non sanno che devono spostarsi. (mica)
7. Sanno che devono spostarsi? (o no)
8. Tutti i partecipanti, (principianti, esperti) si sono divertiti moltissimo. (e non; o meno)
9. Non toccate la presa di corrente! (mica)
10. Sai dove devo consegnare questo modulo? (mica)
11. L'importante non è la difficoltà del progetto, ma la sua legittimità. (mica; o meno)

17.3 The type *Nessuno viene* v. *Non viene nessuno*

Change the following sentences by adding or removing *non* and adjusting the word order, if necessary. The first one is done for you as an example. (GMI 18.5, Level 2)

1. Nemmeno oggi sono riuscito a telefonare a mia madre.
   Non sono riuscito a telefonare a mia madre nemmeno oggi.
2. Nessuno potrà convincerlo a rinunciare.
3. Non è successo niente di preoccupante.
4. Secondo Mauro, in discoteca non verrà nessuno di loro.
5. Ma come, né hai studiato né hai riordinato la tua camera?
6. Mai potremmo chiedergli di aiutarci!
7. In natura, nulla si crea e nulla si distrugge, ma tutto si trasforma.
8. Non sono riusciti a far partire la mia macchina neppure quelli del soccorso stradale.
9. Neanche quando dormiva smetteva di agitarsi.
10. Mai più avrei voluto incontrarlo!
11. Né suo padre né sua madre sa dove sia andato a finire!
12. Nessuno mi può giudicare, nemmeno tu!

17.4 *Non ... più* and other negative adverbs

Answer the following questions using the correct negative adverbial expression. The first one is done for you as an example. (GMI 18.6, Level 1/2)

positive	negative
già – *already*	**non ... ancora** – *not ... yet*
ancora – *still, more, again*	**non ... più** – *not ... any longer/more*
sempre – *always*	**non ... mai** – *never*
	non ... affatto, non ... per niente – *not ... at all*

1. È vero che ti sei fidanzata?
   No, non è affatto vero.
2. Hai già visitato la Pinacoteca di Brera?
3. Abitano ancora in Italia?
4. Vai sempre in piscina?
5. Hanno già scritto dalle vacanze?
6. È stata interessante la conferenza?
7. Fa ancora freddo in montagna?
8. Volete ancora caffè?
9. Vai ancora a danza?
10. Andrete ancora a mangiare in quel ristorante?
11. Era bello il film che avete visto?

18

Conjunctions and discourse markers

– Perdevo sempre la chiave, **finché non** ho cambiato la serratura . . .

18.1 Co-ordinating conjunctions

In the following sentences, fill in the blanks with the most appropriate of the conjunctions listed in brackets. The first one is done for you as an example. (GMI 19.1–8, Level 2)

1. Alle due di notte, non un minuto di più, gli alcolici non saranno più serviti nelle discoteche. E **(Anche / Tuttavia / E)** un'ora più tardi, alle tre del mattino, le discoteche italiane dovranno spegnere la musica, oscurare le piste da ballo ____ **(eppure / o / e)** soprattutto mandare tutti a casa.
2. La nuova legge riguarda non solo le discoteche, ____ **(però / ma / inoltre)** anche tutti i locali dove si fa musica e si servono alcolici, i pub ____ **(o / invece / pure)** le birrerie, per esempio.
3. Se riusciremo a ridurre ____ **(mentre / anche / piuttosto)** di poco il numero di vittime – ha aggiunto il vicepresidente del Consiglio – questo provvedimento sarà stato un successo. Lo definisco una legge moralmente giusta, ____ **(anche / anzi / bensì)** se qualcuno storcerà il naso per questo aggettivo, ____ **(oppure / ma / piuttosto)** credo, per il bene dei nostri figli, che occorra assumersi le proprie responsabilità.
4. Chiunque abbia sfogliato un paio di volte una rivista di annunci immobiliari avrà notato la presenza di peculiari espressioni altrimenti sconosciute alla lingua italiana.

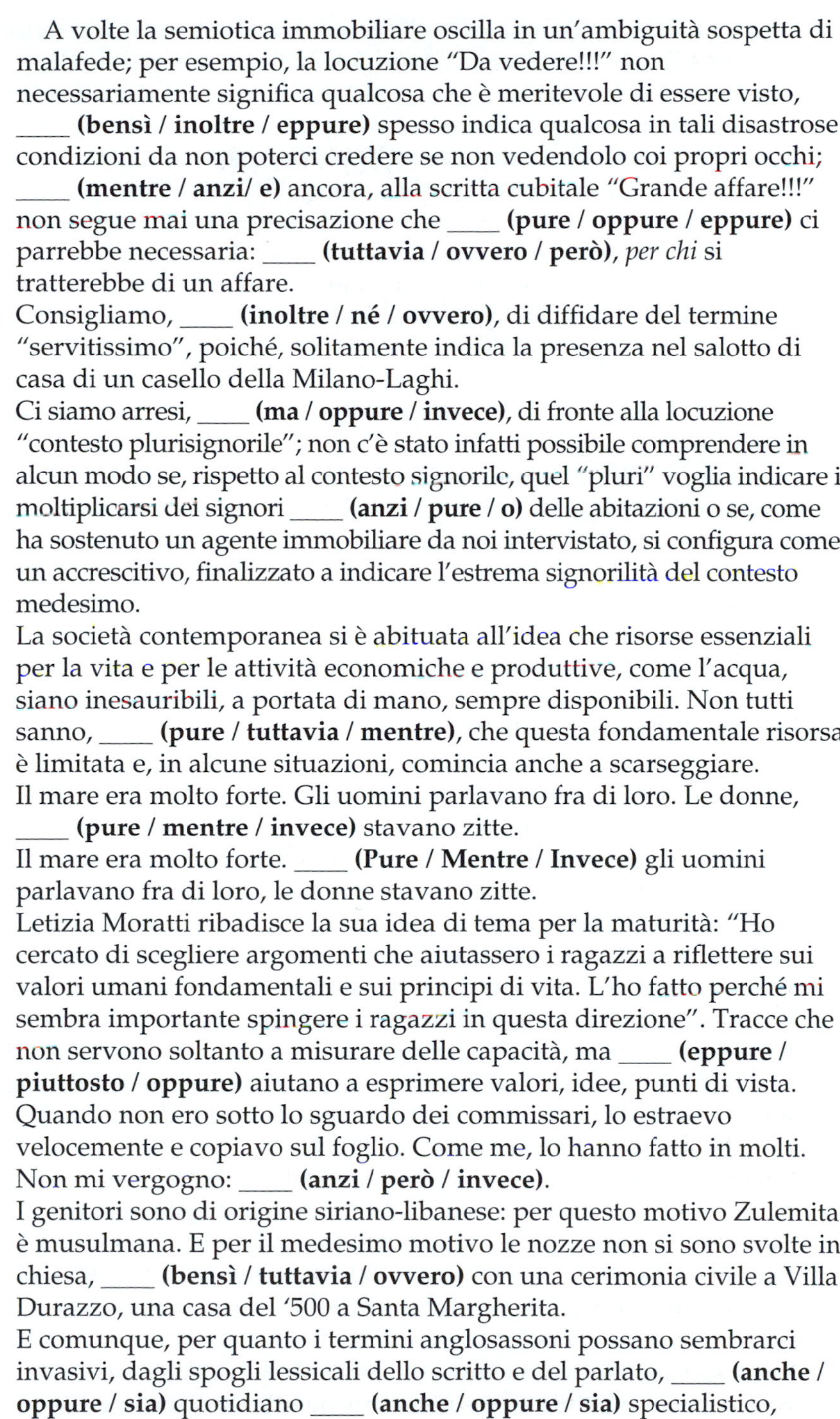

A volte la semiotica immobiliare oscilla in un'ambiguità sospetta di malafede; per esempio, la locuzione "Da vedere!!!" non necessariamente significa qualcosa che è meritevole di essere visto, ____ **(bensì / inoltre / eppure)** spesso indica qualcosa in tali disastrose condizioni da non poterci credere se non vedendolo coi propri occhi; ____ **(mentre / anzi/ e)** ancora, alla scritta cubitale "Grande affare!!!" non segue mai una precisazione che ____ **(pure / oppure / eppure)** ci parrebbe necessaria: ____ **(tuttavia / ovvero / però)**, *per chi* si tratterebbe di un affare.

5. Consigliamo, ____ **(inoltre / né / ovvero)**, di diffidare del termine "servitissimo", poiché, solitamente indica la presenza nel salotto di casa di un casello della Milano-Laghi.
6. Ci siamo arresi, ____ **(ma / oppure / invece)**, di fronte alla locuzione "contesto plurisignorile"; non c'è stato infatti possibile comprendere in alcun modo se, rispetto al contesto signorile, quel "pluri" voglia indicare il moltiplicarsi dei signori ____ **(anzi / pure / o)** delle abitazioni o se, come ha sostenuto un agente immobiliare da noi intervistato, si configura come un accrescitivo, finalizzato a indicare l'estrema signorilità del contesto medesimo.
7. La società contemporanea si è abituata all'idea che risorse essenziali per la vita e per le attività economiche e produttive, come l'acqua, siano inesauribili, a portata di mano, sempre disponibili. Non tutti sanno, ____ **(pure / tuttavia / mentre)**, che questa fondamentale risorsa è limitata e, in alcune situazioni, comincia anche a scarseggiare.
8. Il mare era molto forte. Gli uomini parlavano fra di loro. Le donne, ____ **(pure / mentre / invece)** stavano zitte.
9. Il mare era molto forte. ____ **(Pure / Mentre / Invece)** gli uomini parlavano fra di loro, le donne stavano zitte.
10. Letizia Moratti ribadisce la sua idea di tema per la maturità: "Ho cercato di scegliere argomenti che aiutassero i ragazzi a riflettere sui valori umani fondamentali e sui principi di vita. L'ho fatto perché mi sembra importante spingere i ragazzi in questa direzione". Tracce che non servono soltanto a misurare delle capacità, ma ____ **(eppure / piuttosto / oppure)** aiutano a esprimere valori, idee, punti di vista.
11. Quando non ero sotto lo sguardo dei commissari, lo estraevo velocemente e copiavo sul foglio. Come me, lo hanno fatto in molti. Non mi vergogno: ____ **(anzi / però / invece)**.
12. I genitori sono di origine siriano-libanese: per questo motivo Zulemita è musulmana. E per il medesimo motivo le nozze non si sono svolte in chiesa, ____ **(bensì / tuttavia / ovvero)** con una cerimonia civile a Villa Durazzo, una casa del '500 a Santa Margherita.
13. E comunque, per quanto i termini anglosassoni possano sembrarci invasivi, dagli spogli lessicali dello scritto e del parlato, ____ **(anche / oppure / sia)** quotidiano ____ **(anche / oppure / sia)** specialistico, risulta che essi sono in realtà un'esigua percentuale del lessico comune

degli italiani e raggiungono livelli considerevoli solo in alcuni settori dove l'inglese è ormai lingua franca. Insomma, io non parlerei ____ **(ma / e / né)** di invasione ____ **(ma / e / né)** di necessità di "difenderci".

14. La molecola è sempre H_2O ma in molte parti del mondo è marrone, sporca di fango e portatrice di funghi e batteri e quindi di malattie e di morte, ____ **(oppure / pure / però)** è assente del tutto. Per l'Organizzazione mondiale della Sanità la situazione peggiora: nel 2025 l'oro blu potrebbe essere insufficiente per due persone su tre.
15. Era trascorso quasi un giorno di viaggio. ____ **(Però / Anche / Piuttosto)** si capiva che il peschereccio faticava, i motori facevano uno strano rumore e poi, per almeno tre, quattro ore, abbiamo navigato con lo scafo praticamente piegato su un lato.
16. Siediti ____ **(anche / pure / eppure)** sul divano. Ti porto qualcosa da bere.
17. Mi hanno scritto al vecchio indirizzo e la lettera è andata persa. ____ **(Anche / Pure / Eppure)** glielo avevo detto che avrei traslocato.

18.2 Declarative and conclusive conjunctions

In the following sentences, fill in the blanks with the most appropriate of the conjunctions listed in brackets. The first one is done for you as an example. (GMI 19.9–10, Level 2)

1. Milano è una città purtroppo sempre più cara, **perciò (ora / perciò / per esempio)** rischia di diventare meno attraente e richiesta.
2. Quando noi camminiamo, in genere lo facciamo con uno scopo ben preciso: viceversa, la danza "non va da nessuna parte", e rappresenta ____ **(perciò / ebbene / vale a dire)** un sistema di atti che ha il suo fine in se stesso. Essa ____ **(dunque / ora / per cui)** non mira a raggiungere un obiettivo, bensì a "produrre uno stato", un'euforia che coincide con la sua stessa pratica. ____ **(Allora / Cioè / Ecco)** così formulata la differenza che passa tra il messaggio della prosa (____ **(ossia / infatti / in effetti)** di chi cammina) e quello della poesia (ovvero di chi danza): il primo si abolisce nella sua funzione, l' altro si riproduce perpetuamente nella sua forma.
3. Fiorella Mannoia, amatissima interprete italiana, ha sorpreso tutti nel suo ultimo tour interpretando con ironia e vivacità persino i ritmi brasiliani. "A questo punto della carriera e della vita – ha spiegato –, non ho più nulla da dimostrare e nulla da pretendere. ____ **(Perciò / Ora che / Per esempio)** posso cercare di prendermi la libertà di giocare e di volare più leggera."
4. La società-spettacolo non vuole cancellare la nobile funzione della poesia, perché sa che ne avrebbe un ritorno d'immagine negativo. E ____ **(cioè / per esempio / allora)**, semplicemente, e per arrivare ai

grandi numeri, fa della canzone il surrogato di massa della poesia... C'è però un fatto decisivo a conferma della presenza vitale, anche se occultata dai media più forti, della poesia, e ____ **(cioè / per esempio / allora)** la fiducia tranquilla dei giovanissimi in questo genere espressivo. Qualche anno fa pensavo: com'è possibile che un diciottenne, oggi, affidi il meglio di sé alla poesia, in un mondo che tende a nasconderla? ____ **(Ebbene / Perciò / Cioè)**, i giovani che scrivono versi, ma non per raccontare le sole sciocchezze in cuore e amore, sono tanti e pienamente persuasi.

5. La firma che lascia sui muri è Alfa: lui si chiama Romeo Rath, è un ragazzone tedesco di 29 anni, nella vita fa il grafico. "Ma è un lavoro come un altro. Perché io sono un writer." ____ **(Cioè / Allora / Per cui)** uno che dall'età di 13 anni colora vagoni, muri, saracinesche, palazzi interi. Da venerdì è a Ostia, per partecipare al "Sea writing contest", specie di campionato europeo per graffitari. A fine "contest" i graffiti sui muri resteranno, come le "tag" (____**(cioè / allora / per cui)** le firme) degli autori.
6. Affinché vi sia cibo occorre che vi sia acqua. È ____ **(ebbene / cioè / quindi)** fondamentale investire per garantire la disponibilità e l'uso efficiente delle risorse idriche, in un indispensabile contesto di salvaguardia ambientale. Acqua e cibo rappresentano il motore di quello sviluppo autosostenibile cui tutti dobbiamo dare priorità assoluta.
7. L'acqua è un problema globale, ma a differenza del riscaldamento del clima, è affrontabile su scala locale. Lo stress idrico è, ____ **(per cui / vale a dire / per esempio)**, spesso causato da sprechi locali: in primo luogo dalle inefficienze in agricoltura (attività per la quale utilizziamo il 70% dell'acqua), ma anche da semplici, stupide perdite delle tubature o contaminazioni evitabili.
8. Tutti gli esseri umani, senza distinzione alcuna di sesso, razza, nazionalità e religione, sono titolari di diritti fondamentali riconosciuti da leggi internazionali. Ciò ha portato all'affermazione di un nuovo concetto di cittadinanza, che non è più soltanto "anagrafica", o nazionale, ma che diventa "planetaria" e ____ **(quindi / per cui / in effetti)** universale.
9. Antonio Bassolino, presidente della Regione Campania, dice in un'intervista al Corriere che "è essenziale arrivare ad un accordo leale con Rifondazione. Non basta un'intesa elettorale come nel '96. Anche Bertinotti ne è consapevole. ____ **(Cioè / Pertanto / Per esempio)** se vinceremo le elezioni, dovranno esserci anche ministri di Rifondazione nel governo. So bene quanto sarà complicato mettersi d'accordo..."
10. Le cose stanno diversamente nel campo degli studi storici, che da tempo considerano invece il trasformismo come un fenomeno non necessariamente negativo, a cominciare dalla sua prima e "classica" manifestazione nell' Italia di fine Ottocento. Fu ____ **(in altre parole /**

ebbene / allora), negli anni Ottanta, che il presidente del Consiglio Depretis inaugurò quel sistema ____ **(per cui / invero / ossia)** il variare dei governi non corrispondeva, come avrebbe voluto il modello anglosassone, all'alternanza tra due schieramenti opposti, bensì a cambiamenti interni a un'unica, ampia maggioranza "centrista", tenuta assieme anche grazie a una politica di favori nei confronti dei singoli deputati e dei loro elettori.

11. Questo libro non persuade interamente quando considera cinquant'anni di politica repubblicana come una riedizione del "sistema trasformista". Resta invece molto convincente la sua analisi delle ragioni obiettive e "di sistema" ____ **(per cui / invero / ossia)** in Italia è mancata, fino ad anni recenti, l'alternanza tra schieramenti politici diversi.
12. Umberto Bossi ha sempre subordinato ogni decisione alla necessità di difendere con le unghie la sua creatura, ____ **(vale a dire / pertanto / per esempio)** la Lega. Quando ha sentito aria di bruciato non ha esitato un secondo a compiere incredibili giravolte.
13. Per prevenire questo inganno, Baldovino fonda tutto il suo rapporto col marchese su un patto di onestà di pura forma: chiede che tutti debbano apparire sempre e in ogni cosa onesti, anche se non lo sono. ____ **(Per esempio / Ebbene / Infatti)**, Baldovino, per tutta la vita imbroglione e sregolato, accetta questo vile patto solo per provare il piacere di apparire onesto, in una società che non rende affatto facile l'essere onesti.
14. In Valle d'Aosta si vota con il sistema proporzionale, con uno sbarramento pari ai voti necessari per eleggere almeno due consiglieri. ____ **(Infatti / Ora / Vale a dire)** che le sette liste in competizione dovranno ottenere non meno di 4.000–4.400 voti; pari a circa il 5% dei votanti.
15. Le vistose orchidee, a dispetto delle apparenze, avrebbero molto in comune con la pianta dell' asparago. Difficile da credere? Non tanto. Grazie all'analisi comparativa dei geni, ____ **(infatti / allora / ebbene)**, gli studiosi hanno confermato senza lasciar ombra di dubbio che le orchidee appartengono all'ordine delle Asparagales, gruppo che – oltre a iris e narcisi – include appunto il comune vegetale. Le scoperte dello studio, comunque, non finiscono qui. A differenza di quanto ritenuto finora, ____ **(infatti / allora / ebbene)**, si è trovato anche che le orchidee affondano le loro origini nella notte dei tempi.
16. Nel suo libro Lei ricorre ad un esempio illuminante: che senso ha utilizzare una telecamera posta dietro a una porta, punto nel quale l'arbitro non si potrà mai trovare durante la partita, e in base ad essa giudicarne la prestazione? "____ **(Cioè / Dunque / In effetti)** tutto questo è senza logica. L'arbitro è solo contro 20 telecamere."
17. La motovedetta è lurida, rugginosa. L'idea che possa prendere il largo e affrontare le onde per un pattugliamento anche di poche ore lascia

perplesso lo stesso comandante. "Be', ____ **(infatti / ossia / in effetti)**, usciamo solo se le condizioni del mare lo consentono."

18. Invece occorre dare la precedenza alle nuove quote di ingresso: è miope bloccare le frontiere. Per tanti motivi. Prima di tutto perché la povertà di certi Paesi continuerà a esistere. E poi perché non si possono fermare certi settori della produzione legati al lavoro extracomunitario. ____ **(In altre parole / Ebbene / Dunque)**, più che alle motovedette è importante pensare ai flussi di ingresso regolare. Anche perché se si stabilisce che un Paese potrà avere una quota riservata di 10 mila persone farà di tutto per impedire che dal suo territorio partano nuovi clandestini: altrimenti l'accordo salterebbe.
19. Chi scrive sui muri oggi non parla più agli altri, si esprime, parla fondamentalmente a se stesso. ____ **(Infatti / Ossia / In effetti)**, delle scritte dei cosiddetti "writers" non si capisce niente e non c'è niente da capire. Il significato sta nell'azione stessa, nel gesto. Nella pura e semplice segnalazione della propria esistenza.
20. La performance faceva parte della serie "Parola suono pensiero" nell'ambito della rassegna "Poesia festival di Verona e della Valpolicella", che va avanti dal 15 maggio. La gente alla fine ha fatto la fila per avere una "poesia personalizzata" al computer. ____ **(Dunque / Infatti / In altre parole)**: scrivendo nome e cognome il computer provvede a mescolare i circa 400 versi che Balestrini ha riversato in un database estraendo quelli consoni alle lettere dell'interessato.

18.3 Causal and conclusive conjunctions

In the following sentences, fill in the blanks with the most appropriate of the conjunctions listed in brackets. The first one is done for you as an example. (GMI 19.12, 13, 15, Level 2)

1. Se fossimo nel mondo di Harry Potter sarebbe una magia, ma **siccome (siccome / cosicché / perché)** siamo nel mondo dei babbani non può che essere stato un furto.
2. E ____ **(perché / di modo che / dato che)** il libro è anche troppo spesso per le misure standard delle cassette, la Royal Mail invita coloro che abbiano ordinato una copia del libro a stare in casa ad aspettarlo.
3. Quando Garibaldi era a Caprera, il postino gli portava la corrispondenza dentro cestoni trainati da un carretto. Le donne gli inviavano messaggi appassionati e lui rispondeva a tutte. Le spese di affrancatura diventarono insostenibili, ____ **(dal momento che / al punto che / per il fatto che)** un giorno fece pubblicare un appello: se non gli avessero mandato dei francobolli, disse, sarebbe stato costretto a vendere la camicia.
4. Ma la quiete sembra solo apparente e si temono nuove proteste, ____

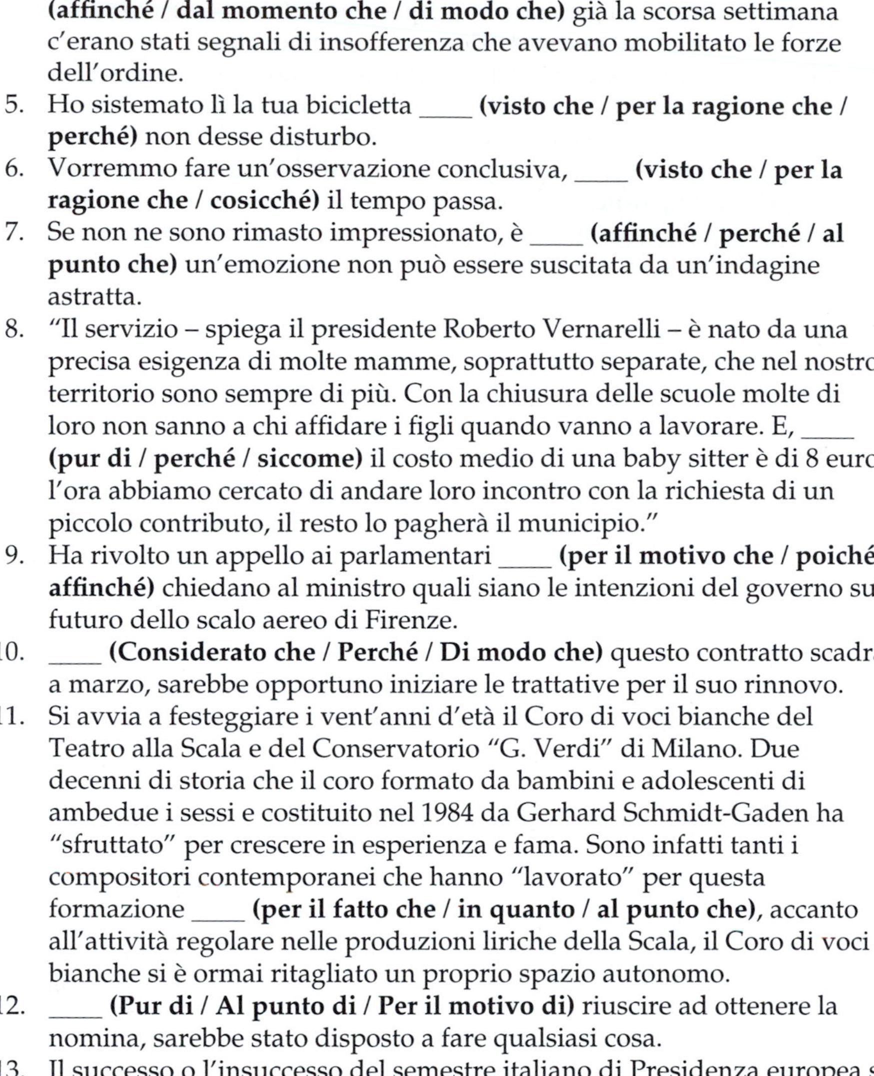

(affinché / dal momento che / di modo che) già la scorsa settimana c'erano stati segnali di insofferenza che avevano mobilitato le forze dell'ordine.

5. Ho sistemato lì la tua bicicletta ____ **(visto che / per la ragione che / perché)** non desse disturbo.
6. Vorremmo fare un'osservazione conclusiva, ____ **(visto che / per la ragione che / cosicché)** il tempo passa.
7. Se non ne sono rimasto impressionato, è ____ **(affinché / perché / al punto che)** un'emozione non può essere suscitata da un'indagine astratta.
8. "Il servizio – spiega il presidente Roberto Vernarelli – è nato da una precisa esigenza di molte mamme, soprattutto separate, che nel nostro territorio sono sempre di più. Con la chiusura delle scuole molte di loro non sanno a chi affidare i figli quando vanno a lavorare. E, ____ **(pur di / perché / siccome)** il costo medio di una baby sitter è di 8 euro l'ora abbiamo cercato di andare loro incontro con la richiesta di un piccolo contributo, il resto lo pagherà il municipio."
9. Ha rivolto un appello ai parlamentari ____ **(per il motivo che / poiché / affinché)** chiedano al ministro quali siano le intenzioni del governo sul futuro dello scalo aereo di Firenze.
10. ____ **(Considerato che / Perché / Di modo che)** questo contratto scadrà a marzo, sarebbe opportuno iniziare le trattative per il suo rinnovo.
11. Si avvia a festeggiare i vent'anni d'età il Coro di voci bianche del Teatro alla Scala e del Conservatorio "G. Verdi" di Milano. Due decenni di storia che il coro formato da bambini e adolescenti di ambedue i sessi e costituito nel 1984 da Gerhard Schmidt-Gaden ha "sfruttato" per crescere in esperienza e fama. Sono infatti tanti i compositori contemporanei che hanno "lavorato" per questa formazione ____ **(per il fatto che / in quanto / al punto che)**, accanto all'attività regolare nelle produzioni liriche della Scala, il Coro di voci bianche si è ormai ritagliato un proprio spazio autonomo.
12. ____ **(Pur di / Al punto di / Per il motivo di)** riuscire ad ottenere la nomina, sarebbe stato disposto a fare qualsiasi cosa.
13. Il successo o l'insuccesso del semestre italiano di Presidenza europea si misurerà anche su questo: si riuscirà a ottenere in tempi brevi che l'Unione investa attenzione e risorse per fronteggiare il traffico clandestino nel Mediterraneo? Sappiamo che gli sbarchi sul territorio italiano non riguardano solo noi, ____ **(pur di / dal momento che / in modo che)**, giunta in Italia, una parte consistente di clandestini si dirige verso altri Paesi, come Germania e Francia.
14. Si sforzavano di italianizzare il loro inglese, ____ **(cosicché / perché / in modo da)** farmi capire il più possibile.
15. Potremo mandare un numero considerevole di rappresentanti, ____ **(pur di / al punto che / in quanto)** la nostra associazione annovera più iscritti a livello nazionale.

16. ____ **(Affinché / Al punto che / In quanto che)** l'ipnosi agisca nel caso in cui si desideri smettere di fumare, la volontà di smettere deve essere forte e radicata: se non c'è convincimento, è inutile tentare.

18.4 Conditional and concessive conjunctions

Choose the appropriate conjunction. The first one is done for you as an example. (GMI 19.11, 14, Level 2)

1. **Sempre che / Benché** tutto vada bene, Marina arriverà stanotte alle tre alla Stazione Termini.
   Sempre che tutto vada bene, Marina arriverà stanotte alle tre alla stazione Termini.
2. **Anche se / a patto che** tu me lo restituisca stasera, non ho problemi a prestarti il mio libro.
3. **A condizione / Benché** vivano in condizioni economiche piuttosto disagiate, non fanno mancare nulla ai figli.
4. Sì agli integratori alimentari, **pur / purché** servano davvero. (*Direttiva 15/2001/CE*)
5. **Ancorché / a patto che** "non completo", come lo definisce il Corretti, il censimento dei siti di produzione siderurgica elbani, costituisce un punto di arrivo importante per la storia della metallurgia medievale.
6. In Friuli, paese, **quantunque / malgrado che** freddo, lieto di belle montagne, di più fiumi e di chiare fontane, è una terra chiamata Udine, nella quale fu già una bella e nobile donna, chiamata madonna Dianora. (*Boccaccio*)
7. **A costo di /A condizione di** lavorare giorno e notte, sono deciso a saldare tutti i miei debiti entro fine luglio.
8. La disponibilità di fondi per un progetto, all'epoca ancora molto vago e comunque senza ricadute immediate, fu dovuta alla grande quantità di denaro che il governo americano destinava a ricerche militari. Questo spiega il perché la rete si sviluppò in America, **a patto che / anche se** la sua tecnica base era stata concepita in Europa.
9. **Sebbene / Sempre che** tutto vada bene, Anna dovrebbe iniziare il suo nuovo lavoro a Londra fra un paio di settimane.
10. **Purché / Pur** consapevole dei rischi dell'operazione, la signora Bartoli non ha avuto alcun dubbio nel dare il proprio assenso.
11. **Nonostante che / Sempre che** di telelavoro si parli da oltre vent'anni, le prime consistenti applicazioni pratiche del lavoro svolto a distanza grazie all'utilizzo delle tecnologie informatiche e telematiche sono molto più recenti.

18.5 Time conjunctions

In the following sentences, choose the appropriate conjunction. The first one is done for you as an example. (GMI 19.16, Level 1/2)

1. **Da quando / Quando / Subito che** fa così caldo, non è prudente esporsi a lunghi bagni di sole.
   Quando fa così caldo, non è prudente esporsi a lunghi bagni di sole.
2. Esponiamo la bandiera della pace dal balcone di casa nostra, dalla finestra dell'ufficio, dal campanile della chiesa, dal pennone del municipio **man mano che / finché non / appena** sarà scongiurata la minaccia della guerra.
3. Sono passati più di quarant'anni, **quando / da quando / mentre** gli ultimi tram passavano sferragliando per le strade fiorentine.
4. Il francese Alain Robert, meglio noto col soprannome di 'l'uomo ragno', è stato fermato ieri a Singapore **prima che / mentre / finché** tentava di scalare un grattacielo di 63 piani.
5. **Quando / Subito / Man mano che** imparate a conoscere il vostro bambino e a riconoscere i suoi segnali, comincerete probabilmente a notare il ripetersi di alcuni schemi di comportamento, specialmente per quanto riguarda il sonno e l'alimentazione, schemi che potranno comunque variare da un giorno all'altro.
6. Potrai modificare queste due impostazioni **finché / ogni volta che / prima che** invii un messaggio, attraverso le "Opzioni avanzate" nella pagina di composizione del messaggio.
7. **Prima di / Dopo di / Prima** spedire la raccomandata, per favore assicurati di avere incluso tutti i documenti.
8. **Appena / Dopo / Prima che** scesa dall'autobus, mi ricordai di aver dimenticato a casa il telefonino e la lista della spesa.
9. **Mentre / Da quando / Prima che** ero in banca, i ladri sono entrati in casa, l'hanno messa a soqquadro e hanno rubato tutti gli oggetti di valore in camera nostra, **finché non / finché / fino a che** hanno sentito arrivare una macchina nel cortile. A quel punto se la sono data a gambe levate.
10. Cosa ne dici di chiedere ad Andrew **quando / da quando / ogni volta che** sia il periodo migliore dell'anno per andare in Australia?
11. **Se / Mentre / Da quando** ti rimproveravo, non mi rivolgevi la parola per giorni. Era difficilissimo trattare con te, sai, **quando / da quando / mentre** avevi più o meno diciassette–diciotto anni, **prima di / prima che / quando** iscriverti all'università.
12. Fate fondere in un pentolino i 2/3 del burro con la maizena e 30 grammi di farina. Mescolate energicamente senza mai interrompere **fino a che non / finché / prima che** avrà preso un leggero colore, a questo punto versare 1 litro e mezzo di latte preventivamente scaldato e far cuocere **prima che / fino a che non / finché** si ispessisce.

13. Finché / Finché non / **Da quando** la barca va, lasciala andare!
14. Un idea, **da quando / finché non / finché** resta un'idea è soltanto un'astrazione. (*G. Gaber*)

18.6 Discourse markers and interjections

Choose the appropriate form. The first one is done for you as an example. (GMI 19.17–18, Level 1/2)

1. **Mah! / Beh! / Allora** Non so davvero come spiegarmi questo atteggiamento ostile di Daniele, sai?!?
   Mah! Non so davvero come spiegarmi questo atteggiamento ostile di Daniele, sai?!?
2. Anch'io avrei pensato ad una soluzione di questo tipo. Gianni, **insomma / invece / soprattutto**, ha un'idea diametralmente opposta alla mia per risolvere il caso.
3. Siamo partiti da Parigi all'una, ci siamo fermati ad Avignone per un paio d'ore, poi a Marsiglia; il giorno dopo a Saint-Tropez e a Montecarlo; **insomma / in aggiunta a / invece**, per farla breve, siamo arrivati a casa soltanto ieri in tarda serata.
4. Vieni al cinema con me, Luca, questa sera?
   Veramente / Al contrario / Invece devo finire questo saggio per domani.
5. **Guarda / Guardi / Per l'appunto**, se non te la senti, non venire proprio!
6. Proprio come ti dicevo, **per l'appunto / per esempio / beh!**
7. Questa sera vado a trovare Graziana.
   Appunto / Per esempio / A proposito, quando la vedi, potresti restituirle questo libro?
8. Vieni con noi, vero, Marco?
   Beh / Nondimeno / Invece, non credo, purtroppo.
   Peccato! / Guarda / Beh! Sono sicuro che ti divertiresti!
9. Come sta Anna, Elena?
   Boh! / Invece / Beh! Che ne so? Chi la vede più?!?
10. **Basta / Boh! / Beh!**, Andrea, con questa storia! Non se ne può proprio più.
    Dacci un taglio!
11. Anche tu approvi questo punto, no?
    Certo / Che noia / Invece. Non c'è dubbio che sia una buona idea.
12. Puoi chiedere un passaggio a Giovanna per stasera. **Magari / Nondimeno / Certo** viene in macchina …
13. Mamma, mi porti su gli occhiali?
    Sono al telefono, Luca!
    Eh? / Boh! / Ahi!
    Ho detto che sono al telefono. Non posso portarti gli occhiali ora.

14. **Ahi! / Eh! / Ah! Accidenti!**
    Cos'è successo?
    Mi sono appena tagliata!
15. Ti sei ricordato di mandare un'email a Marcello?
    Accidenti / Ohimè / Peccato, papà, me ne sono dimenticato!

19

Word derivation

– **Mammina**, hai dimenticato di togliere il **cartellino** del prezzo, dal tè!

19.1 Compounds and conversion

Join the words in the left column with the appropriate ones in the right column. The first one is done for you as an example. (GMI 20.1, Level 2)

copri	panni
copri	cenere
passa	fuoco
mangia	erba
posa	polvere
cassa	***letto***
taglia	comando
aspira	parola
stendi	forte
tele	fumo

19.2 Prefixes and suffixes

(a) Translate the following words into Italian. The first one is done for you as an example. (GMI 20.2, Level 1/2)

1. prepackaged	*preconfezionato*
2. ex-husband	____
3. incorrect	____
4. useless	____

5. olive grove ____
6. greenish ____
7. postman ____
8. dentist ____
9. actress ____
10. worker ____
11. foliage ____
12. to peel ____
13. very old ____
14. decaffeinated ____
15. prepaid ____
16. teacher ____
17. little boy ____
18. asocial ____

(b) Give the appropriate adjectives from the following nouns and verbs. The first one is done for you as an example. (GMI 20.2–3, Level 1/2)

1. fare *fattibile*
2. Milano ____
3. orgoglio ____
4. Portogallo ____
5. Cina ____
6. osso ____
7. portare ____
8. popolo ____
9. ammirare ____
10. dimostrare ____
11. Perugia ____
12. sorriso ____

(c) Give the appropriate nouns from the following adjectives and verbs. The first one is done for you as an example. (GMI 20.2–3, Level 2)

1. umano *umanesimo/umanità*
2. amorale ____
3. scricchiolare ____
4. sudicio ____
5. bonificare ____
6. guardare ____
7. ricevere ____
8. credibile ____

(d) Give the appropriate noun, adjective or verb from which the following nouns are derived. The first one is done for you as an example. (GMI 20.4, Level 2)

1. serenità *sereno*
2. informazione ____
3. reggino ____
4. nazionalismo ____
5. calpestio ____
6. pallavolista ____

– Pronto, Polizia? Vorrei denunciare un **terrorista**: ci ha dato sei pagine di compiti!

19.3 Evaluative suffixes

(a) Combine the nouns listed below with the given suffixes. The first one is done for you as an example. (GMI 20.4, Level 1)

1. libro (+ ino) *libriccino*
2. bambina (+ ona) ____
3. giro (+ etto) ____
4. bastone (+ ino) ____
5. tempo (+ accio) ____
6. nero (+ astro) ____

(b) Give the altered form of the expressions below. The first one is done for you as an example. (GMI 20.4, Level 1/2)

1. una ragazza robusta *una ragazzona*
2. un piccolo appartamento ____
3. un lungo discorso ____
4. un vino cattivo ____

5. un piccolo orso di peluche ____
6. un poeta di non grande levatura ____
7. dall'aspetto malato ____

(c) Choose the correct English translation for the following Italian words. The first one is done for you as an example. (GMI 20.4, Level 1)

1. girino	little walk around/***tadpole***
2. corpetto	tiny body/bodice
3. cavalletto	small horse/easel
4. battaglione	big battle/battalion
5. mulino	small mule/windmill
6. manetta	handcuff/tiny hand

20

Time expressions

– Su, entra! **È l'ora di** Rin Tin Tin.

20.1 Telling the time

(a) Write the correct time under each clock face. The first one is done for you as an example. (GMI 21.1, Level 1)

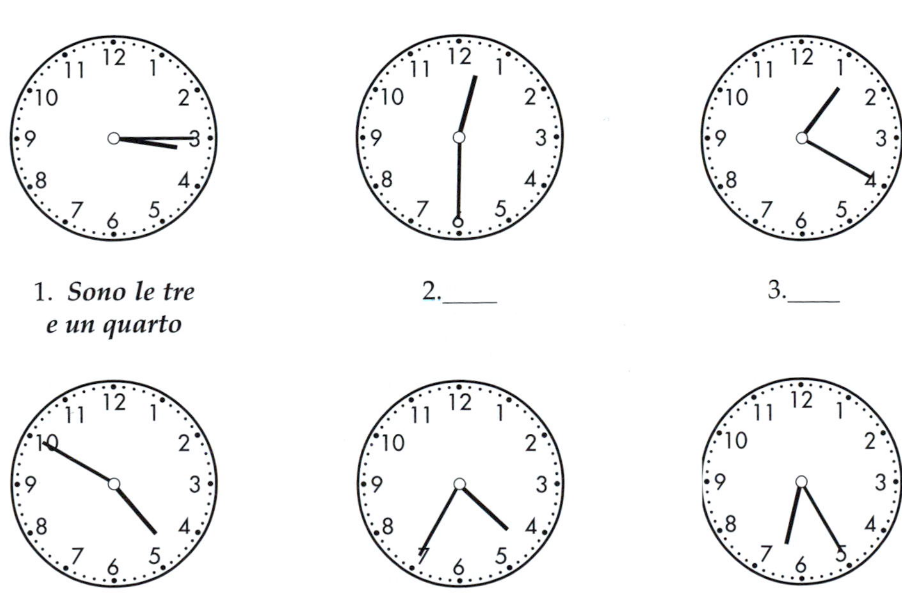

1. *Sono le tre e un quarto*
2. ____
3. ____
4. ____
5. ____
6. ____

(b) Write at what time things are happening. The first one is done for you as an example. (GMI 21.1, Level 1)

1. ***Alle otto meno venti***
2. ____
3. ____
4. ____
5. ____
6. ____

20.2 Days, months, seasons, etc.

In the following sentences, choose the correct alternative. The first one is done for you as an example. (GMI 21.2–5, Level 1)

1. Mio fratello esce sempre con gli amici la domenica sera/domenica sera.
   Mio fratello esce sempre con gli amici *la domenica sera.*
2. D'inverno alle sei di sera/di notte è già buio.
3. Abbiamo fatto tardissimo: siamo tornati alle due di notte/di mattina!
4. Ci hanno regalato una bottiglia di vino di ottima annata/di ottimo anno.
5. Che bella sera/serata abbiamo passato con i tuoi genitori!
6. Questa sera/serata ceniamo fuori, se ne hai voglia.
7. Suo padre era nato il primo/l'uno aprile.
8. Nel 1981/in 1981 ci fu un disastroso terremoto.
9. Oggi è dieci di giugno/il dieci di giugno.
10. Il marito di mia cugina non è anziano: avrà sì e no una cinquantina/un cinquanta d'anni.
11. Aveva conosciuto la moglie quando lei era appena sedicenne/sedici anni.
12. È orfano da quando aveva/era dodici anni.

20.3 Expressions of frequency and time adjectives

Translate the following sentences into Italian. The first one is done for you as an example. (GMI 21.6–7, Level 2/3)

1. We go out at least once a week.
   Usciamo almeno una volta alla settimana.
2. The bus for the city centre runs every twenty minutes or so.
3. I try to phone my mother every other day.
4. How often do you see your dentist?
5. Take these tablets four times a day, every six hours.
6. Did you see Richard last week?
7. I heard he had gone away the week before.
8. Our group meets on the last Monday of the month.
9. We are going to move house next month.
10. Would you like to stay for dinner?
    Another time, perhaps.
11. We arrived the day before Christmas and left the following week.
12. There are no vacancies at present.

21

Forms of address

– **C'è riuscito, presidente**!
La **Sua** scrivania è nel Guinness dei primati!

21.1 Forms and syntax of pronouns and verb forms used in addressing someone

(a) Choose the appropriate form. The first one is done for you as an example. (GMI 22.1–2, Level 1/2)

1. Sergio, Lei è stato/a così gentile ad interessarsi di questo caso.
   Sergio, Lei è **stato** così gentile ad interessarsi di questo caso.
2. Davvero Vi siete recata/i in città nel pomeriggio, contessa?
3. Quando vi siete accorti/a di aver perso il passaporto?
4. Professor Biagini, l'ho sentito/a ieri sera alla radio!
5. Professoressa Nannini, l'ho sentito/a ieri sera alla radio!
6. La Signoria Vostra è pregato/a di presentarSi/Vi appena possibile.
7. Cosa ordinano/ordini, Signori?
8. Non sapevo che lei si fosse occupata/o di questa questione.
9. Franco, non sapevo che fosse stato/a Lei ad essersi occupato/a di questa questione.
10. Marinella non sarà all'università oggi: ti dispiacerebbe fare lezione tu ai suoi/Suoi studenti?
11. Professor De Carlo, La/la ringrazio molto per la sua/Sua lettera.

(b) Turn the following sentences from the *tu* form into the *Lei* form and vice versa. The first one is done for you as an example. (GMI 22.1–2, Level 1)

1. Quando arrivi all'incrocio, volta a destra in via Garibaldi.
   Quando arriva all'incrocio, volti a destra in via Garibaldi.
2. Se non sai cosa regalargli, chiedi a Paola direttamente.
3. Puoi prendere l'autobus per il centro ogni 10 minuti.
4. Fabrizio, si sente bene?

5. Bigliardi, quando ha un attimo di tempo per Lunari?
6. Prenda pure il libro dallo scaffale.
7. Gabriele, parti oggi per la Sardegna?
8. Serviti pure, per favore.
9. Non si disturbi. Me la caverò da solo.
10. Cosa ne pensa di questa proposta?
11. Te ne sarei davvero grato, Mario.

21.2 Uses of the address forms *tu, Lei, voi, Ella, La Signoria Vostra*, etc.

Choose the correct alternative. The first one is done for you as an example (GMI 22.3–6, Level 1)

1. Papà, non dimenticarti/si dimentichi di comprare i biglietti per la partita.
   Papà, non dimenticarti di comprare i biglietti per la partita.
2. Cara Benevelli, ti/Le auguro buone vacanze.
3. Buongiorno, Professore, mi sa/sai dire se la biblioteca è aperta oggi?
4. Onorevole De Giorgi, posso rivolgerLe/rivolgerVi qualche domanda sui risultati delle ultime elezioni?
5. Sant'Antonio, non mi abbandonate/abbandoni!
6. Cari colleghi, vi/Le sarei grata se mi poteste comunicare al più presto il vostro piano ferie.
7. Eccellenza, Ella è stata/Loro sono stati una presenza davvero insostituibile per la nostra comunità.
8. Mi dà/danno un chilo di ciabattine, Dante, per favore?
9. Anna e Giuliana, venite/vengono a prendere un caffè al bar?
10. Marco, ti/vi presento Luca, il figlio di Martina e Stefano.
11. Siamo onorati di informarLa che Ella è stata indicata/Loro sono stati indicati dal Dipartimento come migliore studente dell'anno.
12. La Signoria Vostra è invitata/siete invitate al ricevimento a Palazzo Magnani martedì 26 giugno, alle 17.

21.3 Salutations, titles and address forms: *Ciao, bello!* v. *Buonasera, signore*

Conjugate the verbs in brackets in the correct tense and form (*tu/Lei*). The first one is done for you as an example. (GMI 22.7, Level 2)

1. Ciao, Gianni. Come ____? (stare)
   Ciao, Gianni. Come stai?
2. Buonasera, signori Caraffi. ____! (accomodarsi)

3. Ohé, Mario! Dove ____? (stare andando)
4. Gianni, ____ fra cinque minuti, per favore? (poter richiamare)
5. Ingegner Fabbri, ____ in ufficio domattina? (essere)
6. Anna, ____ di passare a prendere tua sorella quando torni dal corso. (non dimenticarsi)
7. Ciao, bello! Tutto bene? Dai, ____ con noi a Riccione! (venire)

Key to the exercises

1 Spelling and pronunciation

1.1 Removal of the final unstressed vowel

1. Dopo aver pranzato con loro, siamo tornati a casa.
2. Finita la festa, sono andati al lavoro, senza aver dormito.
3. Si è scusato di esser arrivato così in ritardo.
4. Forse non dovevamo far finta di non vedere Matteo: vedrai che si offende!
5. Guarda come corrono: son pazzi!
6. Mio padre mi ha detto di esser stato a Roma solo una volta e di non aver visto il Vaticano.
7. Il signor De Carlo passerà in ufficio dopo esser andato in magazzino.
8. Il signore che se n'è appena andato ha detto di essere il ragionier Filippi.
9. Ti ringrazio di esser venuta a trovarmi.
10. Dobbiamo ricordarci di far vedere queste fotografie ai signori Torlani.
11. Che pasticcio han fatto i bambini!

1.2 Punctuation

(a)

Caro Emanuele,

Parlo come giornalista e scrittore, non come docente. Quindi, come uno che scrive di mestiere, non come uno che, di mestiere, insegna a scrivere. La prima cosa da dire è questa: le regole sono fatte per essere violate. Se no, che ci starebbero a fare? Non tutte, naturalmente. Alcune. È questione di sensibilità. Anzi: di orecchio (Montanelli ne aveva moltissimo, per esempio). Vediamo i tuoi dubbi, Emanuele. Virgola prima della congiunzione "e", per esempio. Secondo me, qualche volta ci sta bene. Introduce una pausa, e le pause sono la chiave di tutto, nella scrittura come nella musica, che ho il sospetto siano parenti. Per lo stesso motivo utilizzo spesso i due punti, i quali hanno un altro vantaggio. Introducono il discorso diretto, e permettono di eliminare un "che", il nemico giurato di chi scrive (MAI due "che" nella stessa frase. È come andare in giro con due cappelli. Si può fare, ma sta male).

Qui mi fermo. Chiudo con un aggiornamento circa il mio corso di scrittura alla Bocconi (7, 14, 21, 28 maggio), che sembra aver intrigato tanti tra di voi (parlo dei bocconiani: il corso universitario è per loro). I posti sono stati aumentati da 80 a 150, ma sembra che questo non abbia risolto il problema (come dimostrano le ultime due lettere di oggi). Dico questo non per far farmi bello, ma perché spero segretamente che alla Bocconi possano far qualcosa per aumentare i posti (150 o 200, cosa cambia?). E per esprimere pubblicamente il mio stupore: non pensavo che tanta gente fosse interessata alla scrittura, all'alba del XXI secolo. Eppure, è così.

Beppe

(b)

Caro Beppe,

Vai veramente a ruba. Letta la lettera di quella ragazza che già alle 10 di mattina non era riuscita a iscriversi al tuo corso di scrittura all'università, mi fiondo sul sito web. In una vecchia news sui corsi in generale trovo la conferma alla tua risposta: un update nel mezzo del lunghissimo documento segnala che ora i posti sono aumentati di 70 (da 80 a 150). Anche gli altri corsi hanno aumentato la capienza e ci si può subito iscrivere. Il tuo fa eccezione. Solo dal 7 aprile, ore 9, guarda caso a quell'ora le lezioni sono cominciate da un quarto d'ora, sarà un metodo di discriminazione? Faccio un nodo al fazzoletto. Lunedì 7 aprile, ore 8. Suona la sveglia; mi catapulto giù dal letto: andare in uni sarebbe l'ultima cosa che farei dopo la sbornia post esami, ma ho una mission impossible. Monto in bici e per strada incontro Alberto, anche lui insolitamente mattiniero, immagino perché. Avevo ragione. Decidiamo un piano d'attacco: bisogna occupare un punto blu, il terminale per iscriversi. Piano terra, ore 8,45: tutti impegnati, oggi è anche l'ultimo giorno per iscriversi al programma scambi. Tentiamo al primo: siamo più fortunati, uno è libero.

Estraggo il tesserino e lo inserisco: controlliamo che quei burloni non abbiamo già aperto le iscrizioni. Non c'è ancora, ma intanto su consiglio di Giuseppe che ci ha raggiunto mi esercito per automatizzare la procedura: temo che ogni secondo risparmiato sarà vitale. Intanto diamo un'occhiata alle ragazze accanto a noi: anche loro hanno in mano i tesserini degli amici che, non avendo lezione, sono ancora tra le braccia di Morfeo. Sincronizziamo gli orologi e comincia il countdown: 5 minuti, 4, 3, 2, 1. 59 secondi, –3, 2, 1. 9:00:00 adrenalina al massimo, dentro il tesserino: attività extra, iscrizione, attività 705, metti una x: fatto. Sono passati 10 secondi, ci sono già 5 iscritti. Alberto mi passa i tesserini, con la pratica divento un ottimo "pianista": ogni volta il numero sale, 11, 23, 34, 43 quando anche il mio compagno di stanza è iscritto sono 49, ore 9:02:13. Rimango a guardare: le ragazze non hanno ancora finito, alle 9,03 praticamente i posti sono esauriti. Soddisfatto del felice esito della missione mi avvio a diritto industriale; apro la porta, non vedo la prof ma sento tre parole in giuridichese. Marcia indietro, devo festeggiare, rimango fuori a leggere il giornale. Arrivederci a maggio.

Bruno

1.3 Hyphens and syllabification

(a)

1. trop-po
2. A-chil-le
3. sta-tua
4. pe-sca
5. tra-ge-dia
6. o-li-vo
7. ac-qua
8. a-strat-to
9. tra-spi-ra-zio-ne
10. al-pi-ni-smo
11. uo-va
12. li-ne-et-ta
13. sci-a
14. pie-de
15. a-iuo-la
16. a-tle-ta

(b)

Ca-ro Bep-pe,

que-sta vol-ta non s'è trat-ta-to di mi-nu-ti: il se-con-do gi-ro di i-scri-zio-ni al tuo cor-so di scrit-tu-ra al-la Boc-co-ni si è gio-ca-to sui ri-fles-si. Al-le 8,59 a o-gni Pun-to Blu, il ter-mi-na-le da cui si fan-no tut-te le i-scri-zio-ni, e-ra in-ca-te-na-to u-no stu-den-te; al-le 9 han-no sgua-i-na-to tut-ti il tes-se-ri-no ed è co-min-cia-ta la cor-sa con-tro il tem-po. Pri-ma di me si è i-scrit-ta u-na ra-gaz-za, che ha co-min-cia-to ad a-gi-tar-si ("Od-di-o già 44 i-scrit-ti") e, la-scian-do-mi fre-ne-ti-ca-men-te il po-sto, mi ha sug-ge-ri-to i ta-sti da schiac-cia-re in mo-do che non do-ves-si ne-an-che leg-ge-re le i-stru-zio-ni. F4! In-vio! 01! In-vio! A705! In-vi-o! In que-sta sfi-da dal sa-po-re di Play-sta-tion i po-sti so-no fi-ni-ti in un mi-nu-to – non e-sa-ge-ro – e ne-an-che sta-vol-ta so-no riu-sci-ta a con-qui-sta-re un po-sto. Il mio a-mi-co Gi-gio di-ce che se quan-do ar-ri-vi ti ur-lo la for-ma-zio-ne del-l'In-ter del-lo scu-det-to, mi por-ti den-tro l'au-la con te. Al-tri-men-ti c'è sem-pre il con-dot-to del-l'a-ria con-di-zio-na-ta.

Lau-ra

1.4 Capital letters

(a)

1. *Guerra e pace*
2. Giacomo
3. Alpi
4. Società internazionale di fisica
5. Milano
6. sabato
7. *Il Corriere della Sera*
8. nord
9. Cara Dott. Rossi, La ringrazio
10. marzo
11. *I promessi sposi*

(b)

1. Amore mio, ti ricordi quando non siamo andati a Samarcanda?
2. Scegliemmo la migliore stagione dell'anno, l'inizio d'autunno.
3. L'avevamo comprata in una piccola libreria dell'Ile Saint-Louis, Ulysse.
4. Per esempio potete partire da Parigi, da Roma o da Zurigo e volare direttamente su Mosca, ma qui dovete pernottare, perché non esiste una coincidenza aerea per l'Uzbekistan che vi consenta di arrivare in serata.
5. Ci offriranno caviale di storione del Volga, forse ci sarà un po' più di nebbia intorno ai fanali, come nei romanzi di Pushkin, e sarà bello, ne sono sicuro, potremo andare anche al Bolscioi dove è obbligatorio andare se siamo a Mosca, e magari vedremo il Lago dei cigni.

(A. Tabucchi, *Si sta facendo sempre più tardi*, Milano 2001)

(c)

Il Parco nazionale d'Abruzzo, gestito dall'Ente nazionale d'Abruzzo Lazio e Molise, ha sede a Pescasseroli in viale Santa Lucia. Il parco è famoso in tutta Italia e un po' in tutto il mondo come modello di conservazione della natura e di difesa dell'ambiente. Il più antico dei parchi della montagna appenninica ha avuto un ruolo fondamentale nella conservazione di alcune delle specie più importanti della grande fauna italiana: orso bruno marsicano, camoscio d'Abruzzo e lupo. È coperto per due terzi da faggete che costituiscono una delle maggiori estensioni continue di tutto l'Appennino, ricche di esemplari vetusti che permettono la presenza di specie animali come il picchio di Lilford. La reintroduzione del cervo e del capriolo e il ritorno del cinghiale hanno permesso la ricostituzione, assieme ai grandi carnivori, delle catene alimentari originarie. Al di sopra della faggeta, le petraie di alta quota ospitano formazioni di pino mugo, rarissimo sull'Appennino, e una quantità di specie legate a questi ambienti estremi, spesso relitti della vegetazione dei periodi glaciali o specie endemiche e localizzate. La presenza del parco ha permesso la rivitalizzazione dei centri storici, come quelli di Civitadella Alfedena e Opi.

(Adattato da: www.pna.it)

2 Nouns and adjectives

2.1 General principles of plural formation

(a)

1. Televisori portatili
2. Strutture portanti
3. Oracoli delfici
4. Stazioni centrali
5. Direttori artistici
6. Capricci
7. Gnomi
8. Assoluzioni piene
9. Urgenze
10. Pseudonimi
11. Recenti acquisizioni

(b)

1. Gli attori americani
2. I miei più cari amici
3. Le crisi economiche
4. I famosi poeti
5. Gli ardui problemi
6. Gli zii Geraldo e Carlo
7. Gli ultimi album
8. (Delle/Alcune) tribù aborigene
9. Le valigie blu
10. I tè verdi
11. (Delle/Alcune) terribili armi nucleari
12. I cinema italiani
13. (Degli/Alcuni) album di foto
14. I delta paludosi
15. I koala australiani
16. I vestiti rosa di Sara
17. Le moto nuove fiammanti di Stefano e Davide
18. I paria indiani
19. (Dei/Alcuni) vaglia telegrafici
20. Gli sport estremi
21. (Degli/Alcuni) indici analitici

(c)

1. Tappeto orientale
2. Risultato eccellente
3. Creazione moderna
4. Perimetro
5. Assonanza
6. Bibliografia aggiornata
7. Compromesso inaccettabile
8. Piano regolatore
9. Manifestazione popolare
10. Produzione artigianale
11. Disputa territoriale

2.2 Nouns in masculine singular *-o* and feminine plural *-a*, double plurals

(a)

le labbra

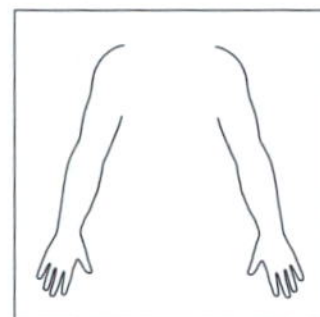
le braccia

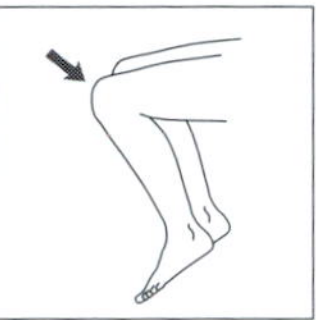
le ginocchia

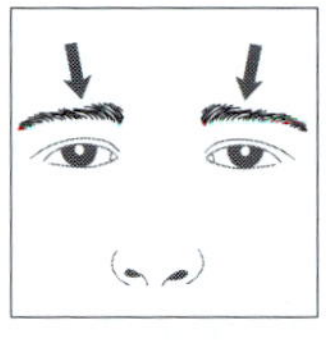
le sopracciglia

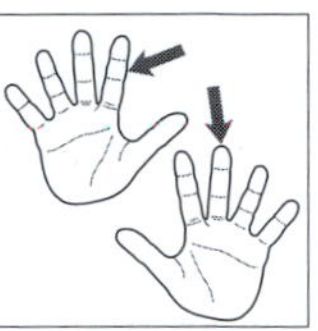
le dita

(b)

1. I fondamenti della geometria.
2. Lo stringeva stretto tra le braccia.
3. Stanno ancora costruendo le fondamenta della casa di Giorgio.
4. I muri di quell'edificio erano coperti di graffiti.
5. Cerca di tenere le fila del tuo discorso!
6. Certo che fa proprio venire il latte alle ginocchia, non è vero?
7. Vendono delle lenzuola a ottimo prezzo in quel negozio.
8. Il centro commerciale è molto vicino, appena fuori delle mura della città.
9. A causa di quel terribile temporale, Giulia è arrivata a casa fradicia fino alle midolla.

2.3 Irregularities in the plural root

1. Questi miei amici sono appena arrivati a Roma.
2. Tassos/Savvas è greco, mentre Ulrike/Greta è tedesca.
3. Le teorie di quegli psicologi milanesi hanno avuto un grande impatto sul pubblico.
4. Gli alberghi cui facevi riferimento sono senza dubbio due dei migliori della zona.
5. Le emeroteche comunali sono in via Dante.
6. Il Professor Mariotti ha appena ricevuto dei/alcuni nuovi incarichi per il prossimo anno.
7. Dei/alcuni naufraghi sono stati tratti in salvo ieri notte nei pressi di Bari.
8. Lo strascico di quell'evento scioccante sarà molto difficile da superare.
9. Quegli equivoci hanno creato grandi malumori in ufficio.
10. Dei/alcuni nuovi sarcofaghi sono stati recentemente riportati alla luce.
11. I cataloghi di questa mostra saranno pubblicati presto.
12. Chi è il più noto dio della mitologia greca?
13. Un chirurgo e un biologo sono richiesti all'ospedale civile.

2.4 The plural of compound nouns

La casa era vecchia, ma interessante. Ho notato subito i bassorilievi di stucco a forma di mezzaluna sugli architravi delle porte. "Forse sono dei portafortuna per i poveri senzatetto che cercano rifugio in questa casa" – ho pensato – e i vasi di terracotta con dei fichidindia sistemati proprio accanto ai battiscopa dell'ingresso, a poca distanza dai portaombrelli e dagli attaccapanni. Nello studio, altre sorprese: sulla scrivania, dei tagliacarte di madreperla – dei veri capolavori –, dei portacenere di cristallo che riflettevano gli arcobaleni, dei portafogli di pelle, dei passaporti scaduti, dei francobolli della Cina – un po' strani come soprammobili. Sulle pareti, delle grosse casseforti, e, accanto a queste, dei portachiavi appesi. Negli angoli, sopra delle cassapanche pesantissime, c'erano persino dei vecchi giradischi a manovella.

41. Il problema sta ____ capire questo punto.
42. Lui si è deciso ____ partire all'alba per evitare il traffico.

(b) Change the following sentences as shown in the example. (GMI 17.7–18, Level 1/2)

1. Ti sembra di dire una cosa sensata? (lui)
   Ti sembra che lui dica una cosa sensata?
2. Non ti sembra di esagerare? (loro)
3. Credo di averlo fatto bene. (Paolo)
4. Hai l'impressione di sbagliare? (io)
5. Con forza hanno negato di essere responsabili. (tu)
6. Forse sa di dover andarsene. (noi)
7. Dubito di poter essere a Genova per le 3. (voi)
8. Sei sicuro di poter controllare l'orario del volo? (loro)
9. Non ti accorgi di essere così indisponente di tanto in tanto? (lui)
10. Daniele si rammaricò di avere ottenuto un voto così basso. (io)
11. Prometto di mandarti un messaggio appena arrivo in aeroporto. (noi)

16.6 Adjectives as subordinate clauses

Change the following sentences as shown in the example. (GMI 17.19, Level 2)

1. Tutti credevano che lui fosse innocente.
   Tutti lo credevano innocente.
2. Dopo il voto, considerarono che la riunione fosse terminata.
3. Il presidente ha già dichiarato che la votazione è stata definitiva.
4. Pensavo proprio che tu non fossi così meschino.
5. Il capufficio ha consultato anche Simone, benché ritenga che sia del tutto incompetente.
6. Ho provato anche i negozi del centro, sebbene sospettassi che fosse inutile.

16.7 Adjective + preposition + infinitive

In the following sentences, fill in the gaps with the correct preposition. The first one is done for you as an example. (GMI 17.21–24, Level 1)

1. Siamo tutti consapevoli *di* esserci meritati questa punizione.
2. Nessuno era pronto ____ partire a quell'ora.

In cucina, delle lavastoviglie nemmeno l'ombra: dei vecchissimi tritacarne erano stati lasciati ad arrugginire sulla credenza, accanto a degli apriscatole, dei cavatappi, degli schiaccianoci e dei cacciavite ormai tutti arrugginiti.

Al primo piano, nella camera da letto, erano stati sistemati in bell'ordine: dei guardaroba immensi e degli incredibili pianoforti a coda. Sul letto erano stati lasciati degli asciugamani e ai piedi del letto erano stati messi degli scendiletto rossi.

Uscendo di casa, ho notato infine che dal tetto mancavano i parafulmini.

2.5 Number mismatches between English and Italian

1. I bambini avevano dei bei capelli lunghi.
2. Le lasagne della mamma sono sempre ottime.
3. Il mio pigiama è blu e bianco.
4. I pagliacci avevano tutti un grosso naso rosso.
5. I ragazzi si sono tolti la cintura.
6. Le ragazze portavano una tuta verde.
7. Sono rimasti lì a bocca aperta.
8. Le case avevano tutte il tetto di paglia.
9. Questi uomini politici cambiano idea ogni giorno.
10. Padre e figlio si sono abbracciati e si sono stretti la mano.
11. Andavano in bicicletta con un fazzoletto in testa.
12. A volte la gente dà troppa importanza ai soldi.
13. Le informazioni che mi hai dato sono sbagliate.
14. I miei genitori hanno appena festeggiato le nozze d'argento.
15. Non avevo più soldi nel portafoglio ma, per fortuna, gli spiccioli che avevo in tasca sono bastati.
16. Sono sicuro che la casa di Carlo era nelle vicinanze della stazione.

2.6 The gender of nouns

(a)

1. Abbiamo fatto un ottimo brindisi.
2. L'indice di questo libro è facilissimo da seguire.
3. Questo dente cariato deve essere estratto.
4. Un tempo ad ogni ragazza era necessaria una dote.
5. Ormai il mondo intero è collegato a reti telematiche.
6. L'analisi eseguita dallo studente è stata molto accurata.
7. Allo zoo c'erano dei gorilla vecchissimi e due panda buffissimi.
8. Tutta Berlino risplendeva di luce.
9. Dalla cucina veniva un delizioso aroma di caffè appena fatto.
10. Il professore di filosofia ha molto carisma.
11. La principessa portava un prezioso diadema.
12. Dalla finestra del mio albergo si vede l'intero panorama della costa.
13. Si dice che nel castello ci sia uno spaventoso fantasma.
14. L'asma è sempre più diffusa tra i bambini.
15. Questo problema è molto serio.
16. L'ultima vittima dell'incidente d'auto ha subito un serio trauma cranico.
17. Al giorno d'oggi è disponibile una gamma infinita di elettrodomestici.
18. Carla è diventata il soprano solista del coro.
19. Il comandante dell'aereo si è rivelato un bravissimo pilota.
20. La salvaguardia dell'ambiente è fondamentale per la salvezza del nostro pianeta.

(b)

1. Dopo la morte della moglie, l'avvocato si comportava come un eremita: non usciva più di casa e riceveva solo la visita del prete, sua guida spirituale, e della figlia.
2. Nella società moderna, accettare l'esistenza di persone violente rappresenta un dilemma di non facile soluzione.
3. Alimentata da una dinamo vecchissima e mal funzionante, il faro della bicicletta proiettava una luce davvero flebile: chissà come faceva l'anziano contadino a vedere la strada di casa.
4. Sotto un larice altissimo e dal tronco nerissimo, una giovane volpe aveva fatto la tana per sé e per i suoi cuccioli.
5. La gente del paese non era disposta ad accettare le spiegazioni del postino: erano tutti sicuri che aveva fatto lui la spia, riferendo alle autorità i suoi sospetti.
6. L'autista di casa Savoia, un giovane alto e bello, aveva il compito di lavare e lucidare l'auto ogni giorno. Sulla portiera era stato messo l'emblema della famiglia nobiliare, un nodo dorato.
7. I danni causati dal sisma che ha recentemente colpito l'Italia centrale sono stati il tema di un dibattito cui sono intervenuti parecchi rappresentanti della Protezione Civile.
8. Lo sai benissimo che i tuoi colleghi nutrono enorme stima per te: non fanno altro che dire quanto sei bravo nel tuo lavoro!
9. Pierluigi fa il fabbro, ma è un vero artista: battendo il metallo caldo sull'incudine, lo trasforma nelle forme più delicate.
10. Tuo fratello è un vero teppista: uno di questi giorni finirà male!

2.7 The gender of compound and other nouns

1. Il ricavato dalla compravendita di immobili è soggetto a pesanti tasse.
2. E il naufragar m'è dolce in questo mare. *(Leopardi)*
3. Non mi riesce mai di parcheggiare usando la retromarcia.
4. Finalmente le autorità hanno dato il via al progetto di ampliamento della scuola.
5. Vai sempre dritto fino al prossimo crocevia, poi gira a sinistra.
6. Il materiale di queste calzature è stato sperimentato dalla NASA.
7. Anche se non è il fiume più lungo, il Tamigi è senz'altro il fiume più famoso d'Inghilterra.
8. La Juventus e il Torino sono le squadre di calcio della città di Torino.
9. Avevano un bellissimo giardino, pieno di nontiscordardimè.
10. I blu e i rossi dei quadri degli Impressionisti sono estremamente suggestivi.

2.8 Meaning differences associated with gender

1. La capitale dell'Islanda è Reykjavik, sulla costa sud dell'isola.
2. Durante una passeggiata in campagna, abbiamo raccolto un'incredibile quantità di nespole e pesche.
3. Il fonte battesimale di quella chiesa risale all'epoca medievale.
4. Sul fronte degli investimenti la situazione è al momento piuttosto grave.
5. Non sporgerti dal finestrino! Il treno sta ripartendo.
6. È iniziata la stagione della caccia, e non sono mancate le consuete proteste.
7. Quel terrazzo è stato adibito a solarium da pochi mesi.
8. La dottoressa Mainini mi ha vivamente consigliato di mangiare più frutta.
9. Marcello è un lettore accanito di libri gialli.
10. Quella signora è stata trattata molto male da un'infermiera e si è immediatamente rivolta a chi di dovere.

2.9 Ways of expressing 'male' and 'female'

1. La guida ci ha fatto visitare la reggia di Caserta e ci ha poi accompagnato negli splendidi giardini che la circondano.
2. Dire che Antonella sia soltanto un po' spendacciona, mi pare eufemistico.
3. Maria e Ivano sono gli zii di Federico.
4. No, penso che tu ti stia confondendo: la Martini è una matricola, mentre la De Giorgi è una second'anno.
5. Il fine di questa lunga 'tirata' del direttore non mi pare ancora chiaro.
6. Il festino di sabato scorso è stato organizzato splendidamente da Stefania e sua sorella.
7. Il capitale di quest'azienda sta crescendo considerevolmente di anno in anno.
8. Nel collegio le sale giochi sono al pian terreno e le camerate al primo piano.
9. Il poeta italiano più noto all'estero è senza alcun dubbio Dante Alighieri.
10. Prima di comprare le tende, non dimenticarti di misurare la finestra.

2.10 Gender and adjectives

1. Non capisco il motivo per cui Carlo è sempre così pessimista.
2. La gonna blu esposta in vetrina s'abbinerebbe perfettamente con la mia giacca, non credi?
3. Bruno e Loretta sono davvero amici preziosissimi.
4. Tutti si sono accorti di quanto la signora Manfredi sia cortese.
5. Applausi scroscianti e sguardi ammirati accompagnarono l'entrata dell'attore in scena.
6. Quel set di asciugamani rosa mi sembra molto delicato. Forse un lavaggio a mano sarebbe più indicato.
7. Dal 12 gennaio partirà una rassegna di film francesi che si preannuncia di grande interesse.
8. Una delle mie più care amiche si è appena trasferita a Washington e lì si fermerà per almeno tre mesi con il fidanzato scozzese.
9. Sto cercando da qualche ora la mia penna stilografica nera.
10. Il primo film della famosa trilogia "Tre colori" di Kieslowsky s'intitola "Film Blu".

2.11 The position of adjectives

1. Certamente la cucina italiana è fra le più note e amate nel mondo.
2. Le tue battute pungenti possono essere talvolta piuttosto offensive.
3. È decisamente un bravo ragazzo, ma talvolta il suo comportamento non è fra i migliori.
4. La mia decisione è ormai irrevocabile.
5. La brutta notizia arrivò e gettò grande scompiglio.
6. È certo un'ipotesi affascinante, ma forse non sufficientemente convincente.
7. Questo bel quadro mi è stato donato il giorno della mia laurea.
8. Da pochi giorni è uscito nelle sale l'ultimo film del mio regista preferito.
9. Conosci Bernard quell'ingegnere edile inglese appena rientrato dal Giappone?
10. Alcune tue proposte sono brillanti; altre sono, forse, da riconsiderare.
11. Si tratta di una trasmissione intelligente, condotta con garbo.

2.12 The form and position of adjectives

(a)

1. Un bel giorno riusciremo a trovare l'auto che fa per noi.
2. Bell'amico sei! Di te non posso proprio fidarmi.

3. Quando è crollato l'edificio si è sentito un gran boato.
4. Se vuoi un buon pranzo, questa trattoria è l'ideale.
5. Il giorno di Natale c'è stata una gran bella nevicata.
6. Avrei una gran voglia di dirle esattamente cosa penso di lei!
7. Certo che la vostra è davvero una gran bella casa!
8. La chiesa di San Miniato al Monte è uno dei più begli esempi di architettura romanica/fiorentina.
9. Il buon giorno si vede dal mattino!
10. Mi hanno regalato due bei libri, ricchi di belle illustrazioni.

(b)

1. Sulla costa italiana sono stati costruiti troppi alberghi.
2. Non è facile andare d'accordo con certe persone.
3. Le ho già telefonato diverse volte, ma non è mai in casa.
4. Alla gita hanno partecipato numerosi anziani.
5. È raro ormai trovare famiglie numerose in Italia.
6. Per non sbagliare, le ho comprato due libri diversi.
7. È vero che Paolo esce ogni settimana con una ragazza diversa?
8. Diceva di star male, ma aveva solo un leggero raffreddore.
9. Se vuoi aiutarmi, porta la borsa leggera!
10. Abbiamo visto vari modelli di scarpe, ma nessuno ci è piaciuto.
11. Ti chiedo una semplice opinione: non ti arrabbiare!
12. È una discoteca unica: gli arredamenti e gli impianti sonori sono eccezionali.
13. Era un'artista di grande talento, ma aveva i modi semplici di una persona comune.
14. Ho visitato la Basilica di San Pietro un'unica volta, quando avevo dieci anni.
15. Ha fatto a tutti la stessa domanda.

2.13 The present participle

(a)

1. Non si era nemmeno accorto di avere il biglietto vincente della lotteria.
2. A volte il suo comportamento è inspiegabile: per essere capito dovrebbe essere più coerente.
3. L'albergo era modesto, ma accogliente: tutte le camere erano arredate con molto gusto.
4. Paolo non viene da una famiglia abbiente, i suoi genitori sono semplici operai.
5. Nonostante la crisi economica, il settore della moda è fiorente.
6. Era molto preoccupata, ma la telefonata della madre è stata rassicurante.
7. Non capisco perché suo figlio sia così arrogante: dovrebbe dimostrare maggiore rispetto per suo padre.
8. Lo spettacolo è stato davvero divertente: erano anni che non ridevo così tanto.
9. Il servizio di assistenza ai clienti è molto carente:dovrò scrivere una lettera di reclamo.
10. Marina è sempre di buon umore: il suo viso sorridente ispira simpatia a tutti.
11. Con una voce così squillante cos'altro avrebbe potuto fare?

(b)

1. Sugli autobus italiani è vietato parlare al conducente.
2. Per l'anniversario, il marito le ha regalato un bellissimo brillante.
3. Il signor Bini ha un negozio, è commerciante.
4. Il presentatore del quiz ha fatto al concorrente una domanda facilissima.
5. Il comandante ha annunciato che fra poco saremo pronti all'atterraggio.

6. Il padre di Marco fa il rappresentante per una ditta di farmaceutici: viaggia molto.
7. Non è sempre vero che una lingua straniera si impara più facilmente con un insegnante di madrelingua.
8. Durante l'alluvione molti alberi sono stati trascinati via dalla corrente del fiume.
9. Da quando è diventato dirigente, il signor Rossi si dà un sacco di arie.
10. Nei paesi piccoli tutti gli abitanti si conoscono bene.
11. Non posso chiedergli questo favore, è un semplice conoscente.

3 The articles

3.1 The definite article

(a)

1. Il glicine
2. Gli specchi
3. Lo iodio
4. La strada
5. Le Grazie
6. Lo pseudonimo
7. *Il Gattopardo*
8. I jeans
9. *I dialoghi mancati*
10. *Il barone rampante*
11. *La Divina Commedia*
12. L'acqua dolce
13. Lo yacht
14. L'angelo
15. L'arte per l'arte

(b)

1. L'unico superstite, gli unici superstiti
2. Gli scarti, lo scarto
3. L'orso bruno, gli orsi bruni
4. Il politecnico, i politecnici
5. Le ultime parole famose, l'ultima parola famosa
6. Il giorno e la notte, i giorni e le notti
7. Le distanze, la distanza
8. Gli svizzeri, lo svizzero
9. I diari di guerra, il diario di guerra
10. Gli dèi, il dio
11. L'opportunità, le opportunità
12. La creazione, le creazioni
13. Gli uomini, l'uomo
14. Gli zaffiri, lo zaffiro
15. Lo champagne, gli champagne

3.2 The indefinite article

(a)

1. Un'incursione
2. Uno spazio limitato

3. Un'amara notizia
4. Uno zainetto alla moda
5. Un eccezionale rinvenimento
6. Un'urgenza
7. Un architetto geniale
8. Uno pseudonimo
9. Un amore travolgente
10. Un'insegnante preparata
11. Un pizzico di sale
12. Un'orticaria con i fiocchi
13. Una fame terribile
14. Una zitella acida
15. Uno scippo
16. Uno stillicidio
17. Un albergo a quattro stelle

(b)

1. Un giorno della prossima settimana non mi dispiacerebbe andare a quella mostra.
2. Temo che mi dovrai dare una spiegazione più che convincente per questo episodio.
3. Per un'informazione di questo tipo, credo che ci si possa rivolgere direttamente all'ingegner Bertani.
4. Un'indicibile quantità di fondi è stata investita in quel progetto di rimboscamento.
5. È un uomo sui quarant'anni, abito grigio un po' spiegazzato, porta una valigia.
6. C'era una fitta nebbia, e le macchine procedevano assai lentamente.
7. Lo stormo si alzò in cielo, come una nube di fumo sprigionata da un incendio. (*Alessandro Baricco*)
8. Un grande fracasso di oggetti rovesciati, poi un silenzio. (*Rosetta Loy*)
9. Veniva da una famiglia di origine indiana, emigrata qui una trentina di anni fa.
10. Un'inimmaginabile sorpresa lo aspettava da lì a poco.

(c)

1. Non sapevo se aspettare fuori o entrare nel cortile della scuola.
2. Erano pieni di stupore per la notizia inaspettata appena portata da Gabriele.
3. La discussione sulla questione non si esaurirà certo in pochi giorni.
4. Fuori dalla stazione i genitori dei due ragazzi aspettavano trepidanti.
5. A causa delle forti piogge dei giorni scorsi, innumerevoli sono state le chiamate alla protezione civile.
6. Non riesco a spiegarmi come tu possa essere sempre sulla difensiva.
7. Cosa avete programmato per il fine-settimana?
8. Tra la folla radunata per il concerto, ci sembrava di aver visto Luca e sua moglie.
9. Coraggio, siamo a non più di mezz'ora dall'arrivo!
10. L'udienza è fissata per le tre di sabato 12 marzo al terzo piano del tribunale.
11. Lo spettacolo fu acclamato da un lunghissimo applauso del pubblico.
12. Dalle ultime statistiche, si direbbe che questo prodotto stia dando ottimi risultati sul mercato.
13. Sul tuo conto sono state addebitate le spese per l'acquisto di quegli scaffali.
14. Con grande animazione si è discusso del progetto per la costruzione di quel ponte sullo stretto di Messina.
15. La pagina di apertura de *Il Giornale* è stata fonte di molte critiche.

(d)

1. La mamma è accanto alla porta.
2. Il quadro è sulla parete.
3. La fotografia è sulla credenza.
4. Il vaso di fiori è accanto alla fotografia.
5. Il carrello è dietro il ragazzo.
6. I libri sono sul carrello.
7. Il ragazzo è davanti al carrello.
8. l libro è sotto il braccio del ragazzo.
9. La credenza è a sinistra della porta.

3.3 Use of the definite article

1. In Puglia non siamo mai stati, ma ci è capitato di soggiornare per qualche giorno in un paesino della vicina Basilicata.
2. Il cognato di Marta, Giulio, che vive ora a New York, è originario della Lombardia.
3. Abiti ancora in via Inghilterra, 3?
4. Non so spiegarmi il mio terribile mal di testa.
5. Hai sonno? No, sono solo un po' affaticato.
6. Parlando da specialista della materia, il conferenziere non ha reso la sua presentazione accessibile ai più.
7. Milano, Venezia, e altre città del nord Italia sono assiduamente frequentate dai turisti nell'arco di tutto l'anno.
8. Professor Vincenzi, posso chiederLe cosa ne pensa di questa soluzione del problema?
9. Le consiglierei di rivolgersi all'ingegner Baldini per avere ulteriori chiarimenti.
10. No, credo che Alessandro faccia in realtà il dentista, non l'odontotecnico.
11. Il Monte Bianco è la cima più alta d'Italia, il Ben Nevis lo è della Gran Bretagna.
12. Perché non si va al lago di Garda per Ferragosto?
13. Fortunata come al solito! A me non capita mai di vincere neppure un euro al Lotto!
14. Che l'alcool sia un problema sempre più diffuso fra i giovani, pare purtroppo inconfutabile.
15. Tua madre e mia sorella hanno frequentato lo stesso corso di storia dell'arte.
16. In cinque valli dolomitiche si parla una lingua neolatina, il ladino.

3.4 Special use of the definite and the indefinite article

(a)

1. Nonostante mi faccia male dente, non ho intenzione di prendere nessun analgesico. S
   Nonostante mi faccia male un dente, non ho intenzione di prendere nessun analgesico.
2. Alza una mano, se vuoi prendere la parola. S
   Alza la mano, se vuoi prendere la parola.
3. Giovanni ha la febbre troppo alta. Dobbiamo chiamare il medico. C
4. Nonostante abbia male al dente del giudizio da mesi, il dentista sembra sconsigliarle di intervenire. C
5. L'uomo indagato per l'omicidio di quella donna è Paolo Rossi, studente d'ingegneria all'Università di Napoli. C

6. La cooperazione fra l'Italia e la Francia si è andata via via consolidando nel corso dell'ultimo decennio. S
   La cooperazione fra Italia e Francia si è andata via via consolidando nel corso dell'ultimo decennio.
7. Ieri sera è venuta a cena amica di Francesca, che si è da poco trasferita in città. S
   Ieri sera è venuta a cena un'amica di Francesca, che si è da poco trasferita in città.
8. C'è ancora il pane, o passo dal supermercato mentre esco dal lavoro? S
   C'è ancora pane, o passo dal supermercato mentre esco dal lavoro?
9. Non mangio la carne, sono vegetariano. S
   Non mangio carne, sono vegetariano.
10. Un ingegner Fabbri così indignato certo non me lo potevo immaginare. C

(b)

Patente per sciare

Fra non molto forse servirà la patente anche per sciare. È quanto prevede il "Codice delle piste da sci" contenuto in una proposta di legge presentata recentemente da Luciano Caveri, deputato dell'Union Valdôtaine. Per i trasgressori sono previste sanzioni che vanno da 20 a 650 euro. Secondo il "Codice", inoltre, sarà obbligatorio dare la precedenza a destra negli incroci, mentre sarà vietato accedere alle piste con attrezzature diverse dagli sci e fermarsi in mezzo al percorso o nei passaggi obbligati. In caso di incidente, poi, lo sciatore colpevole dovrà aiutare gli infortunati, pena l'arresto fino a tre mesi.

(da *Italia & Italia*)

4 Demonstratives

4.1 Forms of *questo* and *quello*

(a)

quell'	arco
questo	cd
quegli	alberi
'sta	lampada/ bambina/ faccenda
questi	alberi
questa	lampada/ bambina/faccenda
quello	zoo
queste	barzellette/ pagine
quella	lampada/ bambina/faccenda

(b)

1.	quest'	allergia
2.	quegli	orologi
3.	quell'	orribile incubo
4.	queste	fotografie
5.	quei	capricci
6.	quegli	specchi
7.	questo	regalo

8. quella	disciplina
9. quest'	albergo
10. questa	sorpresa
11. quello	scherzo
12. questi	terreni
13. quel	listino
14. quelle	opportunità
15. quegli	studenti

(c)

1. quei libri
2. queste mele
3. quella casa
4. quest'ombrello
5. questi uomini
6. quest'anima
7. quelli
8. quello specchio
9. quelle ragazze
10. questa strada/via

(d)

1. Ti ricordi quella signora che avevamo conosciuto a Torino tanti anni fa?
2. Questo libro qui vorrei consigliarti come lettura per le vacanze.
3. Lo studio del Dottor Angelini? È quella porta a destra in fondo al corridoio. La vedi?
4. Quella crepa lassù vicino al soffitto mi preoccupa molto.
5. Il castello che stiamo visitando è il più antico di questa regione.
6. Quest'anno sembra iniziato sotto i migliori auspici.
7. Non è quella lampada là che cercavi?
8. Deve prendere questa strada e andare sempre dritto fino a quei negozi laggiù.
9. Quelle ragazze là non hanno la minima idea di quello che potrebbe accadere.
10. Vedi quel ragazzo che sta parlando in fondo al corridoio con Cristina? È Stefano, uno dei migliori studenti della scuola.
11. Quella storia che mi raccontò la signora Paterni il mese scorso, risultò essere vera.

4.2 The demonstratives *questo* and *quello* as pronouns

1. Tu cosa preferiresti? Quest'auto o quella?
2. Queste qui sono le cornici che vorrei comprare per la signora Mainini.
3. Quelli del gas sono passati oggi, ma io non ero in casa.
4. Marco è sempre quello: non c'è una volta che si presenti in orario!
5. Questi dipinti sono di Leonardo, quelli là dalla parte opposta della sala sono invece di Raffaello.
6. Queste richieste sembrano ragionevoli, ma quelle di Marta sono assolutamente eccessive.
7. Dopo anni ed anni, la situazione è sempre quella, e non mi sembra che nessun provvedimento sia stato preso a riguardo.
8. Sei sempre quella, Carla! Non cambi mai! Mai!
9. Mi hanno telefonato dall'ospedale per un'urgenza. Per questo non sono riuscito a chiamarti, Sara!

10. Certo che non sembra più quello, vero? È invecchiato moltissimo negli ultimi anni.
11. Quale dizionario vuoi? Quello francese o quello inglese?
12. E così Franco si è sposato! Questa è bella! Non me lo sarei mai aspettato.
13. Ma la ditta ti ha poi contattato?
    Questo sì, ma poi non ho più saputo niente.

4.3 Other demonstratives: *costui, così, tale, qui, lì, qua, là*

1. Paolo è così onesto che non accetterà mai un tale compromesso.
2. Marcella era talmente felice di aver vinto il concorso che tutti erano contenti per lei.
3. Non ci aspettavamo un film triste così.
4. Li avevamo avvertiti, ma costoro hanno ignorato i nostri consigli.
5. L'incidente è stato di una serietà tale da richiedere l'intervento dei vigili del fuoco.
6. Mi riesce difficile accettare un comportamento simile.
7. Ma come gli è venuta in mente un'idea simile?
8. Dopo la festa c'era un disordine tale che quasi mi sono messa a piangere.
9. Come puoi dire una cosa simile?
10. Da qui a lì saranno almeno tre chilometri!
11. Per favore, si sposti un po' più in là: mi sta pestando il piede!
12. Ma come, siamo finalmente arrivati al ristorante e qui mi dici che non hai appetito?
13. Mi dispiace, ma qua sopra la tua valigia non c'è, vuoi che guardi lì dietro?

4.4 Demonstratives of identity: *stesso, uguale*

(a)

1. Mi avevi detto tu stessa di prenotare tre posti, mamma!
2. Ieri ho visto Luca con la stessa giacca che hai anche tu.
3. I ragazzi hanno preparato loro stessi il cibo per la festa.
4. Dopo l'incidente, il pover'uomo non ricordava più il suo stesso indirizzo.
5. Sono stati i suoi stessi genitori a dirgli di comprare quell'auto.
6. Luisa è una vera noia: parla sempre e solo di sé stessa.
7. Quando siamo arrivate alla festa, ci siamo accorte di avere lo stesso identico vestito.
8. Ha regalato alla sua nuova fidanzata la stessa cintura che io avevo regalato a lui!
9. Non vi siete visti perché è partito il giorno stesso in cui tu sei arrivato.
10. Quando siamo arrivate alla festa, ci siamo accorte di avere un vestito uguale.
11. È una storia così complessa che io stesso non la capisco bene.

(b)

1. Suo fratello stesso non la sopporta.
2. Abbiamo comprato noi stessi i regali di compleanno.
3. Quei giornalisti scrivevano per lo stesso giornale.
4. Quei giornalisti scrivevano per il giornale stesso.
5. Tuo padre stesso ti ignorava!
6. Joe scrive di nuovo di sé.
7. Joe stesso scrive, questa volta.
8. Nelle sue lettere, Joe scrive spesso di se stesso.

9. Amo te ma odio me stesso.
10. Non sei mai te stesso in questi giorni.
11. Gisella le ha detto di pensare un po' di più a se stessa.
12. Mio marito è morto e devo curare il giardino da sola.
13. Marco e Paolo usano lo stesso dopobarba.
14. Era ovvio dalla pettinatura che erano state dallo stesso parrucchiere.
15. Personalmente, preferirei non andare in vacanza quest'anno.

5 Personal pronouns

5.1 Subject pronouns

(a)

1. Paolo, è me che cercavi?
2. Sto parlando a tutti, te compreso, Giacomo!
3. Ciao Anna, sono io. Mi passi Daniela, per favore?
4. Io accetterei senza pensarci nemmeno un secondo.
5. Non sarò certo io a ricordarti ancora che devi richiamare Giorgio.
6. Andiamo soltanto io e te o viene anche Paola?
7. Avevo capito che il direttore volesse vedere me alle 10.30, non te.
8. Hai sentito di Marco Ruggeri? Beato lui! Si prenderà un periodo di vacanza di quattro settimane a marzo.
9. Spero che tu tornerai in te al più presto. In queste condizioni non ha alcun senso discutere.
10. Spesso parla tra sé e sé. Non farci caso.

(b)

1. Sì, l'ho riconsegnato ieri.
2. No, la chiamo domani.
3. Sì, li abbiamo comprati.
4. No, non l'ho letto.
5. Sì, la ricordo.
6. Sì, le ho riordinate ieri l'altro.

5.2 Forms of the clitic pronouns

(a)

1. Me lavo i denti e scendo immediatamente.
   Mi lavo i denti e scendo immediatamente.
2. Ho dimenticato l'ombrello? Gli prendi tu?
   Ho dimenticato l'ombrello? Lo prendi tu?
3. Guardati! Come sei conciato? Non ti ho mai detto di stare attento quando mangi?
4. Mi chiesero di portarlo i due vecchi orologi del nonno.
   Mi chiesero di portargli/portar loro i due vecchi orologi del nonno.
5. Si chiedeva se valesse la pena comprargli quel costoso libro.
6. Mi prendi in giro?
7. Lo telefonerete dalla cabina, allora?
   Gli telefonerete dalla cabina, allora?
8. Vi credete furbi soltanto per questo?

9. Se vi senti male, non c'è nessun motivo per cui tu oggi debba rimanere in ufficio.
   Se ti senti male, non c'è nessun motivo per cui tu oggi debba rimanere in ufficio.
10. Li vende per un prezzo completamente inadeguato. Quel quadro non vale di certo più di 400 euro.
    Lo vende per un prezzo completamente inadeguato. Quel quadro non vale di certo più di 400 euro.

(b)

1. Le telefono ogni sera.
2. Le ho suggerito un viaggio in Norvegia.
3. Sì, mi hai deluso profondamente.
4. Gli regalerò un maglione.
5. Sì, mi piace moltissimo.
6. Mi puoi richiamare verso le 9.

(c)

1. Mi alzo alle sette.
2. L'avevo preparata ieri sera prima di uscire.
3. Oggi ti scrivo un'e-mail.
4. Te lo auguro ti tutto cuore.
5. Ve le affido per tutto il mese di agosto.
6. Si alzi subito da quella sedia!
7. Lo andava dicendo.
8. Se n'è voluto andare.
9. Lo devo fare.
10. Me lo fate vedere?
11. Ne posso fare tre.

5.3 Order of combinations of clitics

(a)

1. Offrigliela!
2. Non dimenticare di portarglielo!
3. Puoi passarmelo, per favore?
4. Quando te lo consegneranno, non dimenticare di telefonarmi!
5. Credo che dovreste prendervelo presto.
6. Toglitela dalla testa!
7. Pensò di affidarceli.
8. Puoi passarglieli tu?
9. Lui se ne preoccupa troppo.
10. Se me le consegni in tempo, passo io dalla posta.
11. Glielo farai avere?

(b)

1. Alzatevi!
2. Svegliati!
3. Alziamoci!
4. Prendetene!
5. Glielo faccio scrivere.

6. Si sono alzati alle 3.
7. Devo leggerlo/Lo devo leggere.
8. Dovendo farlo/Dovendolo fare.
9. Vengo a trovarti/Sto venendo a trovarti.
10. Avendoglielo spedito.
11. Voleva andarsene/Se ne voleva andare.

5.4 Using *ecco, loro, lo*; idioms with *la*

1. Dove sono i tuoi cugini/le tue cugine?
   Eccoli/Eccole là, vicino al ristorante.
2. Hai visto i miei giornali?
   Sì, eccotene uno.
3. Siccome i loro genitori erano deceduti, abbiamo fatto loro le condoglianze.
4. Il generale ricordò ai soldati che l'Italia era in pericolo e ordinò loro di combattere con coraggio.
5. Dovrei spedire subito questo pacco, ma lo farò domani.
6. Roma è la città più grande d'Italia, mentre Londra lo è d'Inghilterra.
7. Si avvicina Natale!
   Sì, lo sappiamo.
8. C'è la polizia! Squagliamocela!
9. Devi proprio smetterla di fumare nel mio ufficio!
10. Mi ha licenziato molti anni fa, ma ce l'ho ancora con lui.
11. Ho dovuto fare un grosso sforzo per spostare quell'armadio da solo, ma alla fine ce l'ho fatta.
12. Non posso dire di essere un campione di sci, ma me la cavo con dignità.
13. Il giorno dopo l'operazione, il medico gli chiese di alzarsi, ma lui non se la sentì.
14. Michele sa essere davvero permaloso, a volte. Se la prende anche quando la gente scherza.

5.5 Using *ci*

1. No, non ci penso più.
2. Ci vado domani.
3. Sì, ci gioca ogni giorno.
4. Sì, ce l'abbiamo tutti.
5. Io non ce l'ho.
6. Sì, ce lo metto sotto.
7. Sì, ci vado tutti i giorni.
8. Sì, ci pensiamo noi.
9. No, non ci sono mai stato.
10. No, non camminarci sopra!
11. Sì, una soluzione sembra esserci/che ci sia.

5.6 The functions of *ne*

1. Ieri sera ne ho mangiata molta.
2. Ne ho alcuni a Perugia.
3. Ce ne sono tre.
4. Ne arriva poca per Anna, non trovi?
5. Ne vuoi per cena?
6. Ne ha ottenute due.
7. Le coltivazioni ne furono distrutte.

8. Arrivò a Roma il tre, ma ne ripartì quasi subito.
9. Non ti rimane che salutare e andartene.
10. Se ne arruoleranno migliaia.
11. Non mi era mai capitato di vederne così finemente lavorati.

5.7 Revision: forms and position of clitic pronouns

– E tu, Anna, mi chiedi ancora cosa dovresti fare? Credevo di averti dato il mio parere molto chiaramente, ma forse non sono stata chiara. Rispondi a queste domande onestamente:

1. Quante volte lo chiami alla settimana? E lui, invece, quante volte ti chiama?
2. Perché gli permetti di rivedere la sua ex-fidanzata senza batter ciglio? Non ti sembra del tutto irragionevole il suo comportamento?
3. Perché tu sei sempre così tempestiva nel rispondere ai suoi messaggi e lui a volte ti risponde dopo giorni, a volte non ti risponde proprio?
4. C'è mai una volta che ti tratti civilmente senza quell'atteggiamento arrogante e superiore?
5. Si preoccupa mai di sapere come stai e come te la passi?
6. Uscite mai voi due soli? Siete sempre con noi quando si va fuori!

Insomma, Anna, che te ne fai di uno così? Perché non prendi invece più sul serio Davide? Alessandro ed io te lo diciamo sempre. Lui è sempre così premuroso e affidabile, con dei modi garbati e delicati. E poi, io sono stufa di sopportare una che si lamenta della situazione senza mai affrontarla con lui!

5.8 The pronoun *si* as part of intransitive verbs

1. È davvero paurosa, anche gli insetti la spaventano.
   È davvero paurosa, si spaventa anche se vede gli insetti.
2. Su richiesta del turista, un passante si è fermato a dare indicazioni.
   Il turista ha fermato un passante per chiedergli indicazioni.
3. La sua prepotenza irrita tutti.
   Tutti si irritano con lui perché è prepotente.
4. Se non andava a rispondere al telefono, la cena non si bruciava.
   Se non andava a rispondere al telefono, non bruciava la cena.
5. Bisogna ricordare a Paolo di comprare il latte.
   Bisogna che Paolo si ricordi di comprare il latte.
6. Il risultato delle elezioni ha stupito l'opinione pubblica.
   L'opinione pubblica si è stupita del risultato delle elezioni.
7. Se Sandro parla con quel tono, di certo offenderà chi lo ascolta.
   Se Sandro parla con quel tono, chi lo ascolta si offenderà di certo.
8. Questa sua insistenza mi ha davvero seccata.
   Mi sono davvero seccata della sua insistenza.
9. La polizia ha allontanato la folla dal luogo dell'incidente.
   Su invito della polizia, la folla si è allontanata dal luogo dell'incidente.
10. Se pieghi la cornice in questo modo, la rompi.
    Se la cornice si piega in questo modo, si rompe.
11. Quando spegnerai la luce, non riuscirai a vedere niente.
    Quando si spegnerà la luce, non si riuscirà a vedere niente.

5.9 Use of *si* as reciprocal pronoun

1. Paolo e sua madre si sono fatti un regalo.
2. Ogni mattina, Olga e la sua bambina si abbracciano e si baciano.

3. L'estate scorsa, i miei cugini e io ci siamo mandati cartoline dal mare e dalla montagna.
4. Lucia e la sua migliore amica si confidano tutti i loro segreti.
5. Il direttore e il presidente si sono presentati e si sono stretti la mano.
6. Quando era piccolo, Giovanni e suo fratello si insultavano e si picchiavano spessissimo.
7. Marito e moglie non andavano d'accordo, ma si rispettavano.
8. Se studiate insieme, vi potete aiutare.
9. La vicina e il postino si parlavano.
10. I miei figli e i loro amici hanno passato tutta l'estate a mandarsi SMS.
11. Quando Giulio e Lucia non si vedono, si scrivono due volte alla settimana.

5.10 Indefinite personal *si*

1. Quando si è in Italia, si passa più tempo fuori che in casa.
2. Se si vuole che la torta lieviti bene, non si deve aprire il forno durante la cottura.
3. Si sapeva che la benzina sarebbe aumentata di prezzo.
4. Lunedì prossimo non si lavorerà perché è festa.
5. Se non si sta attenti, a questa velocità si uscirà di strada.
6. Ma è vero che in Italia si legge poco?
7. Si sperava che la situazione politica cambiasse.
8. Il museo è chiuso: non si può entrare.
9. Nei cinema all'aperto non si sente mai molto bene.
10. Si crede che imparare una lingua straniera sia facile!
11. Se si gira a destra, si arriva prima!

5.11 Passive *si*

1. Con l'inquinamento luminoso che c'è nelle città, non si vedono quasi più le stelle.
2. È più probabile che in Italia si mangino le tagliatelle con il ragù, non gli spaghetti.
3. I biglietti dell'autobus si comprano prima di salire in vettura.
4. Se si vede un reato, si devono chiamare i carabinieri.
5. Si dicono spesso cose che non si pensano veramente.
6. In futuro si scriveranno meno lettere: magari si manderà un SMS!
7. Se si prendeva il treno delle 8, non si perdeva la coincidenza.
8. In quest'agenzia si organizzano escursioni e visite turistiche.
9. Agli studenti: gli elaborati si dovranno consegnare entro la fine della settimana.
10. Oggi non si possono visitare i Giardini Reali: sono chiusi.
11. Non si dovrebbero utilizzare medicinali scaduti.

5.12 Indefinite personal construction with reflexive or reciprocal verbs

1. A essere trattati male, ci si offende.
2. Purtroppo in questa località turistica ci si annoia molto, ma si sapeva che ci si doveva arrangiare.
3. Se il sole sarà troppo caldo, ci si brucerà e non ci si divertirà per niente!
4. Al giorno d'oggi non ci si deve stupire di niente.
5. Se la materia di studio è difficile, è facile che ci si scoraggi.
6. Mia madre diceva sempre che degli sconosciuti non ci si può fidare.
7. Non ci si doveva arrendere alle prime difficoltà!

8. Com'è possibile che ci si odi in questo modo?
9. Se non ci si aiuterà a vicenda, non si riuscirà a finire.
10. Se non si fosse così imbarazzati, ci si abbraccerebbe.
11. A Natale ci si scambia auguri e regali.

5.13 Use of *si* in compound tenses

1. Quando si è studiato molto, fa piacere fare una pausa.
2. Se si è prenotato con un certo anticipo, si è sicuri di trovare posto in albergo.
3. In quest'albergo si è stati sempre bene.
4. Quando si sono letti tutti questi libri, si sanno molte cose.
5. Quando si è studiata una lingua straniera, si vuole andare nel Paese dove la si parla.
6. Se si è promesso di fare qualcosa, bisogna farlo.
7. Quando si è arrivati in ritardo, ci si sente in imbarazzo.
8. In questo negozio si è comprato sempre bene.
9. Quando ci si è abituati ad alzarsi presto, non è poi così difficile.
10. Se si è riusciti a fare quello che si voleva, si è sollevati.
11. Quando si è fatta una promessa a qualcuno, la si deve mantenere.

5.14 Use of *si*

Chissà perché, a volte si arriva alle sospirate vacanze completamente stremati, esasperati e con i nervi a pezzi. Forse non si è avuto il tempo di prepararsi a questo periodo di riposo come si avrebbe voluto, non si sono affrontati mesi di esercizi fisici in palestra, non si è comprato un costume da bagno alla moda, noi donne non si è andate dal parrucchiere.

Si sa in partenza che cosa aspettarsi: si faranno code interminabili sull'autostrada, si troveranno la spiaggia e l'albergo affollati, al bar si berranno bibite calde.

Si dovrà cercare di mantenere l'autocontrollo, altrimenti si tornerà dalle vacanze più stressati di prima.

Quando si torna dalle vacanze, ci si accorge di essere spesso più stanchi di prima. Forse non si è trovato un buon albergo, oppure si è passato troppo tempo sulla spiaggia, ci si è scottati al sole, non si è conosciuta gente nuova ed interessante. Non si è usciti la sera perché si era troppo stufi. Insomma, non ci si è divertiti. Adesso si dovrà aspettare un anno intero. Si lavorerà, si sarà ancora più stressati dalla vita in città, si passeranno ore lunghissime davanti alla tv.

6 Relative structures

6.1 Use of *che*

1. Francesca ha un fratello che si chiama Matteo.
2. La signora De Pietri ha incontrato Giovanni che stava partendo per Genova.
3. A Natale Anna ha visitato Londra, che è la sua città preferita.
4. Vincenzo è un ragazzo calabrese che ho conosciuto a Firenze.
5. La signora Franca sta cucinando il pesce che ha comprato questa mattina il marito, il signor Giuseppe.
6. Ho appena fatto sviluppare le fotografie che ho fatto al Carnevale di Venezia.
7. Hai cinque minuti per guardare questo DVD che ho noleggiato ieri in centro?
8. Non so se Laura ha letto il messaggio che ha lasciato Marina questo pomeriggio.

9. Sei già stata al nuovo centro mostre che hanno appena inaugurato?
10. Hai sentito il concerto che hanno appena trasmesso in tv?
11. Non dimenticare di andare a ritirare i due pacchi che i signori Barbieri hanno mandato.

6.2 *Che* v. *cui*

1. Seguirò il consiglio che mi hai dato.
2. Purtroppo la mostra di cui ti parlavo ha chiuso ieri.
3. Non trovo le persone con cui esci molto interessanti.
4. Non posso credere alla situazione in cui ci troviamo.
5. È impossibile verificare le notizie che mi hai dato questa mattina.
6. Sono gigli i fiori che hai appena ricevuto?
7. Cristina ti ha spedito il fax per la conferma di quella prenotazione a cui ti ho accennato ieri?
8. Che meraviglia quel quadro che ti sei comprata!
9. Non dimenticare di restituire a Gianni i libri che ti ha dato in prestito!
10. Per la mia bisnonna, che domani compie 100 anni, abbiamo preparato una grande festa.
11. Tre sono state i docenti da cui sono stati esaminati.

6.3 Special uses of *cui*

1. La casa editrice per cui lavoravo ha sede a Londra. C
2. La prima cosa a cui ho pensato è che qualcosa di grave fosse successo. C
3. Il presidente, in vece di cui tu stavi parlando, sarà di ritorno domani. S
   Il presidente, in vece del quale tu stavi parlando, sarà di ritorno domani
4. L'articolo 11, del quale anche nella sezione 5.3, presentava notevoli difficoltà interpretative. S
   L'articolo 11, di cui anche nella sezione 5.3, presentava notevoli difficoltà interpretative.
5. Cinque studenti stranieri, di cui 3 spagnoli, 1 greco e 1 italiano, si sono iscritti ieri. C

6.4 Use of *il quale*

1. La Professoressa Nannini è la persona alla quale devi rivolgerti.
2. Il medico del quale ti avevo parlato, riceve oggi dalle 2 alle 3.
3. Paola, Mariachiara e Graziana sono le amiche con le quali andrò in vacanza fra due mesi.
4. Ti sembra forse una ragione per la quale discutere?
5. Questa è la rivista sulla quale è stato pubblicato l'articolo di Mara.
6. Questi sono i prodotti fra i quali puoi scegliere.
7. La signora alla quale è stato spedito il pacco non abita più qui.
8. Il dato dal quale questi risultati sono stati ottenuti, sfortunatamente non era corretto.
9. Il motivo per il quale sono qui oggi è la sua imminente partenza per la Francia.
10. Non è certo una persona con la quale ti verrebbe voglia di fare due chiacchiere: è sempre così scontroso!
11. Capisco che la situazione nella quale ti trovi non sia facile, ma devi promettermi di non abbatterti.

6.5 Using *il che*

1. Paolo arriva sempre in ritardo, il che è molto seccante per tutti.
2. Lo studente si è rifiutato di fornire spiegazioni, il che ha stupito tutti.
3. Abbiamo riempito tre moduli e fatto la coda in tre uffici diversi, il che ha messo a dura prova la nostra pazienza.
4. Il direttore annunciò davanti a tutti il licenziamento di Barbara, al che la poverina diventò pallida e svenne.
5. Devi ancora preparare la relazione e consegnarla, il che richiederà almeno due settimane di tempo.
6. Lo studente si è rifiutato di fornire spiegazioni, dal che si è capito che nascondeva qualcosa.
7. Nel sondaggio, la maggioranza si è dichiarata contraria alla legge, il che vuol dire che molti non si fidano del governo.
8. Fra qualche minuto metteremo i dolci e i salatini sui tavoli e apriremo lo spumante, al che tutti gli invitati si avvicineranno ai tavoli.
9. Nicola non è ancora ritornato a casa, il che significa che ha deciso di andare al cinema.
10. Per colpa mia, avevano perso il treno, il che mi era dispiaciuto moltissimo.
11. Domani firmeremo il contratto, col che l'acquisto della casa sarà concluso.

6.6 Using *cui* as possessive

1. Siamo andati a trovare dei nostri amici, la cui figlia è appena stata operata.
2. Il concorrente la cui risposta è stata giudicata la più divertente, ha vinto un ricco premio.
3. Gli studenti il cui voto supererà l'80%, riceveranno la lode.
4. Non mi fido delle persone il cui interesse principale è il denaro.
5. Giulia si è fidanzata con un ragazzo la cui madre è un'attrice famosa.
6. È andato a ritirare i risultati delle analisi, dal cui esito dipende la diagnosi.
7. Questo romanzo, la cui autrice è poco nota, è stato scritto nel 1905.
8. Luigi viene da una famiglia numerosa, le cui condizioni economiche sono state sempre difficili.
9. Ho dovuto dare un passaggio a Marta, la cui macchina è dal meccanico.
10. Fanno parte di una categoria di lavoratori le cui condizioni sono precarie.
11. Avevamo una bella camera, dalla cui finestra si vedeva il castello.
12. Negli ultimi minuti della lezione, presento una canzone il cui testo ho scelto perché contiene punti grammaticali utili.

6.7 Using relative pronouns

Una vita in scena. È stato questo il percorso di Alberto Sordi, che è scomparso oggi a Roma per una grave malattia. Nato nel 1920 a Roma, si esibisce davanti al pubblico fin da bambino, girando la penisola con la compagnia del Teatrino delle marionette. Poi canta come soprano nel coro della Cappella Sistina e a 16 anni incide un disco di fiabe per bambini. Dopo aver abbandonato l'Istituto d'avviamento commerciale a Roma (in cui si diplomerà in seguito studiando da privatista), si trasferisce a Milano per frequentare l'Accademia dei filodrammatici. Ma a causa del suo spiccato accento romano di cui non riusciva a liberarsi, Sordi viene espulso dalla scuola e soltanto nel 1999 riceverà dalla stessa Accademia da cui era stato cacciato un diploma honoris causa in recitazione! È il 1936, Sordi partecipa come comparsa al film *Scipione l'Africano*. L'anno successivo vince un concorso come doppiatore di Oliver Hardy e debutta nell'avanspettacolo, in cui imita proprio Stanlio e Ollio. Negli anni Quaranta, Alberto Sordi è impegnato soprattutto in teatro e nel doppiaggio, prestando la sua voce anche a famosi attori, tra cui Robert

Mitchum, Anthony Quinn e Marcello Mastroianni. Il cinema gli concede solo piccoli ruoli, mentre alla radio ottiene un successo straordinario con *Rosso e nero* e *Oplà*, che sono presentati da Corrado. Nel 1950 ottiene finalmente un ruolo da protagonista nel film *Mamma mia, che impressione!*, mentre l'anno seguente lavora ne *Lo sceicco bianco* di Fellini, in cui fa la parte appunto dello sceicco romanesco. Nel 1953 Sordi conquista definitivamente il pubblico e la critica con *I vitelloni*, sempre diretto da Fellini, e con *Un giorno in pretura* di Steno, il film che vede nascere il personaggio di Nando Moriconi, "l'americano", protagonista poi del celebre *Un americano a Roma* (1954). La carriera di Sordi dalla metà degli anni Cinquanta è una lista interminabile di titoli, con film presto diventati di culto e pellicole il cui successo è stato così grande da segnare addirittura la storia del costume del nostro paese. Solo per fare pochi esempi, *L'arte di arrangiarsi* (1955) di Luigi Zampa, *Un eroe dei nostri tempi* (1955) di Mario Monicelli, *Lo scapolo d'oro* (1956) di Antonio Pietrangeli, per cui riceve il suo primo Nastro d'Argento come miglior interprete protagonista, *Ladro lui, ladra lei* (1958), ancora diretto da Luigi Zampa e soprattutto *La grande guerra* (1959) di Mario Monicelli e *Il vigile* (1960), sempre di Luigi Zampa, dove, nei panni dello spiantato Otello, crea uno dei suoi personaggi che più piacciono al pubblico. Dopo aver ricevuto nel 1958 la prestigiosa carica di comandante della Repubblica italiana, nel 1965 Alberto Sordi esordisce come regista in *Fumo di Londra*, poi, nel 1968, recita in *Il medico della mutua* di Luigi Zampa e anche con "*Riusciranno i nostri eroi a ritrovare l'amico misteriosamente scomparso in Africa?*". E poi ancora *Bello, onesto, emigrato Australia sposerebbe compaesana illibata* (1971), *Lo scopone scientifico* (1972), *Polvere di stelle* (1973), *Un borghese piccolo piccolo*, con un Sordi che conferma di saper utilizzare abilmente anche il registro drammatico, e poi *Il marchese del Grillo* (1980). In coppia con Monica Vitti, sua partner perfetta, nel celebre *Io so che tu sai che io so* (1982) e poi insieme a Carlo Verdone in *In viaggio con papà* (1982) e *Troppo forte* (1986), Alberto Sordi riceve negli anni Ottanta molti riconoscimenti internazionali, tra cui tre Nastri d'Argento, sette David di Donatello, due Grolle d'Oro, un Golden Globe, un Orso d'Oro a Berlino e un Leone d'Oro a Venezia per celebrare la sua carriera.

(Adattato da: *La Repubblica*, 25.02.03, www.repubblica.it)

6.8 Special uses of *quale, quello che, ciò che, cosa che* and *quanto*

1. Quello che ho visto oggi è davvero bello.
2. Tutto quello che fanno i bambini è pieno di innocenza.
3. Shakespeare scrisse molti sonetti quali non si erano mai sentiti prima.
4. Il criminale ebbe ciò che si meritava.
5. Ti do questo consiglio quale tuo insegnante.
6. Fanno sempre quello che devono fare.
7. Quanto si legge sul giornale mostra che il segreto è stato rivelato.
8. Queste verdure non si possono usare in una cucina quale è quella francese.
9. Tutto ciò che scopriamo indica che abbiamo ragione.
10. I soldati giurarono di combattere fino alla morte, cosa che fecero.
11. Le diede un'occhiata quale lei non aveva mai ricevuto prima.
12. Abbiamo ripassato tutto quanto avevamo studiato quel trimestre.
13. Da quanto mi dici, la guerra è finita.
14. Quel che è stato scoperto vincerà il premio Nobel.
15. Non è tutto oro quello che luccica.

6.9 *Chi* v. *che*

1. Chi partecipa alla gita deve iscriversi entro domani.
2. Ogni studente che partecipa alla gita deve iscriversi entro domani.
3. Se per voi è lo stesso, io viaggerei con qualcuno che non fuma.

4. Se per voi è lo stesso, io viaggerei con chi non fuma.
5. Bambini, regalerò un libro a chi per primo metterà in ordine i giocattoli.
6. Regalerò un libro al bambino che per primo metterà in ordine i giocattoli.
7. Non riusciva più a fidarsi dell'uomo che l'aveva tradita.
8. Non riusciva più a fidarsi di chi l'aveva tradita.
9. Le persone che sono arrivate per prime, hanno scelto i posti migliori.
10. Chi è arrivato per primo, ha scelto i posti migliori.
11. Chi ha bisogno di altri libri, può prenderli in prestito dalla biblioteca.
12. Gli studenti che hanno bisogno di altri libri, possono prenderli in prestito dalla biblioteca.

6.10 Using *chiunque, qualunque/qualsiasi cosa* in relative contructions

1. Qualunque/qualsiasi cosa tu voglia fare, dovrai comunque dimostrare grande tenacia e senso di responsabilità.
2. Qualunque/qualsiasi cosa tu abbia fatto, ti perdono.
3. Mi opporrei a chiunque cercasse di farmi cambiare idea.
4. State pure certi che, chiunque voi siate, non vi faremo entrare.
5. Qualunque/qualsiasi cosa tu dicessi in questo momento mi irriterebbe.
6. Chiunque tu decida di contattare ti darà esattamente lo stesso consiglio.
7. Sarebbe perfetto poter dire qualunque/qualsiasi cosa ci passi per la mente!
8. Chiunque tu sia, non credere di avere gioco facile con me!
9. Non ci sono problemi. Invita pure chiunque tu voglia!
10. Qualunque/qualsiasi cosa sia successo, dobbiamo agire immediatamente.
11. È incredibile come tu riesca ad essere sempre così indisponente con chiunque ti rivolga la parola!
12. Qualunque/qualsiasi cosa voi compriate oggi, sceglietela con cura!
13. Chiunque o qualunque/qualsiasi cosa sia stato a causarlo, il tuo scatto d'ira è stato decisamente inappropriato.

7 Interrogative structures

7.1 *Chi?* and *che cosa?*

(a)

1. Che cosa hai regalato a Matteo per il suo compleanno?
2. Chi ha telefonato ieri sera, Maria?
3. Che cosa ti è venuto in mente? Non vedi che è completamente irragionevole?
4. Che cosa hai progettato per quest'estate?
5. Chi è l'inventore della pila elettrica?
6. Vorrei proprio sapere chi è stato a rompere quel vaso di porcellana sul caminetto.
7. Fammi sapere appena avrai deciso che cosa fare la prossima domenica.
8. Ero molto imbarazzata. Non sapevo che cosa rispondere a Luciana.
9. Chi si occupa di questo settore in ditta?
10. Che cosa sia realmente accaduto, neppure il processo l'ha chiarito.
11. Che cosa diceva l'avvocato Monti ieri in quel programma in tv?

(b)

1. Di che cosa ti occupi, Anna?
2. Su che cosa si basa la teoria di quello scienziato?
3. Con chi sei uscita ieri sera? Con Paola?

4. Perché non mi dici chiaramente di che cosa hai paura, se non degli esami?
5. È difficile dire a che cosa sia dovuta la perdita di memoria di quell'uomo.
6. Da chi è stato fatto quel soprammobile? Da tuo figlio?
7. Per che cosa val la pena combattere? Solo per la pace?
8. Da chi sei stata informata di questo?
9. In che cosa consiste il progetto del dottor Munari?
10. Si è alla fine scoperto da chi è stata assalita quella donna alla periferia di Milano?
11. Di che cosa ti preoccupi? Tutto andrà per il meglio.

7.2 *Come?* and *perché?*

1. Come ti chiami?
2. Come posso arrivare in piazza Navona dalla stazione Termini?
3. Come hai fatto a slogarti la caviglia?
4. Perché hai risposto così maleducatamente a Davide?
5. Perché hai stracciato quei documenti?
6. Sai perché questo programma non funziona?
7. Sai come funziona questo programma?
8. Come avresti reagito se ti fosse capitata la stessa cosa, Marcello?
9. Non capisco perché Mario non chiama. Che sia ancora al lavoro?
10. Come ti permetti di comportarti così?
11. Perché non ti rivolgi al consultorio in centro?
12. Come hai potuto non considerare questo fattore?

7.3 *Quale?* and *quanto?*

1. Quale spettacolo vai a vedere?
2. Non puoi credere quanto ho insistito col dentista per prenotare una visita prima di partire.
3. Su quale argomento vorresti scrivere la tua tesi?
4. Quante volte alla settimana hai il turno di notte?
5. Fammi sapere quale libro vorresti acquistare.
6. Quanto costa quel completo in vetrina?
7. Qual è la stagione dell'anno che consiglierebbe per un viaggio in Egitto?
8. Spiegami quali sono i punti chiave di quell'articolo.
9. Quanti giorni rimarrete via? Tutta la settimana?
10. Quale traduzione mi consiglieresti?
11. Non mi è stato ancora comunicato quale compenso avrò per questo incarico.
12. Quante settimane di ferie posso avere nell'arco di un anno?
13. Quanta farina devo mettere nell'impasta? Bastano 300 grammi?
14. Non mi serve altro. Quant'è in tutto?

7.4 *Quale?* and *che/che cosa?*

1. Quale libro mi suggeriresti?
2. Che cosa risponderesti a una domanda simile?
3. Mi sa indicare qual è la tariffa più economica?
4. Ma che razza di film mi hai portato a vedere? Peggiore non poteva essere!
5. Che cosa mi racconti del tuo viaggio in Giappone?
6. Non è che ti ricordi qual è il numero dell'ufficio tasse?
7. Quale film vorresti guardare questa sera? Questo giallo, forse?
8. Che cosa ti passa per la mente? Ti rendi conto di cosa stai sostenendo?
9. Quale candidato ti sembra più convincente?

10. Quale scenario si sta configurando?
11. Che cosa posso farci? La decisione non spetta a me.

7.5 *Dove?* and *quanto?*

1. Vorrei proprio sapere dove va Paolo vestito così bene!
2. Quanto ti è costato l'albergo?
3. Quanto tempo ci vuole per arrivare alla stazione?
4. Dov'è l'ingresso principale di questo edificio?
5. Quante persone ci saranno alla festa?
6. Non mi hai ancora detto dove devo mettere questa pianta.
7. Non mi hai ancora detto quanta acqua devo mettere su questa pianta.
8. Quanti bambini ha tua sorella?
9. Da dove arrivi, tutto sudato?
10. Da quanto non vedete Carlo?
11. Quante volte hai traslocato negli ultimi dieci anni?
12. Per dove si passa per arrivare in piazza Maggiore?
13. Di dove sono i tuoi studenti?
14. Non vedi con quanta passione lui fa il suo lavoro?

7.6 Reinforcement of question words; using *niente* and *nessuno* in questions

1. Che mai starà leggendo tuo fratello?
2. Dove mai saranno andati Andrea e Maurizio?
3. Che diavolo ha detto Paolo?
4. Dove altro può essere andata?
5. Come mai mangiamo sempre in questo ristorante?
6. Hai comprato niente al supermercato, mamma?
7. Volevano darmi qualcosa di particolare?
8. C'è nessuno?
9. E i biglietti che Michela e Carla dovevano portare?
10. Che ne dici di comprare un gelato, nonna?
11. Che ne dite di guardare la partita, ragazzi?
12. Come altro potremmo spiegarglielo?

7.7 Structure of interrogative sentences

(a)

1. Non sappiamo ancora se andare alla festa di Luigi domani.
2. Carla vuole sapere da chi è stato dipinto questo quadro.
3. Vorrei proprio sapere per quale motivo sei uscito da solo
4. Dimmi un po' perché non mi hai telefonato ieri.
5. Non ho capito quanti libri hai dovuto comprare.
6. Non sappiamo se preparare noi la cena.

(b)

1. A chi sta scrivendo Paolo?
2. Da quanto tempo dura questa situazione?
3. Anche Maurizio vuole venire in centro con noi?
4. A chi dobbiamo rivolgerci?
5. Da dove è arrivata questa notizia?
6. Piero e Silvia si conoscono bene?

8 Indefinite, quantifier and negative pronouns and adjectives

8.1 *Uno* v. *quello*

1. Hai comprato molte cornici d'argento? No, ne ho presa solo una argentata.
2. Quale videocassetta hai noleggiato? Proprio quella che mi aveva suggerito Rita.
3. Hai ordinato l'insalata caprese o la nizzarda? Quella caprese, ovviamente.
4. Le ho chiesto di mandarmi un e-mail ieri mattina, ma ne ha mandato uno solo nel pomeriggio.
5. Cercavo la valigia blu, ma sfortunatamente ho trovato solo quella rossa di Mattia.
6. La Dottoressa Cecati è una che non ama intromettersi negli affari altrui. Ce ne fossero come lei!
7. Vedi quel paese laggiù, ai piedi del monte? È quello dove si sono recentemente trasferiti i signori Marconi.
8. Si è rivelata una persona delicata, non quell'arrogante che sembrava a prima vista.
9. È appena arrivata una bella notizia, non quella che tu mi dicevi di aspettare, però …
10. È uno che si fa intendere, Luigi. Non come molti suoi coetanei …
11. È quella grande che vuoi? No, vorrei quella piccola. È più elegante.

8.2 Some indefinite pronouns and adjectives

1. Non raccontarmi ancora questa storia! Hai qualcos'altro da dirmi?
2. Non ricordo chi, ma qualcuno mi deve aver detto che il sindaco inaugurerà la mostra domani.
3. No, non è stato Paolo. Qualcun altro ha telefonato nel pomeriggio e ha lasciato un messaggio per te.
4. Dev'essere successo qualcosa di strano. Barbara non arriva mai in ritardo senza avvertire per tempo.
5. Gianni è effettivamente rientrato dopo la spesa, ma poi è uscito a comprare qualcos'altro: forse i biglietti per lo spettacolo di domani.
6. Un giorno mi ferma 'sto tizio che vuole vendermi un tal *Plebiscito*. Ma che rivista è? Non l'ho mai sentita nominare.
7. C'è chi preferisce partire per vacanze last minute, e chi preferisce organizzare tutto con largo anticipo.
8. Sai, ieri ho visto Davide da lontano mentre ero in centro!
   Davide? Impossibile! Dev'essere stato qualcun altro. Davide è partito per il Messico sabato scorso.
9. Ma che tipo di materiale è?
   È qualcosa di simile al cristallo, ma ho dimenticato chi me ne ha parlato. Dev'essere stato qualcuno in ufficio.
10. Presentati dicendo che sei il tal dei tali, domiciliato in via tal dei tali, e non avrai nessun problema.
11. Cercherei qualcosa di più originale, se fossi in te. Ma Paola, d'altro canto, adora quel profumo …

8.3 Other indefinites

1. Qualche volta mi sento improvvisamente stanca e non capisco perché.
2. Non ho alcuna intenzione di tornare sui miei passi!

3. Devo aver lasciato gli occhiali da qualche parte a casa di Graziana. Qui non ci sono!
4. Per qualche strana coincidenza oggi ho incontrato il signor Bruni al cinema, al bar e poi in stazione.
5. Non c'è alcun dubbio che il tuo lavoro sia più che sufficiente, ma sono sicura che potresti fare di più.
6. Qualche giorno fa sono stata al parco e ho rivisto Giulia con sua figlia.
7. Questo Foscolo l'avrà senz'altro scritto, ma altrove, non certo in questo sonetto.
8. Abbiamo sentito al telegiornale che solo alcuni studenti sono andati a Roma per lo sciopero.
9. Alcune sere fa stavo ascoltando un po' di musica, quando hanno bussato alla porta. Era Pierpaolo, ti ricordi di lui?
10. Quella notizia non ha alcuna attendibilità. Non preoccuparti!
11. Se ti dovesse infastidire ancora per un qualche motivo, me lo faresti sapere, vero?

8.4 Using *chiunque, qualunque/qualsiasi* in indefinite constructions

(a)

1. Fammi sapere quando puoi passare. Io sono libera in qualsiasi momento.
2. Chiunque può assistere al dibattito.
3. Resto a vostra disposizione per qualunque informazione.
4. Pensa a un numero qualsiasi fra 1 e 20.
5. Non si tratta certo di un incarico che affiderei a chiunque.
6. Qualsiasi colore si abbina bene a questa tinta.

(b)

1. Sei davvero libero di fare qualunque cosa/qualsiasi cosa?
2. Chiedi pure a chiunque: otterresti la stessa risposta!
3. Prendi qualunque/qualsiasi libro: basta che tu legga!
4. Farebbe qualunque/qualsiasi cosa per trovare un buon lavoro.
5. Non è un lavoro da affidare a chiunque.
6. Non è un uomo qualunque. Non so, c'è qualcosa di molto speciale in lui.
7. Qualunque/qualsiasi posto mi va bene, basta che usciamo.
8. Guarda che questo non è un mobile qualsiasi/qualunque: ha più di duecento anni!

8.5 Negative pronouns and adjectives

1. Alla festa di Gianni non abbiamo conosciuto nessun ragazzo carino!
2. Non c'era proprio niente da fare per il gatto? Che peccato!
3. In vacanza ho letto, ho preso il sole, ho fatto bagni: nient'altro!
4. Se nessuno vuole andare al cinema, andiamo in discoteca.
5. Guarda che non hai capito un bel niente: nessuno voleva offenderti!
6. Dato che nessuno di voi ha letto questo libro, oggi non potremo fare nessuna discussione.
7. Ti sei offeso perché nessuno ti ha invitato?
   Per niente.
8. Quanto zucchero vuoi nel caffè?
   Per me niente zucchero, grazie.
9. Sei a dieta?
   No, non sto facendo nessuna dieta: il caffè mi piace amaro.

10. La nuova ragazza di Giorgio non è niente di speciale: piccola, bruttina. Non ne trovava nessun'altra?
11. Ero venuto qui senza nessuna voglia di rimanere, adesso non ho nessuna intenzione di andarmene.

8.6 Using *ogni, ciascuno, ognuno, l'uno*

1. Ogni volta che lo vedo mi sembra più triste.
2. Siamo così stufi: ogni giorno di ogni settimana di ogni mese sempre la stessa vita!
3. Ognuno/ciascuno di noi vorrebbe solo il meglio per i propri figli.
4. Deve prendere due di queste compresse ogni tre ore.
5. Hanno regalato ai figli gemelli un motorino ciascuno, così non litigano.
6. Ognuna/Ciascuna delle case nuove che hanno costruito è stata venduta nel giro di tre settimane.
7. Alla conferenza, ognuno/ciascuno dei partecipanti ha ricevuto un libro in omaggio.
8. Luciana si alza alle cinque ogni mattina, tranne la domenica.
9. Quanto abbiamo pagato? Per i gelati, 2 euro l'uno; per le birre, 3 euro e 50 centesimi l'una.
10. Bambini, non litigate per il computer: un po' per ciascuno non fa male a nessuno!
11. Non è possibile che si ricordi la trama di ogni libro che ha letto.

8.7 Using negatives

La mia macchina non è per niente un gioiello! La mattina, anche se non fa più freddo del solito, non parte mai: neanche quando non la lascio in strada. Non posso metterla da nessuna parte. È una macchina intollerante: non le va bene niente, nessuna condizione atmosferica le è congeniale, nessun autista riesce a farla partire. Non è né facile né divertente esserne il padrone. Penso proprio di non volerla tenere più per molto tempo.

9 Possessives and related constructions

9.1 Differences in usage between English and Italian

1. Questo non è l'orologio di Marco?
2. Ogni anno andavamo in vacanza nell'albergo della zia di Carlo.
3. Dove ho messo gli occhiali?
4. Giovanni non si mette mai il cappotto, neanche se nevica.
5. Cecilia ha i capelli biondi, come la madre.
6. Il cane aveva il pelo lucidissimo.
7. Ha sempre la faccia sporca: che lavoro fa?
8. Scrivono alla madre ogni settimana.
9. Quando faceva la ceramista, Paola doveva lavarsi la testa ogni giorno.
10. Perché il tuo dizionario ha la copertina strappata?
11. Per aiutare la famiglia, Antonia ha deciso di lavorare per la ditta del figlio.
12. Riccardo ha un fratello in Marina e l'altro missionario in Africa.
13. Quando non aveva la borsetta, teneva le chiavi in tasca della giacca.
14. Oltre alla sua, la mia vicina pulisce anche la casa della sorella.
15. La casa dei miei amici è proprio dietro l'angolo.
16. Il vecchio aveva il naso lungo e aquilino.

9.2 Forms of the possessives

1. Hai sentito il suo ultimo cd?
2. La mia tessera scade fra pochi giorni. Sai dove posso rinnovarla?
3. Quando vieni a cena a casa nostra? Non ti vediamo da Natale!
4. Il vostro suggerimento mi sembra molto ragionevole. Credo lo seguirò.
5. I loro figli non abitano a Roma: Matteo è a Siena, e Margherita vive a Napoli.
6. La batteria del mio telefonino ha diversi problemi: mi chiedo se non mi convenga comprarne uno nuovo.
7. I miei esami saranno a metà maggio. Aiuto!
8. Puoi scrivermi qui il tuo indirizzo? Ti invio il pacco non appena arrivo a Genova.
9. Durante le nostre ultime vacanze, abbiamo soggiornato in un agriturismo sulle colline toscane.
10. Non mi trovo per niente d'accordo con la sua idea. Come sempre, Massimo è troppo estremo.
11. I nostri ultimi esperimenti hanno dato risultati sorprendentemente interessanti.

9.3 Possessive adjective + nouns denoting close relatives

1. Mia sorella è appena partita per Londra.
2. Quanti anni hanno i tuoi figli?
3. Per mio padre penso comprerò un giallo, ma per mia madre non ho la più pallida idea.
4. Mio suocero ieri pomeriggio non si è sentito bene e abbiamo dovuto portarlo d'urgenza al pronto soccorso.
5. Con quale dei tuoi figli Marianna lega di più?
6. Il comportamento di tuo zio è stato riprovevole, ma se ne è scusato immediatamente.
7. Carlo molto orgogliosamente porta la sua nipotina in centro ogni pomeriggio.
8. Questo a destra nella fotografia è Paolo, il suo figlio minore.
9. Nonostante siano separati da anni, l'ing. Burani è ancora in ottimi rapporti con la sua ex-moglie.
10. È incredibile come tu assomigli a tuo nonno!
11. La sua matrigna è solo quattro anni più giovane di Giulia.

9.4 *Mia* v. *la mia*

1. Questa valigia è la tua?	– Sì, è la mia!
2. È questa la tua valigia?	– Sì, è questa.
3. È tua questa valigia?	– Sì, è mia.
4. Qual è la tua valigia?	– Questa (è la mia valigia).
5. Non è questa la tua valigia?	– Sì, è questa.
6. Non è tua questa valigia?	– No, non è mia.
7. Non è la tua questa valigia?	– No, non è la mia.
8. Qual è il tuo ombrello?	– Questo (è il mio ombrello).
9. È quello il tuo ombrello?	– Sì, è quello.
10. Non è quello il tuo ombrello?	– Sì, è quello.
11. Quell'ombrello è il tuo?	– Sì, è il mio!
12. È tuo quell'ombrello?	– Sì, è mio.
13. Non è tuo quell'ombrello?	– No, non è mio.
14. Non è il tuo quell'ombrello?	– No, non è il mio.

15. Qual è la tua macchina? – Questa (è la mia macchina).
16. Non è tua questa macchina? – No, non è mia.
17. Non è questa la tua macchina? – Sì, è questa.
18. È questa la tua macchina? – Sì, è questa.
19. È tua questa macchina? – Sì, è mia.
20. Non è la tua questa macchina? – No, non è la mia.
21. Questa macchina è la tua? – Sì, è la mia.

9.5 *Ne* v. *suo/loro*

1. Questo comportamento ne ha ancora una volta dimostrato la furbizia.
2. Con questo comportamento, Pietro ha ancora una volta dimostrato la sua furbizia.
3. Nel suo diario, scrive solo di sé.
4. Nel suo diario, ne scrive spesso.
5. I vinti dovranno accettare la loro sorte.
6. Questi poveracci dovranno accettarne la sorte.
7. Ne ha parlato per un'ora.
8. Ha parlato per un'ora di se stesso.
9. Non ve ne vergognate?
10. In questo quadro, il pittore esprime tutta la sua malinconia.
11. Questo quadro ne esprime tutta la malinconia.
12. I partecipanti devono confermare la loro adesione entro la fine del mese.
13. L'ufficio deve confermarne le adesioni entro la fine del mese.

9.6 *Proprio* and *altrui*

1. A casa propria, si può fare come si vuole.
2. È meglio che ognuno di noi porti la propria macchina.
3. La proprietà altrui deve essere rispettata.
4. Come si può accettare questo attacco alla propria libertà?
5. La libertà altrui è importante quanto la propria.
6. Ogni studente deve acquistare i propri libri e i propri quaderni.
7. Chi di voi affiderebbe i propri figli ad uno sconosciuto?
8. Badare ai figli altrui è una grande responsabilità.
9. Anche sul posto di lavoro bisogna far valere i propri diritti.
10. Le sue idee non sono originali: ha chiaramente plagiato quelle altrui.
11. Ci si sente più rilassati in compagnia della propria famiglia e dei propri amici.

9.7 Further differences in usage between English and Italian

1. Dicevano che quel ragazzo aveva rubato il borsellino alla madre.
2. Quando Joe era piccolo, tirava sempre i capelli alla sorella.
3. Se darà ancora calci ai genitori, sarà punito.
4. Giorgio ha telefonato alla moglie dalla stazione per dirle che il fratello di lei era arrivato sano e salvo.
5. Paolo e Laura hanno la stessa macchina, ma quella di lui è blu e quella di lei è gialla.
6. Per confortare l'amico, Riccardo gli ha messo la mano sulla spalla.
7. Non possiamo dimostrarvi la nostra identità perché abbiamo perso tutti i documenti: il passaporto, la patente, persino la carta d'identità sono improvvisamente spariti.
8. Angela e il marito hanno due uffici a casa: l'ufficio di lei è al piano terra, quello di lui è nell'attico.

9. Posso pagare con la carta di credito?
10. Mi è entrata in ufficio senza bussare e non si è nemmeno tolta gli occhiali da sole.
11. Non tirare la coda al gatto, accarezzagli la schiena.
12. L'ultima moda fra gli adolescenti è farsi fare il piercing all'ombelico.
13. Quando Roberto e Luisa si sposeranno, il figlio di lui e i bambini di lei abiteranno con loro.
14. Appena Franca è arrivata, il marito le ha preso la mano e gliel'ha baciata.
15. I genitori italiani spesso comprano ai figli la prima casa, quando si sposano.
16. Pietro è così generoso che ha comprato alla sorella il vestito da sposa e le ha pagato il viaggio di nozze.
17. Quando l'anziana signora è svenuta, il medico le ha sentito il polso e le ha schiaffeggiato piano il viso.
18. Se vogliono rispondere ad una domanda, gli alunni devono alzare la mano.
19. Dopo la doccia, si è asciugato i capelli e si è pettinato.
20. Aveva così tanta paura che le sentivo battere il cuore.

10 Prepositions

10.1 Structure and syntax of prepositions: *a(d)*, *di*, etc.; *davanti a*, *verso di*, etc.

(a)

1. L'ottico Biondi è esattamente di fronte alla polizia municipale, in via Cavour.
2. Dentro quella scatola, dovresti trovare una vecchia mappa di Firenze che la zia Anna aveva comprato molti anni fa.
3. Quei due ragazzi chiacchierano tra di loro tutta la lezione e disturbano pure chi vuole stare attento.
4. Guardi che lei è arrivato dopo di me. Me ne sono accorto, sa?
5. A parte questo, non c'è nessun altro problema da risolvere, vero?
6. Per via di questa complicazione, la signora Ferri non sarà dimessa prima della settimana prossima.
7. Dietro la nostra casa, hanno da poco iniziato a costruire un condominio a cinque piani.
8. Su di lui si è detto di tutto, ma forse con troppa leggerezza.
9. La Biblioteca Nazionale di Firenze è lungo l'Arno, a pochi passi da Ponte Vecchio.
10. Senza questo cavo, sarebbe impossibile stampare direttamente dal computer portatile.
11. L'unico consiglio che mi riesce di darti è di contare sempre e solo su te stesso.

(b)

1.	La tazza e la caraffa sono sul vassoio.	**V**	F
2.	Lo specchio è nella libreria.	V	**F**
3.	Accanto alla libreria c'è lo stereo.	**V**	F
4.	Il gatto è nel caminetto.	V	**F**
5.	Vicino alla poltrona c'è una lampada moderna.	**V**	F
6.	Il ragazzo è seduto sulla poltrona.	**V**	F
7.	La sciarpa è sotto la sedia.	V	**F**
8.	Il cestino della spazzatura è accanto alla tenda.	V	**F**
9.	Sulla sedia accanto al tavolo c'è una camicia.	**V**	F
10.	Di fianco al tavolo ci sono 4 libri.	V	**F**
11.	Ci sono tre bottiglie grandi ai fianchi della finestra.	V	**F**

10.2 'Stranding' of prepositions

1. A chi hai dato il libro?
2. Con che cosa mangiamo questo piatto?
3. Fino a quando posso tenere il libro?
4. Non capisco di che cosa parlino.
5. Ha fatto un disegno con una bella cornicetta intorno/con intorno una bella cornicetta.
6. La mia è la casa con a fianco il giardino.
7. C'è un pacchetto col tuo nome sulla mia scrivania.
8. Ho trovato il cinema, ma non c'era nessuno davanti.
9. Quando Davide scenderà dal treno, gli andrò incontro.
10. Il bambino si è rovesciato il succo di frutta tutto addosso.
11. Per chi hanno comprato la macchina?

10.3 The multivalent preposition *di*

1. Si serve del suo sesto senso per prendere decisioni importanti.
2. La vendita dei libri in Italia è recentemente cresciuta del 30%.
3. Non ti piace affatto l'odore del caffè? Non ci posso credere!
4. A proposito di quella questione spero di avere una risposta entro la settimana.
5. Continuo ad avere un fortissimo rancore nei confronti di Roberto.
6. Vorrei un piatto di fritto misto e un contorno di verdure fresche.
7. La tua idea di progettare il ponte in quella posizione, mi pare non tenga conto della questione ambientale.
8. L'amore di Anna per Marcello era stato sottovalutato da Graziella.
9. È un anello d'oro quello che la signora Enrica ha regalato alla figlia per la laurea?
10. Puoi controllare l'orario dei treni direttamente sul sito delle Ferrovie dello Stato.
11. Ieri si è tenuto a Brindisi un convegno internazionale sul problema della delinquenza minorile.

10.4 The prepositions of location

1. In mare è necessario usare sempre la massima prudenza e mai allontanarsi troppo dalla costa, se si è soli.
2. Abitavo a 40 km da Roma ma ero troppo scomodo dal lavoro. Ho traslocato due mesi fa.
3. Sono da Andrea, mamma. Non ti preoccupare! Torno per cena.
4. Sono a metà del mio corso, ma non so se sarò in grado di terminarlo.
5. Ho cercato quel documento da ogni parte, ma senza speranza. Non so proprio come fare.
6. Vicino al mercato c'è la fermata dell'autobus numero 61. Puoi prenderlo dalla parte del supermercato.
7. Sono a Venezia da cinque giorni e non sono ancora riuscita ad andare a Murano.
8. Ho visto Gianni per la strada ieri l'altro: sempre in gran forma!
9. Vivo accanto al nuovo parcheggio auto. Non puoi sbagliarti!
10. Sotto il giornale dovrebbero esserci i miei occhiali. Puoi dare un'occhiata, per favore?
11. Quanti giorni siete stati in Danimarca?

10.5 Uses of the preposition *da*

1. That man is blind in one eye.
2. If I come to your place after lunch, will I find you at home?
3. Don't forget to put your sunglasses in your suitcase!
4. On the one hand it is a difficult problem to resolve, but on the other I absolutely have to tackle it.
5. She separated from her husband recently and moved to Treviso.
6. We have been living in Naples for two years and we certainly can't say that we regret it!
7. They all went pale with fright at the sight of that accident.
8. It's impossible not to recognize you from a distance! When did you get those highlights done?
9. She'll get there: she's a girl with a will of iron!
10. It's easy to gather from her accent that Caterina is Tuscan.
11. I am from Milan: I'll be your guide!
12. It's a real shame! Mariachiara has fallen from the frying pan into the fire.
13. Francesco is very shy. He's a student who needs pushing, but he will surely make it!
14. I am so tired I can no longer stand up!
15. It was a really nice gesture on your part. Thank you!

10.6 Motion 'to'

1. Vai a Roma domani, allora?
2. Fossi in te, cambierei almeno 100 euro in sterline prima di partire.
3. Il treno per Bologna è ancora una volta in ritardo!
4. Avviatevi pure da Mario! Vi raggiungo appena mi libero da questo impegno.
5. Perché devi sempre spaccare il capello in quattro?!?
6. Come mai non siete venuti a lezione?
7. Per il teatro? Prendi la prima a destra e subito dopo l'incrocio volta a sinistra.

10.7 Motion 'through'

1. Non entrare dall'ingresso principale, ma serviti della porta laterale, per favore!
2. Voli a Birmingham via Zurigo o via Amsterdam?
3. Buttava via la spazzatura dalla finestra. È stata multata, finalmente.
4. Quell'uomo stava camminando rasente il muro, barcollando, poi improvvisamente si accasciò a terra.
5. Va' dritto per via Panzani, poi gira a destra e all'incrocio prendi la seconda a sinistra.
6. Se passi attraverso il parco dietro casa mia, arrivi in centro molto prima che in autobus.

10.8 Motion 'from'

1. Sei di Napoli o di Salerno?
2. Non ho capito nulla di quello che hai detto! Salti continuamente di palo in frasca.
3. Hai chiesto all'ingegner Villa cosa ne pensa di questa tua idea?
4. Marina ha sempre sofferto di emicrania, ma ultimamente la situazione è considerevolmente peggiorata.
5. Rita Levi-Montalcini, nata a Torino da padre ingegnere elettronico e da madre pittrice, è stata insignita del Premio Nobel per la medicina nel 1986.

6. Paolo mi raccontava qualche giorno fa quanto sia difficile trasferirsi per lavoro di città in città ogni sei mesi.

10.9 The prepositions *a* and *per*

1. Hai già spedito quel modulo al provveditore?
2. Più di quaranta senzatetto sono morti a Mosca per via del freddo.
3. Abbiamo appena sostituito la vecchia stufa a legna nel cucinotto del nostro rustico in montagna.
4. È una bella tovaglia a quadri rossi e bianchi, molto informale ovviamente.
5. Gli spaghetti alla carbonara sono uno dei nostri piatti più tipici.
6. Vorrei davvero comprare un parquet a spina di pesce per la sala, ma i prezzi che ho visto finora sono inavvicinabili.
7. Mi chiedo se abbia senso concedere a quel tizio la libertà provvisoria.
8. Anna, ti prendo un attimo la calcolatrice.
9. Vi è sempre stato ostile. Non capisco di cosa vi meravigliate, veramente …
10. Ricordati di dire a Paolo che non andrai all'incontro stasera!
11. In seguito a una brutta caduta, ora Antonella deve fare sei mesi di fisioterapia all'ospedale di Cagliari.
12. Mi ha preso per matto, quando gli ho detto cosa avevo fatto ieri. Non capisco …
13. Quanto hai pagato per l'orologio che hai regalato a Daniele?

10.10 Prepositions of exclusion and 'concessive' prepositions

1. Salvo questa parte, il resto del tuo saggio è davvero convincente.
2. Nonostante il suo stato di salute, Paolo è andato al lavoro fino all'ultimo.
3. Malgrado tutto, non l'ho ancora lasciato!
4. Al di fuori di pochi dipinti, la mostra non mi è piaciuta.
5. Nonostante il mio impegno, non sono riuscito a completare l'esercizio.
6. Lo spiacevole episodio che l'ha visto suo malgrado vittima, è accaduto ieri sera nei pressi della stazione.

10.11 Time prepositions

1. Ho aspettato per più di mezz'ora, ma nessuno si è presentato!
2. Dovrò aspettare almeno due settimane prima di avere l'esito di questo esame.
3. I signori Masoni abitano a Vicenza almeno da tre anni.
4. Sei rimasto fino alla fine dello spettacolo?
5. Luigi è molto efficiente: ha concluso il suo lavoro in mezza giornata.
6. Anna, potresti richiamare fra cinque minuti, per favore?
7. Dopo essersi laureato a Melbourne, John si è trasferito a Londra per un dottorato.
8. Durante il film mi sono addormentata e mi sono risvegliata solo a pochi minuti dalla fine.
9. Fin da bambino, Giacomo ha preferito gli sport agli studi.
10. Da qui a una settimana, sapranno se il visto gli è stato rinnovato.
11. Deve compilare il modulo e spedirlo entro giovedì! Non oltre.

10.12 Use of prepositions

(a)

Fu qui che nacque il caffelatte con panna che doveva diventare, alcuni anni dopo, il cibo della mia infanzia: quello, inconfondibile, che non si scorda mai. Tanto che s'è disposti a fare lunghe notti in treno, quando s'hanno già i capelli grigi, per tornare a risentirne il sapore. Quello mio è fatto di latte vero, di caffè d' orzo, di una pagnotta romagnola spezzata a dovere e, in cima a tutto, della panna che si forma col latte qualche ora dopo l'ebollizione, raccolta e poi posata con infinito garbo, come si posa un velo, senza stracciarlo e sgualcirlo. A questo punto c'è l'ultimo tocco, che va fatto con una certa poesia ma anche con la risolutezza di chi affronta la prova finale. Con un colpo sicuro, senza rimestare il cibo, va piantato al centro della tazza il cucchiaio, che deve restare dritto. E quest'ultima è la sola garanzia che conta.

(Nerino Rossi, *La neve nel bicchiere*, Venezia 1977)

(b)

La nostra casa era al centro di Crema, a un tiro di schioppo da Piazza del Duomo – il campanile sbucava oltre un terrazzo con l'uva e sorgeva su quello che era stato, un tempo l'orto del Vescovo. La nostra casa era grande e aveva solo tre anni più di me. [...] L'atrio era al primo piano; l'androne all'ingresso. Lo spazio alla base della scala non aveva nome: sembrava un atrio, era attiguo all' androne, e andava indicato con una perifrasi. La porta di servizio era quella che, dalla scala di servizio, dava sul portico; le altre porte della scala erano anonime: si dovevano usare, servivano ma non si dovevano chiamare. L'ufficio era quello di papà (pianterreno, entrando a destra). L' "offis" – scritto *office*, immagino, però io non sapevo scrivere – era lo spazio di fronte alla cucina, dominato da un armadio. Se avessi trovato papà seduto nell'*office*, sarei rimasto turbato.

(Beppe Severgnini, *Italiani si diventa*, Milano 1998)

11 Numerals

11.1 The cardinal numbers

(a)

29	ventinove
92	novantadue
14	quattordici
55	cinquantacinque
128	centoventotto
121	centoventuno
79	settantanove
236	duecentotrentasei
1040	millequaranta
3000	tremila

(b)

2, 30, 77, 2030, 88, 1432

(c)

348	trecentoquarantotto
24	ventiquattro
31	trentuno
1973	millenovecentosettantatre
567	cinquecentosessantasette
239	duecentotrentanove

11.2 General properties of cardinal numbers

1. Ci sono sessantuno studenti nel mio corso.
2. Cinquecento sterline non bastano.
3. Milano ha più di due milioni di abitanti.
4. Andy ha speso più di due milioni di euro per una macchina di seconda mano.
5. Migliaia di persone muoiono sulle strade ogni giorno.
6. In quattro e quattr'otto ha preparato una torta squisita.
7. Mio nonno ha compiuto cento e un anno ieri!
8. Per fortuna eravamo pari, così abbiamo potuto giocare.
9. Ho un unico passatempo: la lettura.
10. Nelle ultime ventiquattr'ore sono caduti cinque centimetri di pioggia.
11. Nel mio numero di telefono ci sono due cinque e tre zeri.

11.3 'Both', 'all three, 'another three', etc.

1. Tutti e due i ragazzi sono arrivati tardi.
2. Ho trovato tutti e tre i libri che cercavi.
3. Avete visto ambedue gli appartamenti in vendita?
4. Mentre vai al supermercato, mi compreresti un altro litro di latte?
5. Avrebbero bisogno di altre tre settimane per concludere il lavoro.
6. C'è il riscaldamento in ambedue gli appartamenti.
7. Queste tue proposte sono ambedue davvero interessanti.
8. Avremmo dovuto usare tutte e tre le uova e altri 200 g. di farina.
9. L'albergo è piccolo, ma in tutte e dieci le camere c'è la televisione.
10. Paolo ha avuto la febbre per tutti e quindici i giorni della sua vacanza.
11. Tutti e 500 gli atleti iscritti hanno completato la maratona.

11.4 Ordinal numbers

(a)

1. diciannovesimo/a
2. secondo/a
3. cinquantottesimo/a
4. primo/a
5. quarantatreesimo/a
6. terzo/a
7. ottavo/a
8. quinto/a
9. dodicesimo/a
10. settimo/a
11. nono/a

(b)

1. primo anno
2. seconda macchina/automobile
3. terzo motivo/terza ragione
4. sesta strada
5. ottava fermata
6. cinquantesima volta

11.5 Collective and approximative numerals

1. Vado a Londra per un paio di giorni.
2. Alla festa c'erano una ventina di persone, fra ragazzi e ragazze.
3. Durante il corso di laurea, dovrete comprare almeno una cinquantina di libri.
4. Il fratello di Nicola sembra più vecchio, ma non può avere più di una quarantina d'anni.
5. Non ho speso molto per il volo: una cinquantina di euro!
6. Anche solo una pizza costerà una quindicina di euro in quel ristorante!
7. La madre di Giulio si veste come una ragazzina, ma deve avere almeno un quarantacinque anni.
8. La città più vicina è a un 7 km dal villaggio turistico.
9. Alla manifestazione per la pace hanno partecipato più di un migliaio di studenti.
10. Prima di trovare un idraulico ho dovuto fare almeno una decina di telefonate.
11. Per favore, comprami anche una dozzina di uova!

11.6 Multiplicatives, percentages and distributives

1. Chi c'era a casa di Gianpiero? I soliti quattro gatti!
2. Se non avrò niente di meglio da fare in vacanza, scriverò due righe a mia madre, così anche lei sarà contenta!
3. Vendesi appartamento libero: due camere, cucina, doppi servizi, balcone.
4. Quando gli ho telefonato, Carlo era ancora mezzo addormentato.
5. Oltre il sessanta per cento degli italiani è contrario alla caccia.
6. Gli immobili sono aumentati al punto che adesso un appartamento costa il triplo di quindici anni fa.
7. Per preparare questo piatto occorrono due etti e mezzo di burro.
8. Quattro quinti degli studenti hanno completato il corso con ottimi voti.
9. I miei amici più cari sono stati in India: in tre settimane e mezzo hanno girato tutto il Paese.
10. Nel circolo urbano, la mia macchina fa quindici chilometri con un litro di benzina.
11. L'anno scorso abbiamo deciso di fare le vacanze in gruppo: eravamo in diciotto!

11.7 Mathematical expressions

(a)

1. sedici
2. centosedici
3. undici
4. ottantotto
5. ottantatré
6. cinquantaquattro

(b)

1. cinquantacinque ÷ cinque = undici
2. ventidue + otto = trenta
3. ventotto ÷ quattro = sette
4. diciannove meno uno = diciotto
5. settantaquattro – tre = settantuno
6. quarantanove + zero = quarantanove

7. dodici + otto = venti
8. trentasei diviso sei = sei
9. cento × due = duecento
10. cinque più due uguale sette
11. mille × due = duemila

12 Adverbs and adverbial constructions

12.1 Adverbs in *-mente*

1. seriamente
2. ciecamente
3. felicemente
4. naturalmente
5. talmente
6. vanitosamente
7. ottimamente
8. altrimenti
9. violentemente
10. follemente
11. faticosamente

12.2 Adverbs identical to adjectives

1. Volare basso.
2. Capisco che non è una situazione facile, ma tieni duro.
3. Lavorerò in giardino nel pomeriggio. Suona forte il campanello quando arrivi!
4. Giustamente si è inferocito a questa notizia: non posso certo biasimarlo.
5. Accomodati, Nicola! Giusto in tempo per il caffè!
6. Mi hanno detto chiaro e tondo che la mia auto è troppo vecchia per passare la revisione.
7. Non ti è passato neppure lontanamente per la testa di avvertirmi, vero?
8. Rimproverare Michele duramente pare sia del tutto controproducente.
9. Non preoccuparti! Si è capito chiaramente che non avevate nessuna intenzione di offenderle.
10. Il dottor Iotti si è trasferito molto lontano dal paese e ha inevitabilmente perso molti dei suoi pazienti.
11. È chiaro che hai mangiato troppo a cena. Ecco perché ora ti senti così spossata.

12.3 Other forms of adverbs

1. Il tuo tema è appena sufficiente.
2. Ha concluso a fatica i suoi studi. Ora sta cercando lavoro a Torino, mi pare.
3. Ben fatto. Complimenti!
4. Una volta usciti a Sarzana, si è quasi arrivati all'abbazia. Non più di dieci minuti.
5. È già molto tardi. Non si arriverebbe comunque in tempo per l'inizio del film.
6. Paola è ancora molto piccola, ma già cammina carponi.
7. Verremmo proprio volentieri, sai?
8. Quel suo improvviso cambiamento d'umore è stato così evidente a tutti.
9. A momenti è così gentile e accomodante, a momenti così intrattabile!
10. Luigi fa i turni di notte in un'azienda alla periferia di Ancona.
11. La sua domanda è arrivata tardi e non potrà essere considerata, signor Faietti.

12.4 Other ways of forming adverbial expressions

1. in modo chiaro/in maniera chiara
2. in modo frettoloso/in maniera frettolosa
3. in modo gentile/in maniera gentile
4. in modo regolare/in maniera regolare
5. in modo violento/in maniera violenta
6. in modo benevolo/in maniera benevola
7. in modo stabile/in maniera stabile
8. in modo oltraggioso/in maniera oltraggiosa
9. in modo acuto/in maniera acuta
10. in modo facile/in maniera facile
11. in modo accurato/in maniera accurata
12. in modo pratico/in maniera pratica
13. in modo rigoroso/in maniera rigorosa
14. in modo esauriente/in maniera esauriente
15. in modo esemplare/in maniera esemplare
16. in modo preciso/in maniera precisa

12.5 The position of adverbs

(a)

1. Hai già esaminato tutti i dati?
2. Ci sembra un progetto piuttosto interessante. Lo valuteremo attentamente.
3. Ben difficilmente potrai dissuadermi!
4. Sfortunatamente la malattia è in uno stato troppo avanzato. Un'operazione a questo punto non avrebbe assolutamente senso.
5. Pur criticando spesso il comportamento di Daniele, finisce a volte per comportarsi nella stessa identica maniera.
6. È molto più frequente di un tempo che dopo la laurea i giovani vadano all'estero per proseguire gli studi.

(b)

1. Sei stato davvero furbo a rispondere così!
2. Fra pochi minuti la torta sarà bell'e pronta.
3. Abbiamo ascoltato molto attentamente le vostre richieste.
4. È arrivato a casa tutto bagnato.
5. L'atleta correva proprio velocissimo.
6. Hanno scritto una lettera piuttosto lunga.
7. La musica che ascolti è troppo forte.
8. La borsa che ha comprato è veramente bellissima.
9. Erano tutti contenti d'aver ricevuto il premio.
10. Bisogna strofinare ben bene il mobile con uno straccio morbido.
11. La commedia che vedremo sarà sicuramente divertente.

12.6 Adjective, pronoun, or adverb?

1. Canti davvero molto bene!
2. Laura canta con molta passione.
3. La serata è stata molto piacevole, ma abbiamo speso troppo.
4. Troppe persone non si curano abbastanza dell'ambiente e sprecano molte delle risorse comuni.

5. Molti miei amici hanno deciso di non andare a votare, ma per me questo atteggiamento è troppo estremo.
6. I suoi genitori avevano troppi problemi e hanno deciso di separarsi, il che è stato molto doloroso per Agnese.
7. Lo so che la tua casa è molto grande, ma secondo me saremo in troppi.
8. Molte delle sue colleghe di lavoro abitano fuori città.
9. Siamo arrivati alla stazione troppo tardi: il treno era già partito.
10. Il libro che mi ha prestato Luisa era davvero molto interessante: l'ho letto tutto in un pomeriggio.
11. Anche se ha molti amici, dice spesso di sentirsi molto sola.

12.7 Phrasal verbs with adverbs of place

1. Volevamo andare via ma non abbiamo potuto.
2. – Vieni fuori di lì! – gridò.
3. Mette sempre via i libri quando li ha letti.
4. Mauro può venire fuori a giocare?
5. Il generale ordinerà ai soldati di andare avanti.
6. Se tiri giù i giocattoli, li rompi.
7. Gli uomini portarono le sedie fuori della stanza.
8. I cavalli venivano su per lo stretto sentiero che portava alla casa.
9. – Non possiamo andare avanti così! – disse Andrea a Nicoletta.
10. Devi portare fuori il cane tre volte al giorno.
11. La gente andava avanti e indietro per la strada principale.
12. Si guardarono intorno per vedere dove avevano parcheggiato la macchina.

12.8 Time adverbs

1. Questo pacco è arrivato proprio adesso.
   This parcel has arrived just now.
2. Ho ricevuto ieri la sua lettera: ora le rispondo.
   I received her/his letter yesterday: I'll reply now.
3. Ha appena parlato con l'avvocato del contratto di lavoro.
   S/he has just spoken to the solicitor about her/his work contract.
4. Dovevi stare più attento: ormai il danno è fatto.
   You should have been more careful: now the damage is done.
5. Cinzia era davvero agitata; tremava tutta, allora le ho detto di sedersi.
   Cinzia was really upset; she was shaking all over, so I told her to sit down.
6. Ho già capito che non vuoi finire questo lavoro.
   I have already understood that you don't want to finish this job.
7. Perché non sono ancora tornati?
   Why are they not back yet?
8. Natalia è la ragazza più spiritosa che abbiamo mai conosciuto.
   Natalia is the funniest girl we have ever met.
9. Anche se sei a dieta, ogni tanto puoi fare uno strappo!
   Even if you are on a diet, once in a while you can break the rule!
10. Siamo arrivati anche noi poco fa.
    We too have just arrived.
11. Avevano paura di non riuscire a completare il progetto, ma alla fine ce l'hanno fatta.
    They were afraid they would not manage to complete the project, but in the end they made it.

12.9 Position and function of negative adverbs

1. Sei stato tu a rompere questo piatto? Assolutamente no.
2. Hai mai studiato il giapponese? No, non l'ho mai studiato.
3. È buono quell'antipasto? No, non è per niente buono.
4. È vero che si è comprato la macchina? No, non è mica vero.
5. Non hanno risparmiato niente? Neanche un centesimo!
6. Neppure a te piacciono i film dell'orrore? No, non piacciono neppure a me.
7. Non sono mai stati a Londra? No, non ci sono mai stati.
8. Non sono andati al cinema nemmeno loro? No, non ci sono andati nemmeno loro.
9. Non bisogna aggiungere niente a questo documento? No, non bisogna aggiungere assolutamente niente.
10. Non volete proprio venire alla festa? Neanche per sogno!
11. Davvero non ti piace la sua casa? No, non mi piace affatto.

13 Forms of the verb

13.1 Conjugations: regular verbs

(a)

Vincereste	You would win
Preferivate	You were preferring
Ricordai	I remembered
Definiremmo	We would define
Guardato	Looked at
Ricorderai	You will remember
Vincerete	You will win
Ricordavi	You were remembering
Guardando	Looking at
Definiremo	We shall define

(b)

1. Amato	Loved
2. Taglio	I cut
3. Temere	To fear
4. Finì	He-she-it finished
5. Acquisteranno	They will buy
6. Suonerà	He-she-it will play

(c)

1. Mi auguro che tu rifletta bene sulla questione. Non prendere decisioni affrettate!
2. Pensate anche voi che Gina venderà/venderebbe presto quel costoso attico nel centro di Roma?
3. Se tu avessi più tempo libero, leggeresti molto di più.
4. Potendo scegliere, certamente Alberta opterebbe/opterà per una vacanza ai laghi.
5. Mentre dormivo sul divano, il campanello è suonato e mi sono svegliato di soprassalto.
6. Cosa ti piacerebbe fare questo pomeriggio?

13.2 Conjugations: major irregular verbs

(a)

1. We won
2. He-she-it dies
3. You read
4. It was cooking
5. You give
6. Give!
7. We have to
8. He-she-it pleased
9. To put
10. You were remaining
11. They saw
12. I will want
13. It would seem
14. He-she-it was born
15. Hidden
16. I put
17. Seeming
18. Assumed
19. They had
20. You have

(b)

1. Ammise
2. Udire
3. Bevuto
4. Corrono
5. Corsero
6. Lei esce
7. Cuocendo
8. Devolvemmo
9. Dovrei
10. Dovere
11. Dovetti
12. Espresso
13. Vedeste
14. Fece
15. Morirono
16. Sembra
17. Posso
18. So
19. Vogliamo
20. Vengono

13.3 Other irregular verbs

1. Giacqui
2. Diffuso
3. Commuoviate
4. Sottoponendo
5. Riconobbero

6. Prescindemmo
7. Prevalso
8. Sopravvivevi
9. Intervenendo
10. Assunto
11. Estraggo

13.4 'Mixed' conjugation verbs: *compiere* and verbs in *-fare*

1. Compia
2. Soddisfiamo/(soddisfacciamo)
3. Compireste
4. Adempiono
5. Si assuefece
6. Compiuto
7. Disfarei/disferei
8. Adempiste
9. Rarefatto
10. Soddisfo/soddisfaccio/(soddisfò)
11. Compiendo

13.5 Imperatives

(a)

	Imperativo II singolare	Imperativo III singolare	Imperativo II plurale	Imperativo III plurale	Imperativo negativo II singolare	Imperativo negativo II plurale
Parlare	parla	parli	parlate	parlino	non parlare	non parlate
Temere	temi	tema	temete	temano	non temere	non temete
Finire	finisci	finisca	finite	finiscano	non finire	non finite
Dormire	dormi	dorma	dormite	dormano	non dormire	non dormite
Irritarsi	irritati	si irriti	irritatevi	si irritino	non irritarti	non irritatevi
Leggere	leggi	legga	leggete	leggano	non leggere	non leggete
Meditare	medita	mediti	meditate	meditino	non meditare	non meditate

(b)

1. Ma dai!
2. Fatelo!
3. Daccene/Dacci 50!
4. Abbia
5. Stai/sta' là!
6. Di' qualcosa!
7. Vai/Va' via/Vattene!
8. Sappiate!
9. To'
10. Vogliate …
11. Non lamentarti, John!

(c)

Quando arrivi in fondo a via Caravaggio, gira a destra e prosegui fino alla rotonda. Alla rotonda prendi la prima a destra e vai/va' dritto fino al semaforo. Volta a sinistra, passa lo stadio e a questo punto vedrai una banca sulla sinistra. Dopo la banca, gira a destra all'incrocio. Dopo duecento metri vedrai la stazione ferroviaria. Fermati e guarda a sinistra della stazione. Lì di fianco ci sono 2 parcheggi. Non parcheggiare la macchina in quello sotterraneo, mi raccomando. È carissimo, credimi!

13.6 Agreement of the verb with its subject

1. C'è sempre più gente che scommette sui cavalli.
2. La maggioranza degli studenti sostiene che le tasse universitarie siano troppo alte.
3. La polizia era intervenuta immediatamente.
4. Nessuno di loro è riuscito a darmi una risposta esauriente.
5. Oltre il 50% degli italiani dichiara di essere cattolico, ma meno del 20% è praticante.
6. Verrete alla mia festa, tu e tuo fratello? Le mie sorelle ed io vi aspettiamo.
7. Una piccola percentuale dei dipendenti ha scelto il pre-pensionamento. Il resto, cioè la maggioranza, aspetterà di sapere chi sarà licenziato.
8. Mia sorella ed io andiamo molto d'accordo. In verità, sono sempre andata molto d'accordo con lei.
9. Spesso la gente non si rende conto della portata di certi comportamenti.
10. La squadra italiana di sci ha collezionato innumerevoli trofei.
11. La Juventus ha ancora una volta vinto il campionato.
12. Nel dopoguerra, il governo italiano è passato da una crisi all'altra.
13. Il governo ha recentemente varato la nuova legge antimafia.

13.7 Which auxiliary: *avere* or *essere*?

(a)

1. Paolo ha letto il giornale.
2. Teresa aveva preso l'autobus con me.
3. Noi avremmo fatto volentieri un viaggio.
4. Avrete ricevuto mie notizie.
5. Davvero hai avuto due lavori?
6. Avresti bevuto un superalcolico a digiuno?
7. Avevano chiuso piano la porta.
8. Avranno dato un premio anche a lui.
9. Abbiamo saputo fare benissimo questo gioco.
10. Gli avresti stretto la mano?
11. Ho pagato io la bolletta del gas questo mese.

(b)

1. Le rose erano appassite nel vaso.
2. I tuoi bambini sono cresciuti a vista d'occhio!
3. Con l'età, mio nonno è diventato più burbero.
4. Il contratto d'affitto sarà scaduto a maggio.
5. Sareste partiti/e domani?
6. Eri arrivato in ritardo a scuola, Marcello.
7. Saranno tornati/e contenti/e dalle vacanze.
8. Sarei scappato/a anch'io in campagna la domenica!

9. Forse sarà sorto un problema.
10. Quei libri non mi sono piaciuti per niente.
11. Gli è mancata molto la famiglia.

(c)

1. Il cane di mio cugino ha abbaiato tutta la notte.
2. Avrebbero mentito anche ai genitori.
3. Aveva urlato di dolore.
4. Hanno nuotato dalle 4 alle 6.
5. Aveva creduto di sognare.
6. Me lo avresti giurato davanti ad un testimone?
7. Abbiamo sciato dalla mattina alla sera.
8. Avranno soggiornato al mare con la famiglia.
9. La donna aveva tremato di paura.
10. Hai tossito tutto il giorno?
11. Aveva sudato sette camicie per tenere la casa pulita.

(d)

1. Paolo era corso a casa appena gli amici avevano finito la partita di tennis.
2. Fra due mesi avremo cominciato la costruzione del nuovo edificio.
3. I lavori di allestimento del nuovo museo saranno cominciati a settembre.
4. Gli studenti hanno seguito molto facilmente le nostre spiegazioni.
5. Dopo il telegiornale, è seguito un documentario sugli animali in estinzione.
6. Giacomo avrebbe continuato la lettura tutta la notte.
7. Il maltempo è continuato senza sosta su tutta la penisola.
8. Avrebbe migliorato il suo record se si fosse allenato regolarmente.
9. Le condizioni economiche degli operai saranno notevolmente migliorate.
10. Ancora una volta l'OPEC ha aumentato il prezzo del greggio.
11. Il prezzo della benzina è aumentato ancora una volta!

(e)

1. Avevano dovuto scrivere quella lettera.
2. Non avresti potuto comprare più pane?
3. Pietro non è voluto andare in montagna.
4. Mi pare che sia cominciato a piovere.
5. Non aveva voluto sembrare antipatica.
6. Avremmo dovuto insistere, secondo me.
7. Avrebbero potuto essere questioni molto controverse.
8. Avrei voluto saperlo fare anch'io.
9. Ha dovuto vestirsi/Si è dovuto/a vestire in fretta.
10. Non se n'erano voluti/e andare.
11. Le bambine non hanno voluto lavarsi/si sono volute lavare.

13.8 Agreement of the past participle

1. Abbiamo acquistato parecchi libri nuovi.
2. I biglietti vincenti sono stati acquistati a Milano.
3. Andrea ed io ci siamo fermati a bere qualcosa di fresco.
4. Patrizia è già tornata dalla Francia, ma non l'ho ancora vista.
5. Vi siete ricordati di fare la spesa, ragazzi? No, ce ne siamo dimenticati.
6. Dice di non aver fatto telefonate, ma secondo me ne ha fatte parecchie.
7. Giorgio ci avrebbe dato la sua macchina, ma l'aveva prestata a suo fratello.

8. La polizia ha riconosciuto i ladri e li ha inseguiti. Dopo averli catturati, li ha portati in questura.
9. Ti ho chiamata quando ti ho vista per la strada, Eleonora, ma non mi hai sentito.
10. Durante la festa tutte le ospiti si sono divertite: dopo essersi scambiate regali e auguri, si sono salutate con baci e abbracci.
11. Ho dato a mio figlio la giacca che gli avevo comprato per il suo compleanno.

13.9 Causative structures

(a)

1. Faremo ristrutturare il bagno.
2. Hanno fatto tinteggiare l'appartamento.
3. Hai fatto cambiare i freni dell'auto?
4. Facendo abbattere questo muro, ci sarà più spazio.
5. Perché non hai ancora fatto pulire questi tappeti?
6. Facendo fare altre modifiche, spenderemmo un capitale.

(b)

1. La faremo fare a Giorgio.
2. Lo farò passare a Lucia.
3. La faremo scegliere alle nostre mogli.
4. Le ho fatte portare al facchino.
5. Li faceva fare al marito.
6. La facciamo pagare ai nostri genitori.

(c)

1. No, gliel'ho fatta scrivere dall'avvocato.
2. No, gli hanno fatto telefonare dalla segretaria.
3. No, gliel'avevamo fatta lavare dai bambini.
4. No, glieli faremo portare da zio Carlo.
5. No, te la faccio registrare da papà.
6. No, si è fatto servire dal cameriere.

13.10 The passive

(a)

1. La tesina è stata consegnata prima della data di scadenza da tutti gli studenti.
2. Di recente una legge controversa è stata fatta approvare dal Presidente del Consiglio.
3. Molto spesso l'opinione pubblica non viene riflessa dagli articoli dei giornali.
4. I premi saranno ricevuti dai vincitori entro la fine del mese.
5. Nessuno degli attori era stato risparmiato dal sarcasmo del critico.
6. Penso che il nostro punto di vista non venga tenuto assolutamente in considerazione.
7. Se fosse necessario, la delegazione verrebbe ricevuta dall'ambasciatore dopo la cerimonia.
8. La versione dei fatti fornita dalla donna non è stata creduta dagli inquirenti.
9. Non va aggiunto niente a quest'insalata?
10. In un attimo i letti furono cambiati, i mobili spolverati e la camera riordinata dalle cameriere.
11. La data di scadenza del cibo va indicata sulla confezione.

(b)

1. Mi hanno dato/mi è stato dato da firmare questo documento.
2. Gli diranno/gli si dirà di tornare domani.
3. A Pietro era stata promessa/avevano promesso una bicicletta per Natale.
4. La polizia ci chiedeva di spostarci.
5. Si consiglia ai clienti di non usare l'ascensore.
6. Vi hanno dato/vi sono state date tutte le istruzioni necessarie per completare il lavoro.

(c)

1. Sì, anche questo documento va firmato.
2. Sì, andrà inclusa anche una fotografia.
3. Sì, la richiesta di esonero va inoltrata subito.
4. Sì, andavano compilate tutte le sezioni del modulo.
5. No, non vanno mandate le fotocopie dei documenti.
6. Sì, va tenuta una copia del modulo.
7. I dati personali vanno inseriti nella sezione 2.
8. La ricevuta fiscale va conservata per 10 giorni.
9. No, lo scontrino non va buttato via.
10. Sì, tutto il contratto andrebbe letto.
11. Sì, vanno fatte osservare tutte le regole.

(d)

I tortellini bolognesi

La preparazione dei tortellini si divide in due parti ben distinte: la sfoglia e il ripieno.

Per la sfoglia vanno utilizzate/si devono utilizzare 4 uova fresche e 4 etti di farina. Va usato/si deve usare l'apposito matterello di legno e si deve essere un po' abili nella spianatura dell'impasto, altrimenti si possono creare spessori diversi, pieghe e buchi.

Si crei una fontana di farina e si rompano nel centro le uova. Si impasterà il tutto molto energicamente con le mani fino a quando non si sarà ottenuto un impasto morbido e sodo. Lo si spiani con il matterello finché non lo si sarà trasformato in una sfoglia sottile ed uniforme. Non si deve far seccare/va fatta seccare troppo la sfoglia, altrimenti non si riuscirà a chiudere bene i tortellini.

Si divida la sfoglia in strisce larghe circa 6 cm e si taglino dei quadrettini larghi circa 4 cm. Su ogni quadretto si dovrà disporre/andrà disposto un po' di ripieno e poi si chiuderà il tortellino.

La chiusura del tortellino è la parte artistica del lavoro. Si pieghi il quadrato di sfoglia lungo la diagonale. Si deve poi premere sui margini in modo che la sfoglia si unisca perfettamente, senza lasciare aperture. A questo punto si pieghi la punta del triangolo verso il basso e si arrotoli il tutto sull'indice della mano, con la punta piegata rivolta verso l'esterno del dito. Si saldino poi gli altri due angoli insieme. Si ottiene così il tortellino.

14 Uses of the verb forms

14.1 Future and future perfect: forms and uses

(a)

Sono già le 5 e Claudio è ancora arrivato. Chissà perché?

1. Avrà perso l'autobus.
2. Si sarà dimenticato del nostro appuntamento.
3. Avrà avuto un contrattempo.
4. Avrà trovato molto traffico.
5. Avrà dovuto sbrigare qualche commissione.
6. Avrà pensato ci si dovesse incontrare in piazzale Fiume.

(b)

1. Quando sarò arrivata al bar, ordinerò un cappuccino.
2. Non appena avrò cenato, mi metterò al lavoro.
3. Finché non avrai finito il tuo lavoro, non uscirai.
4. Mentre tu sarai da Anna, io andrò in banca.
5. Una volta che si sarà laureato, farà un master in business a Londra.
6. Ogni volta che vorrai, potrai contattarmi via email.
7. Quando avrai voltato a destra, troverai la biblioteca subito sulla sinistra.
8. Mentre sarete a Roma, dovrete andare a trovare la signora Laura.
9. Ogni volta che il controllore ti troverà senza biglietto, dovrai pagare una multa salata.
10. Finché abiteranno nei pressi della stazione, potranno andare in centro a piedi in cinque minuti.
11. Finché non si trasferiranno nei pressi della stazione, non potranno andare in centro a piedi in cinque minuti.

(c)

1. Che organizzerai per il tuo compleanno, Lara?
2. La farò richiamare appena il dottor Angelini sarà rientrato dalla riunione.
3. Non c'è di che preoccuparsi: sono certa che Roberta ritornerà/sarà ritornata prima dell'ora di cena.
4. Fra tre mesi noi ci laureeremo e ci sposeremo. Quasi non ci credo!
5. Dopo che avrà consegnato la tesi, Simone partirà per un lungo viaggio in Asia.
6. Nel 2005, la nostra famiglia avrà vissuto quarant'anni in Brasile.
7. Finché non me lo avrà dimostrato coi fatti, mi sarà difficile credergli.
8. Non posso credere che non ci abbia neppure avvisati. Sarà successo qualcosa?
9. Saranno state le 2 quando abbiamo sentito un terribile boato provenire da quella direzione.
10. Atterreremo alle 5.15 a Malpensa. Dovremmo essere a Milano centrale per le 6.30.
11. Perché Paolo ha gli occhi rossi?
    Sarà stanco.

14.2 The future-in-the-past and the (past) conditional

(a)

1. Eravamo certi che vi sareste trovati perfettamente d'accordo con loro.
2. Credevo che sarebbe venuto nel pomeriggio.
3. Era ovvio che Paolo non avrebbe superato facilmente l'esame per l'abilitazione.
4. Stavano annunciando ora che l'aereo avrebbe subito un ritardo di 35 minuti.
5. Non si rendeva conto di quello che sarebbe successo a breve.
6. Era chiaro che il premio sarebbe andato a Giacomo.
7. Mi sembrava evidente che quella squadra avrebbe vinto il campionato.

(b)

1. Ci rendiamo conto che non otterremo facilmente molti fondi per le nostre ricerche.
2. È palese che quella causa sarà persa.
3. Le promette che non andrà a trovare sua madre.
4. Temiamo che le spese per quel progetto saranno troppo alte.
5. I signori Biagini dicono che arriveranno per l'una.
6. Mi aspetto che Gianni mi chiamerà oggi nel pomeriggio.
7. Si sta rendendo conto che non sarà un compito facile.

14.3 The present and imperfect tenses as expressions of future time

1. Sapevo che sarebbe arrivato alle 3.
2. Mi chiamerai appena sarai a casa, Francesco?
3. Ci avevate promesso che sareste passati da Firenze questo fine seltimana.
4. Fabrizio, ti manderò le bozze appena le avrò finite.
5. Ti disse che ti avrebbe dato una risposta, e invece…
6. Mi aveva promesso che non avrebbe più investito in borsa.
7. Appena me lo potrò permettere, mi comprerò una ML320!

14.4 Present and imperfect tenses after *da*

1. Mia madre fa l'insegnante da più di vent'anni.
2. Abitavo a Parigi da ottobre, cioè da sei mesi almeno, quando ho deciso di tornare in Italia.
3. Nicola lavorerà già da parecchi anni.
4. Da anni questo prodotto era l'assoluto leader del mercato.
5. Mio nonno costruì questa casa in tre anni, dalla fine della guerra al 1948.
6. Dovrebbe essere al lavoro già da qualche ora.

14.5 The use of *trapassato prossimo* and *trapassato remoto*

1. Non avevo ancora finito di prepararmi quando Francesca è passata a prendermi.
2. Quando aveva 10 anni, Luca aveva già trascorso lunghi periodi all'estero.
3. Non interruppe il suo discorso finché non ebbe detto tutto quello che si sentiva di dire.
4. Dopo che gli inquirenti ebbero passato così tanti mesi in inutili ricerche, il caso fu abbandonato.
5. Non appena si fu sentita meglio, si rimise al lavoro.
6. Noi avevamo appena finito di servire un cliente, quando il rapinatore è entrato.
7. Quando finalmente ebbe ottenuto quel posto di lavoro, si sentì gratificato.

14.6 Imperfect v. *passato remoto* and *passato prossimo*

(a)

1. Pronto, volevo parlare con l'ingegner Fabbri, per favore.
2. Era alto, biondo, occhi scuri e giocava a tennis superbamente: te lo ricordi?
3. Quando ebbe la bella notizia, Andrea era nel suo studio a Roma.
4. Cristoforo Colombo scoprì l'America nel 1492.
5. Mentre riordinava la stanza, la signora Beretti trovò una lettera che il padre le aveva scritto dall'Argentina.

6. Ogni mattina, Angelo si alzava alle 6 e usciva per una camminata di circa mezz'ora.
7. In meno di un anno, Giulia ha imparato/imparò l'inglese e il francese.

(b)

Un amico di Roma mi ha pregato di portargli tre metri di quella tela americana a righe sottili, celeste, che vendevano anche alla Rinascente. E io sono andato in giro per comprargli questa stoffa, mi sono fatto dare gli indirizzi dei negozi celebri e sono andato prima nella Fifth Avenue, poi in Park Avenue e ho chiesto questi tre metri di stoffa; tutti sorridevano e allargavano le braccia. Ogni giorno dedicavo un'oretta all'operazione. Il giorno della partenza mi è venuta l'idea del grande magazzino, quello in cui si poteva acquistare dall'ago allo yacht. Ho salito decine di scale mobili, sono arrivato al piano abbigliamento e per un attimo ho osservato lo spettacolo: migliaia di persone si provavano camicie, pigiama, magliette.

(Luca Goldoni, *Sempre meglio che lavorare*, Milano 1989)

(c)

Dante Alighieri nacque il 29 maggio 1265 a Firenze da una famiglia della piccola nobiltà. Nel 1274, secondo la Vita Nuova, vide per la prima volta Beatrice della quale si innamorò subito e perdutamente. Quando morì sua madre Gabriella, Dante aveva circa dieci anni. A 17, nel 1283, quando anche suo padre Alighiero di Bellincione, commerciante, morì a sua volta, Dante divenne il capofamiglia. Il giovane Alighieri seguì gli insegnamenti filosofici e teologici delle scuole francescana e domenicana. In questo periodo strinse amicizie e iniziò una corrispondenza con i giovani poeti che si facevano chiamare "stilnovisti".

14.7 The *passato remoto* v. the *passato prossimo*

1. Stamattina sono arrivata in ufficio con mezz'ora di ritardo.
2. Le reliquie di Foscolo furono trasportate a Zacinto ed oggi si trovano nel mausoleo del museo Dionisio Solomos.
3. Ti ho chiamato anche cinque minuti fa, ma tu non hai risposto.
4. Nel pomeriggio un terribile temporale si è abbattuto nella zona di Brescia.
5. Ti sei arrabbiato/a con lui per un motivo così banale?
6. Il figlio di Loretta è nato ieri: si chiama Luca e pesa 3,5 kg!
7. Perse il figlio vent'anni fa e da allora non si è mai più ripreso.

14.8 Revision: uses of the past tenses

Il servo non guardava al di là del poderetto anche perché i terreni da una parte e dall'altra erano appartenuti un tempo alle sue padrone: perché ricordare il passato? Rimpianto inutile.[...] Per questo lavorava tutto il giorno e adesso, in attesa della notte, mentre per non perder tempo intesseva una stuoia di giunchi, pregava perché Dio rendesse valido il suo lavoro. [...] A quell'ora, mentre la luna sbocciava come una grande rosa fra i cespugli della collina e le euforbie odoravano lungo il fiume [...] un passo in lontananza gli fece sollevare gli occhi. Gli sembrava di riconoscerlo; era un passo rapido e lieve di fanciullo [...] [Poi] il passo non si udì più: Efix tuttavia rimase ancora là, immobile ad aspettare.

(Grazia Deledda, *Canne al vento*)

14.9 The 'progressive'

1. Stava leggendo la lettera della madre.
2. Stanno nuotando velocemente verso la boa.

3. Che cosa stai facendo in cucina?
4. A chi stavi telefonando poco fa?
5. Dove sta andando Annalisa? È giovedì, starà andando in piscina.
6. Stavamo mangiando insieme un gelato, quando è arrivato anche Matteo.
7. Non capisco perché mi stiate dicendo di smetterla.
8. Voleva sapere perché stessero parlando con il poliziotto.
9. State ancora dormendo? Svegliatevi, è tardissimo!
10. Sto incominciando a capire il motivo del suo strano comportamento.
11. Daniela sta tornando a casa in treno.

14.10 Meaning and syntax of the gerund

1. Uscendo dal supermercato, Paola ha incontrato una sua vecchia compagna di scuola.
2. Correndo, riesci a prendere l'autobus.
3. Essendo assente il datore di lavoro, i dipendenti non rispettavano gli orari.
4. La vittima aveva incontrato la donna che lo ricattava parecchie volte e sempre nello stesso posto.
5. Mettendo in ordine i giocattoli dei bambini, abbiamo trovato questo vecchio libro.
6. Pur avendo fretta, ti aspetteremo.
7. Premendo il tasto REW, si potrà riavvolgere il nastro.
8. Non avendo tu presentato la domanda in tempo, non potranno prendere in considerazione la tua candidatura.
9. Solo avendo insistito costantemente per mesi, Lucia è riuscita a far valere i suoi diritti.
10. Quel cagnolino minuscolo, saltandomi intorno e cercando di spaventarmi, mi ha fatto solo ridere.
11. Ho lasciato mio figlio che giocava tranquillo in salotto.

14.11 'Clausal' use of the past participle

1. Tornato il presidente, la riunione fu ripresa.
2. Una volta sistemati gli affari, andranno in pensione.
3. Quell'infame, fatto cambiare il testamento al padre, tentò di avvelenarlo.
4. Annaffiato e concimato il terreno, bisognerebbe piantare gli arbusti di rose.
5. Come siete neri! Vi si direbbe appena tornati dal mare!
6. Imbucata la lettera, era entrato in banca.
7. Letto questo libro, ne potremo discutere il contenuto.
8. Ci credevano già sposati.
9. Accortosi dell'errore, si scusò con tutti.
10. Esaminato il problema, sono sicuro che raggiungeremo un accordo.
11. Non lo pensavo già laureato.

14.12 The infinitive as noun

1. Viaggiare in prima classe è sempre stato il mio sogno.
2. È ormai accertato che fumare fa male alla salute.
3. Giocare a scacchi è da anni il suo unico passatempo.
4. Mi aveva rattristato pensare che sua madre fosse rimasta sola.
5. Se ti fa male il ginocchio, dovresti provare a nuotare, invece che sciare.
6. Prima di cenare, faranno una passeggiata.

14.13 Infinitive, gerund, or participle?

1. Essendo tardi, abbiamo deciso di tornare a casa.
2. Solo dopo aver finito di studiare potrai andare in discoteca.
3. Pur essendo già la fine di aprile, fa ancora piuttosto freddo.
4. Invece di criticare continuamente suo padre, Gianluca avrebbe fatto meglio a sistemare da solo la faccenda.
5. Nuotare fa molto bene a quelli che soffrono di mal di schiena.
6. Affermatesi/essendosi affermate/dopo essersi affermate come professioniste, molte donne preferiscono non dedicarsi alla famiglia.
7. Ho visto la mia amica Donata camminando in via Verdi.
8. Ho visto la mia amica Donata camminare in via Verdi.
9. Pensandoci bene, capirai di avere torto.
10. Pur avendone voglia, si sono rifiutati di comprare i salatini in confezioni di plastica.
11. È un vero peccato aver perso l'abitudine di leggere.
12. Pur avendo riscoperto i vantaggi delle città medio-piccole, molti italiani preferiscono lo stesso vivere nelle metropoli.
13. Pur essendo un po' stanca, non ho voluto usare la macchina.
14. Gli fa davvero rabbia pensare che suo fratello se la sia cavata anche senza di lui.
15. Una volta migliorate le nostre condizioni economiche, ci potremo permettere anche noi una vacanza.
16. Prima di ritornare si sono organizzati molto bene.

14.14 Translating the '-ing' form

1. In questo momento sta cucinando.
2. Sono bravissimo a giocare a carte.
3. Gli spaghetti vanno messi nell'acqua bollente.
4. Stavamo facendo una foto a nostra figlia che nuotava nel mare.
5. Che cosa stavi facendo in piedi su quella sedia?
6. La paura di volare non le ha mai impedito di andare in vacanza.
7. Seduti in salotto, lo sentivamo esercitarsi al pianoforte.
8. Un buon modo di non spender soldi sarebbe non uscire.
9. Dopo aver studiato per così tante ore, mi piace guardare la televisione.
10. Hai visto il rapinatore uscire dalla banca?
11. Essendo arrivati presto, hanno cominciato subito a discutere perché le recenti misure non stessero funzionando.
12. Premendo questo tasto, la registrazione si interromperà.
13. A Daniela non dispiace cucinare, ma odia fare la spesa e lavare i piatti.
14. Continua pure a leggere, e scusami l'interruzione.
15. Prendere un paio di queste compresse ti aiuterà a far passare il mal di testa.
16. Prendendo un paio di queste compresse, mi è passato il mal di testa.

14.15 The subjunctive as 'notion'

1. Pensi che sia ora di andare?
   Vi sembrava che fosse ora di andare?
2. Suppongo che l'emigrazione sia stata un fenomeno importante particolarmente all'inizio del secolo.
   Mi pareva che l'emigrazione fosse stata un fenomeno importante particolarmente all'inizio del secolo.
3. Sono contento che nostro figlio vada all'università.
   Non ero sicuro che nostro figlio andasse all'università.

4. Non mi ero stupito che anche quest'anno i prezzi fossero aumentati.
   Temono che anche quest'anno i prezzi siano aumentati.
5. È convinto che abbiate fatto degli errori nel montaggio dell'aspirapolvere.
   Avevano l'impressione che aveste fatto degli errori nel montaggio dell'aspirapolvere.
6. Mi auguro che non succeda niente di grave.
   Pregavamo che non succedesse niente di grave.
7. Suggerivano che facessimo una gita in barca.
   Preferirei che facessimo una gita in barca.
8. Ho la sensazione che nessuno sappia fornire una spiegazione esauriente di questo fenomeno.
   Era capitato che nessuno sapesse fornire una spiegazione esauriente di questo fenomeno.
9. Non si sa se oggi si parta per distrarsi, per evadere.
   Si sarebbero aspettati che oggi si partisse per distrarsi, per evadere.
10. Immagino che non tutti siano riusciti a trarre dalle esperienze le dovute lezioni.
    Sospettavate che non tutti fossero riusciti a trarre dalle esperienze le dovute lezioni.
11. Voglio che scelga tu il cd che vuoi.
    Aveva permesso che scegliessi tu il cd che volevi.
12. Può darsi che alcuni centri abitati offrano esempi palesi di abusivismo edilizio.
    Negavano che alcuni centri abitati offrissero esempi palesi di abusivismo edilizio.
13. La bibliotecaria riteneva che i libri andassero restituiti immediatamente.
    Ho paura che i libri vadano restituiti immediatamente.
14. Esigo che glielo diciate voi.
    Bastava che glielo diceste voi.
15. Credevamo che Maria facesse finta, fosse stanca.
    Non mi piace che Maria faccia finta, sia stanca.
16. Pretendevi che te lo giurassi.
    Ordinano che te lo giuri.
17. Mi dispiaceva che non avesse voglia di discutere.
    Speravo che non avesse voglia di discutere.
18. Desidera che torni subito.
    Non avevano nulla in contrario che io tornassi subito.
19. Dubito che tocchi a te!
    Si rallegravano che toccasse a te.
20. Permetti che ci vada io?
    Impedivano che ci andassi io.
21. Voleva evitare che tu le dessi la colpa.
    Mi rincrescerebbe che tu le dessi la colpa.
22. Avevo detto al cameriere che mi portasse il conto.
    Lascia che il cameriere mi porti il conto.
23. Raccontavano come la merce venisse consegnata.
    Aspettano che la merce venga consegnata.
24. Non vale la pena che tu insista ancora con lui.
    Proponevamo che tu insistessi ancora con lui.
25. Ho insistito che mi aspettassero davanti al ristorante.
    Bisogna che mi aspettino davanti al ristorante.
26. Non mi sarebbe passato nemmeno per la testa che avesse detto la verità.
    Si accontenterebbero che avesse detto la verità.
27. Avevate accettato che lui parlasse prima di me.
    Chiedono che lui parli prima di me.
28. Ottenni che loro partissero il giorno seguente.
    Non mi importa che loro partano il giorno seguente.

29. Non vedevamo l'ora che mia sorella si sposasse.
    Non siete sorpresi che mia sorella si sposi.
30. Ci compiacciamo che conducano una vita sana.
    Bastava che conducessero una vita sana.

14.16 The subjunctive after conjunctions

1. Benché oggi faccia freddissimo, il mercato è pieno di gente.
2. Sebbene io glielo avessi proibito, lui l'ha fatto lo stesso.
3. Nonostante quel genere di film non gli piacesse, Luca è venuto ugualmente con noi.
4. Per quanto sia ammalato, il candidato vuole sostenere il colloquio.
5. I nonni arriveranno alle sette, a meno che il treno non subisca ritardi.
6. Non possiamo annullare la sua polizza, prima che lo abbia notificato per iscritto.
7. Gli ho comprato una cravatta nuova, affinché anche lui sia vestito come si deve al tuo matrimonio.
8. Aveva parcheggiato vicino all'ufficio, in modo che lei non si bagnasse se fosse piovuto.
9. I genitori gli presteranno dei soldi, cosicché possa finalmente comprarsi la casa che desidera.
10. Ti do volentieri la mia auto, a patto che me la tenga bene.
11. Malgrado il concerto sia stato ottimo, mio marito si è addormentato.
12. Per costose che fossero, quelle scarpe non le stavano per niente bene.
13. Ti lascio il mio numero di cellulare, nel caso che tu abbia necessità di metterti in contatto con me.
14. Potevano salire sull'autobus, purché avessero già il biglietto.
15. Discuteremo la faccenda ancora una volta, a condizione che tu non ti metta a piangere di nuovo.
16. Portavano loro la mamma dal medico, bastava che glielo dicessi.
17. Quantunque non mi vada per niente a genio, dopo tutto sei tu che devi sposarlo.
18. Non gli dispiace cucinare, sempre che tu glielo chieda prima.
19. Non uscirà di casa finché non sia tornata la moglie.
20. Parlava, come se avesse appena smesso di piangere.
21. Andiamo insieme, senza che tu debba prendere la tua macchina.
22. Benché lei si sia sforzata di spiegarmi la situazione, io non ho capito bene.

14.17 The subjunctive in relative clauses

(a)

1. Cerco un impiegato che sappia parlare inglese, tedesco e russo.
2. Non c'era nessuna medicina che potesse lenire il suo dolore.
3. Ho telefonato a Paolo, credendolo la persona che potesse aiutarci.
4. Non è stato ancora possibile trovare terapie che possano debellare quella malattia.
5. Volevamo un ragazzo che sapesse gestirsi autonomamente.
6. Non ci rimarrà altra scelta che rivolgerci a qualcuno che sappia risolvere questo problema.

(b)

1. Difenditi da chiunque voglia approfittare di te.
2. Chiunque sia interessato a questo lavoro, deve presentarsi domattina alle 8.

3. Difenditi da chiunque possa procurarti fastidi.
4. Non negare un favore a chiunque te lo chieda!
5. Perché si comporta così con chiunque gli rivolga la parola?
6. Prepara il tè per chiunque che lo voglia.
7. Qualunque/qualsiasi cosa tu faccia, sarà ricompensata.
8. Dovunque andiate, portatevi l'ombrello.

(c)

1. Venezia è la più bella città che ci sia in Italia.
2. Ieri ho incontrato il più bell'uomo che abbia mai visto.
3. È decisamente il più bel reperto che sia mai stato trovato!
4. Sarà il gruppo più numeroso che sia mai arrivato da Napoli.
5. Sarebbe la prima donna che sia stata eletta in Europa.
6. Era il borsellino più piccolo che fosse stato mai esposto.

(d)

1. Ci sono dei giorni in cui non c'è niente da fare al lavoro.
2. Ci sono dei giorni in cui non c'è niente che ti vada bene.
3. È possibile che non ci sia mai niente che ti vada bene?
4. Hai attaccato quel manifesto in una bacheca dove tutti possono vederlo.
5. Attacca quel manifesto in una bacheca dove tutti possano vederlo!
6. Nessuno che abbia vissuto là per più di dieci anni avrebbe detto la stessa cosa!

14.18 The subjunctive with impersonal expressions

1. È probabile che oggi piova.
2. È una vergogna che tu non studi mai.
3. Può darsi che Anna passi nel pomeriggio per un saluto.
4. È un peccato che abbia già restituito la videocassetta.
5. C'è il dubbio che fosse una notizia attendibile.
6. Mi pare che la biblioteca sia aperta fino alle 18.30.

14.19 Indirect questions

1. Mi chiedo chi fosse quel ragazzo che ha suonato alla porta.
2. Mi domando quando Marta e Anna partano per l'Egitto.
3. Non so come si chiami lui.
4. Si chiese dove, del resto, potesse rintracciarlo.
5. Sai chi sia entrato?
6. Dove si fossero rifugiati, rimane un mistero.

14.20 Equivalents of 'will', 'would', 'shall', 'should', 'must', 'ought to', etc.

1. Il treno arriverà fra pochi minuti.
2. Se glielo chiedessi, Riccardo ti presterebbe il suo libro.
3. Da bambino, Andrea passava spesso l'estate al mare.
4. Ci sto provando da un secolo, ma il registratore proprio non vuole funzionare.
5. Ieri i miei bambini non volevano proprio mangiare la verdura.
6. Era proprio da lui dire una cosa del genere, no?
7. Non vuole ripassare anche se gli esami sono davvero importanti.
8. Devo lavare i piatti?
9. Vogliamo andare al cinema, allora?

10. Cos'ha quel cane? Continua ad abbaiare!
11. Marco non vuole telefonarmi anche se l'ho supplicato di farlo.
12. Sei sicuro che non verranno in vacanza con noi?
13. Mi hanno assicurato che mi avrebbero scritto.
14. Dovrei tornare in quel negozio?
15. Dobbiamo pagare la multa entro la fine della settimana.
16. Dovresti toglierti le scarpe quando entri in casa.
17. Il ministro deve aver mentito.
18. Il giudice avrebbe dovuto cambiare la sentenza.
19. Il medico avrebbe dovuto controllargli la pressione.
20. Il giornale avrebbe dovuto pubblicare un errata corrige.
21. Sarebbero dovuti ritornare entro mezzanotte.

14.21 Equivalents of 'can', 'could', 'may', 'might'

1. Può darsi che vadano in vacanza tutti insieme.
2. Possono comprare la casa nuova, dopo tutto.
3. Non tutte le persone che avevamo invitato possono essere presenti stasera.
4. Può darsi che decida di non accettare quel lavoro.
5. I tifosi non potevano smettere di urlare durante la partita.
6. Può darsi che non ricevano questa lettera in tempo.
7. L'amministrazione comunale non può spendere più soldi di quanti ne abbia.
8. Potrebbero non avere tempo di portare il gatto dal veterinario.
9. Non dev'essere facile mantenere cinque figli con un solo stipendio.
10. Non ho proprio potuto finire questa relazione ieri: stavo troppo male.
11. I cantanti non si sono potuti esibire ieri sera a causa dello sciopero dell'orchestra.
12. I miei genitori mi avevano detto che sarei potuta uscire da sola quando avessi avuto 16 anni.
13. Con la squadra al completo, la Juventus avrebbe potuto vincere la partita.
14. Secondo noi, potevano aver telefonato mentre eravamo fuori.
15. Avresti dovuto sapere che i negozi erano chiusi oggi: era sul giornale.
16. Shakespeare può aver scritto il sonetto scoperto recentemente.
17. Non ci vedeva senza gli occhiali che poteva aver lasciato a casa.
18. La polizia non poteva escludere l'omicidio.
19. Capiscono le nostre riserve.
20. Ora che hai chiuso la porta, non ci sento per niente.
21. Se riesce a montare il tosaerba, taglierà l'erba.
22. Se possiamo aiutarti a trovare un lavoro, lo faremo.
23. All'età di 10 anni sapeva già suonare il violino e il pianoforte.
24. Non posso parlare con mia madre al telefono, ci sente poco.
25. Ce l'hanno fatta a trovare la tua casa?
26. Sono sicuro di aver lasciato le chiavi sul tavolo, ma ora non le trovo.

15 Comparative, superlative and related constructions

15.1 Forming the comparative and superlative of adjectives and adverbs

(a)

1. Giorgio è più alto di Luca.
   Luca è meno alto di Giorgio.

2. Questo regista ha già fatto più film di quello.
   Quel regista ha fatto meno film di questo.
3. Marco ha più sorelle di Gabriella.
   Gabriella ha meno sorelle di Marco.
4. Stefania è più giovane di Marco.
   Marco è meno giovane di Stefania.
5. La valigia di Anna pesa più della valigia di Laura.
   La valigia di Laura pesa meno della valigia di Anna.
6. In Italia oggi fa più caldo che in Gran Bretagna.
   In Gran Bretagna oggi fa meno caldo che in Italia.
7. Bologna ha meno aeroporti di Milano.
   Milano ha più aeroporti di Bologna.
8. Il mio soggiorno è più piccolo del tuo.
   Il tuo soggiorno è più grande del mio.
9. Il tema di Alessandra ha meno parole/è più breve del tema di Francesco.
   Il tema di Francesco ha più parole/è più lungo del tema di Alessandra.
10. Quella maglia costa meno di questa.
    Questa maglia costa più di quella.
    Quella maglia è più economica di questa.
    Questa maglia è più costosa di questa.
11. Ad Anna nuotare piace più che a Mariachiara.
    A Mariachiara nuotare piace meno che ad Anna.

(b)

1. La macchina più bella.
2. Il volo più economico per Parigi.
3. I miei più cari amici.
4. Il paese più vicino.
5. L'uomo più ricco.
6. Il suo libro più vecchio.

15.2 Special forms of comparatives and superlatives

1. È meglio se prima passiamo dalla biblioteca e poi dalla libreria.
2. Questa pizza mi sembra migliore di quella che abbiamo ordinato l'altra sera.
3. Paolo è il fratello maggiore. Ha 12 anni.
4. Di questo non ti devi allarmare. Sarebbe il male minore.
5. Mia nonna mi lasciava sempre giocare. Era molto più buona di zia Angela.
6. Si andava di male in peggio.
7. È meglio che tu esca e ti distragga un po'.
8. Al piano superiore ci sono due camere da letto e un bagno.
9. Per ulteriori informazioni rivolgersi direttamente all'Ufficio personale.
10. Meno male che non sei venuto! Il film è stato di una noia mortale.
11. È senza dubbio uno dei peggiori alunni della scuola.

15.3 'Than' in comparatives

1. La tua istruttrice di nuoto è più paziente della mia.
2. Il Mar Adriatico è più inquinato del Mar Tirreno.
3. È più piacevole studiare con un amico che da soli.
4. Viaggiare in auto è più comodo che viaggiare in treno, non credi?
5. Nessuno è più sfortunato di me!
6. In Italia il rugby è molto meno seguito del calcio.

7. La donna italiana è ora più presente che mai sul mercato del lavoro.
8. Si dovrebbe bere più acqua che bevande gassate, specialmente d'estate.
9. Davvero leggi più di tre libri alla settimana?
10. Non è vero che Luca andava peggio di suo fratello, a scuola.
11. Meglio di così non poteva andare!
12. Per fortuna hanno bevuto meno del solito.
13. Più che altro, avrebbe preferito un trasferimento ad una squadra di serie A.
14. Il risultato è stato peggiore di quanto si aspettasse.
15. Evidentemente il candidato era molto meno bravo di quanto credesse lui!
16. Piuttosto che tornare da sola, ti aspetto.

15.4 The 'elative' ending *-issimo*

1. Questa nostra città è diventata rumorosissima e inquinatissima.
2. I suoi compagni di corso sono tutti intelligentissimi e studiosissimi.
3. Avete conosciuto il ragazzo di Laura? È simpaticissimo e buffissimo.
4. La torta che hai preparato era davvero buonissima.
5. È stato un viaggio lunghissimo e siamo arrivati stanchissimi.
6. Il padre di Luciano è uno scrittore bravissimo e famosissimo.
7. Ho scoperto che Roberto sa andare benissimo in barca ed è un pescatore espertissimo.
8. Dovete fare pianissimo: i bambini dormono e hanno il sonno leggerissimo.
9. Quest'estate siamo andati al mare spessissimo anche se la spiaggia era affollatissima e a volte sporchissima.
10. Quando non sarete più giovanissimi forse capirete il nostro comportamento, che adesso vi sembra intransigentissimo.
11. Tanti giocano pur non essendo ricchissimi perché vorrebbero vincere premi bellissimi.

15.5 Comparisons of equality

1. Paolo è tanto alto quanto Marcello.
2. Mara ha i capelli tanto lunghi quanto Barbara.
3. Luca è tanto irascibile quanto Gabriele.
4. La macchina di Sofia ha tanti anni quanti quella di Jessica.
5. Quel vaso di porcellana è tanto antico quanto questo.
6. Quel libro ha venduto tante copie quante questo.
7. Il Signor Rubini è tanto indisponente quanto la signora Rubini.
8. Nuotare mi piace tanto quanto correre.
9. Eleonora è tanto bella quanto te.
10. Giocare a scacchi è tanto noioso quanto giocare a dama.
11. In città l'autobus è tanto conveniente quanto il tram.

15.6 Special comparative and superlative expressions

1. Ci sono due biglietti in più, se ti servono.
2. Con il nuovo governo, le cose sarebbero dovute cambiare in meglio.
3. Dovresti cambiarti: si sta facendo tardi.
4. Bisogna che si accertino di avere il passaporto.
5. Tre persone in meno per cena vuol dire che ci serve un pollo soltanto.
6. Preferirebbero mangiare fuori piuttosto che cucinare.
7. Preferirei non dover andare in banca.
8. Chi è l'alunno più alto della classe?

9. Stranamente, la regina potrebbe non essere la donna più ricca d'Inghilterra.
10. Questo è il quadro più antico e più prezioso della nostra collezione.
11. Era davvero una donna fra le più belle.
12. Più ne parlavamo, più scoprivamo di non poterci trovare d'accordo.
13. Avevo l'impressione che più mangiavo più fame avevo.
14. Questo tuo giardino diventa sempre più bello.
15. Siamo usciti di casa zitti zitti.
16. Se la situazione finanziaria non cambia, sarà sempre meno facile assumere nuovo personale.
17. Più sento parlare di questa storia e meno mi piace.

16 Aspects of sentence structure

16.1 Basic organization of declarative sentences

1. Ha telefonato tuo fratello. Puoi richiamarlo?
2. È successa una cosa straordinaria: abbiamo vinto alla lotteria!
3. Finalmente, sono arrivati tutti i vestiti che avevo ordinato.
4. Passerà una settimana, prima che si faccia vivo qualcuno!
5. È arrivato il pacco che aspettavi: è in camera tua.
6. Per questa ricetta, bastano tre uova.

16.2 Left-marked word order

1. Quei dolci li avevo comprati per Anna, non per te.
2. I suoi nonni non li ha mai conosciuti.
3. La cioccolata calda solo Pepino la fa come si deve.
4. Con i fiammiferi non dovete giocarci.
5. Di questo è meglio che non ne parliamo, finiremo per litigare.
6. Veramente caotiche in Italia lo sono solo le metropoli.
7. Mi ha detto che con sua moglie non va più d'accordo.
8. Perché sulla parete di fondo non ci metti il quadro più grande?
9. Un appartamento in città e una casa al mare non potevano certo permetterseli.
10. Mamma, i piselli li ho lasciati, ma la carne l'ho mangiata tutta.
11. A me mio padre la sua macchina non la presta certo.

16.3 Cleft sentences

1. Era con Matteo che volevano parlare, non con suo fratello.
2. È stato uno dei complici che ha confessato/a confessare tutto alla polizia.
3. Sono i suoi colleghi che si fanno/a farsi in quattro per aiutarlo.
4. È stato il desiderio di rivedere la città natale che l'ha fatta/a farla tornare prima del previsto.
5. Siete stati voi a dire/che avete detto a Michele di andarsene?
6. È stata la maggioranza degli italiani che ha voluto/a volere questo governo.

16.4 Right-marked word order

1. L'ho mangiato proprio volentieri, questo gelato.
2. Non hanno avuto tempo di farla, la spesa.
3. Andranno negli Stati Uniti, i miei amici, sai?

4. Non saprei che farci, con questa vecchia bicicletta.
5. Dev'essere ancora chiuso, il caffè che c'è all'angolo.
6. Avresti anche potuto prestargliela, la moto.

16.5 Subordinate clauses: using *che* and/or the infinitive

(a)

1. Temo di dover sentire un'altra delle tue scuse.
2. Deve ancora iniziare, e già si lamenta.
3. Continui a fumare, nonostante gli avvertimenti del medico?
4. Pensavo di andare direttamente a Milano, ma ci ho ripensato.
5. Credi ancora di non aver bisogno di alcun aiuto?
6. Voleva solo essere amata.
7. Purtroppo non me lo posso permettere.
8. Avete imparato a sciare?
9. Ve ne abbiamo parlato soltanto per essere onesti al 100%.
10. Paola adora fare lunghe passeggiate in bicicletta.
11. Aveva sempre sperato di potersi trasferire a Roma.
12. Bisogna pensarci seriamente.
13. Affacciati tu a vedere chi ha suonato.
14. Fece per entrare, ma poi si accorse di qualche ambiguo rumore proveniente dal salone.
15. Ti dispiacerebbe allungarmi quella rivista sul tavolo?
16. In quel corso ti insegnano a dipingere su tela.
17. Vi basti sapere che anche oggi le vendite non sono andate bene.
18. Dubito di poterti aiutare, ma farò del mio meglio.
19. Conviene forse prendere nuovamente in considerazione i termini del contratto.
20. Sembra impossibile contattarlo.
21. Fa troppo caldo per uscire. Non ci possiamo vedere verso le sei?
22. Diventa sempre più difficile valutare i fatti in modo oggettivo.
23. Chiudi gli occhi e immagina di essere a migliaia di chilometri da questo ufficio.
24. Ha appena annunciato di voler sporgere denuncia.
25. Dici di sentirti bene, ma mi risulta difficile crederti.
26. Si rifiutarono di collaborare alla ricostruzione dei fatti.
27. Non vi sembra di perdere tempo?
28. Non crediate di averla fatta franca!
29. Noi si è deciso di partire all'alba per evitare il traffico.
30. Le piace farsi notare da tutti.
31. Mi sembra di essere totalmente fuori luogo.
32. Ci capita spesso vederti passare.
33. Evita di interrompere in continuazione, Anna, per favore!
34. Mi ha detto di attendere nella sala d'aspetto.
35. Ti consiglierei di non tornare sull'argomento.
36. Abbiamo cercato di fartelo capire in tutti i modi, ma era chiaro che tu non ci stavi ad ascoltare per nulla.
37. Ci fermammo ad ammirare quell'incredibile tramonto.
38. Dovremo abituarci a lavorare fino a tarda notte.
39. Ti prego di non ricominciare a lamentarti ancora.
40. Ogni volta che parlo con te, mi sembra di parlare con il muro.
41. Il problema sta nel capire questo punto.
42. Lui si è deciso a partire all'alba per evitare il traffico.

(b)

1. Ti sembra che lui dica una cosa sensata?
2. Non ti sembra che loro esagerino?
3. Credo che Paolo lo abbia fatto bene.
4. Hai l'impressione che io sbagli?
5. Con forza hanno negato che tu sia il responsabile.
6. Forse sa che noi ce ne dobbiamo andare.
7. Dubito che voi possiate essere a Genova per le 3.
8. Sei sicuro che loro possano controllare l'orario del volo?
9. Non ti accorgi che lui è così indisponente di tanto in tanto?
10. Daniele si rammaricò che io avessi ottenuto un voto così basso.
11. Prometto che noi ti manderemo un messaggio appena arriviamo in aeroporto.

16.6 Adjectives as subordinate clauses

1. Tutti lo credevano innocente.
2. Dopo il voto, considerarono la riunione terminata.
3. Il presidente ha già dichiarato la votazione definitiva.
4. Non ti pensavo proprio così meschino.
5. Il capufficio ha consultato anche Simone, benché lo ritenga del tutto incompetente.
6. Ho provato anche i negozi del centro, sebbene lo sospettassi inutile.

16.7 Adjective + preposition + infinitive

1. Siamo tutti consapevoli di esserci meritati questa punizione.
2. Nessuno era pronto a partire a quell'ora.
3. L'ho trovato un romanzo difficile da capire e pesantissimo da leggere.
4. I delegati sono stati concordi nel richiedere un rinvio della decisione.
5. Sono proprio curiosa di vedere che cos'hanno combinato da soli.
6. Ma sei sicuro che questi funghi siano buoni da mangiare?
7. Dopo cena, i bambini sono liberi di guardare la televisione.
8. Lo credeva incapace persino di cambiare una lampadina.
9. I primi a sparire sono sempre i generi alimentari di base, come pasta e riso.
10. I passeggeri sono stati costretti a completare il viaggio in autobus.
11. Strano a dirsi, per quella parte era stata scelta un'attrice sconosciuta.

16.8 Other uses of the infinitive in subordinate clauses

1. Verrei volentieri in centro con te, ma ho molto da fare.
2. Giacomo ha ancora un esame da dare e poi avrà finito.
3. Ci sono tutte queste lettere da imbucare.
4. Federico ha chiesto a Nicoletta di sposarlo, ma lei gli ha risposto di no.
5. Mi sembra di essere già stato qui.
6. Non era sicuro di averla convinta.
7. Ho sentito squillare il telefono e sono corso a rispondere.
8. Quando l'ha visto aprire la portiera dell'auto, è uscito dal suo nascondiglio.
9. Se sentono criticare insegnanti e infermieri, si arrabbiano subito.
10. Lo vedevamo prendere appunti come un pazzo per tutta la lezione.
11. Prima la folla sentì la donna gridare e poi la vide cadere a terra.
12. Ecco che arriva il nostro autobus.
13. Se guardate fuori della finestra, vedrete la signora Binni che cura il giardino, come fa sempre.

16.9 Conditional sentences

(a)

1. Se domani vado in centro, ti chiamo/ti chiamerò.
2. Se non si va in centro oggi, ci si andrà/va domani.
3. Se ti senti così in colpa, confessaglielo!
4. Se hai cercato di contattare il tuo studente per lettera e per email senza ottenere nessuna risposta, hai fatto davvero tutto quello che potevi fare.
5. Se continui a dormire così poche ore per notte, la tua salute ne soffrirà presto.
6. Se ci pensi bene, capirai di avere torto.
7. Se non le hai telefonato domenica scorsa, devi assolutamente farlo oggi.
8. Se Giorgio intende andarsene, vada pure!
9. Se devi farmi questo favore così di malumore, non farlo, per favore.
10. Se lo sapeva, certo non me l'ha detto.
11. Se non avrai completato il lavoro per domattina, sarà Luca a finirlo per te.

(b)

1. ti telefonerei più spesso.
2. uscirei con gli amici tutte le sere.
3. mi iscriverei a un corso di balli latino-americani.
4. porterei il mio cane in giro più spesso.
5. cucinerei per i miei amici.
6. farei un po' di giardinaggio.
7. non dormirei fino a mezzogiorno.
8. non prenderei sempre l'ascensore.
9. leggerei di più.
10. andrei a far la spesa a piedi.

(c)

1. Se ce lo fossimo potuti permettere, avremmo comprato un rustico in collina.
2. Se tu avessi dovuto scegliere, che tipo di lavoro avresti scelto?
3. Se avessi fatto l'abbonamento dell'autobus, avrei risparmiato circa 20 euro al mese.
4. Se Luigi fosse stato in Italia, ci avrebbe contattato.
5. Se avessi trovato un'offerta per il fine settimana, ti sarei venuto sicuramente a trovare.
6. Se aveste potuto darmi una risposta entro stasera, ve ne sarei stata molto grata.
7. Se fossi riuscito/a a ottenere quel posto, mi sarei trasferito/a a Milano senza problemi.
8. So che se fossimo andati/e a quella festa, sicuramente ci saremmo divertiti/e.
9. Se si fosse saputo organizzare meglio, avrebbe guadagnato molto tempo.
10. Se avessi avuto coraggio, lo avrei fatto.
11. Se questa bicicletta non fosse stata così scomoda, l'avrei usata molto più spesso.
12. Come se fosse cambiato qualcosa, se avessi ammesso che avevi ragione ...

(d)

1. Se fossi ricco, potrei comprarmi la macchina.
2. Se non gli piacesse ballare, non sarebbe venuto in discoteca.
3. Se il tempo fosse stato bello, saremmo usciti per una passeggiata.
4. Se avesse studiato a sufficienza, avrebbe superato l'esame brillantemente.
5. Se non fumasse tantissimo, non tossirebbe continuamente.
6. Se fossi più ottimista, la vita ti sembrerebbe più bella!

7. Se non dovessimo finire di installare il collegamento ad Internet, saremmo andati fuori a cena con Marco e Anna.
8. Se non fosse costato troppo, te l'avrei comprato.
9. Se avessi fame, farei colazione.
10. Se non avessi perso il suo indirizzo, gli avrei scritto.
11. Se Giulia non avesse trascorso un anno in Inghilterra, adesso non parlerebbe l'inglese benissimo.
12. Se avessi la macchina, andrei da Marco.
13. Se tu mi avessi inviato l'allegato, avrei potuto correggere le tue bozze.
14. Se la mia carta d'identità non fosse scaduta, avrei potuto fare il check-in.
15. Se il telefonino non fosse stato scarico, avrei potuto sentire il tuo messaggio.

(e)

1. Se potessi, lo comprerei immediatamente.
2. Se anche dovessi subire le peggiori torture, non aprirei bocca.
3. Se me l'avessi fatto sapere prima, sarei venuta a prenderti all'aeroporto.
4. Se vincessi la lotteria, mi licenzierei il giorno stesso e prenderei il primo volo in partenza da Linate.
5. Se tu cambiassi idea, fammelo sapere.
6. Se venisse a piovere, dovremo spostarci sotto la tettoia.
7. Se lo avessi detto, Marina, avrei provveduto a correggere questa svista.
8. Se ci penso bene, forse non hai tutti i torti.
9. Se leggi questo, mi dirai tu se non ho ragione!
10. Se ci si crederà, succederà.

17 Negative constructions

17.1 Negation with *non*

1. Giacomo non parla molto bene l'inglese.
2. Non sta piovendo molto forte.
3. Non raccontatemi com'è andata!
4. Non te l'avevo spiegato io.
5. Non dirglielo subito!
6. I viaggiatori non provenienti dai Paesi dell'UE procedano al controllo passaporti.
7. Questo scompartimento è riservato ai non fumatori.
8. Non tutti sono d'accordo con te, mio caro!
9. Non sempre è facile prendere una decisione del genere.
10. Non molti si fidano esclusivamente delle terapie tradizionali.
11. Gli oggetti non utilizzabili vanno messi da parte.
12. Quali insulti non gli sono usciti di bocca!
13. Bevo solo bevande non gassate.
14. Non dovevi andare anche tu dal dentista?
15. Non sono scontati anche questi pantaloni?
16. I prodotti non commestibili saranno collocati sulla destra.

17.2 Using *no, meno* and *mica*

1. Non sarà mica uscito da solo?
2. Non sei mica stato il primo a scoprirlo!
3. Avete finito o no di ridere?

4. Per mesi non era riuscito a decidersi se iscriversi all'università o meno.
5. Non ci sarebbe mica una taglia più grande?
6. Non sanno mica che devono spostarsi.
7. Sanno che devono spostarsi o no?
8. Tutti i partecipanti, (principianti e non, esperti o meno) si sono divertiti moltissimo.
9. Non toccate mica la presa di corrente!
10. Sai mica dove devo consegnare questo modulo?
11. L'importante non è mica la difficoltà o meno del progetto, ma la sua legittimità.

17.3 The type *Nessuno viene* v. *Non viene nessuno*

1. Non sono riuscito a telefonare a mia madre nemmeno oggi.
2. Non potrà convincerlo nessuno a rinunciare.
3. Niente di preoccupante è successo.
4. Secondo Mauro, nessuno di loro verrà in discoteca.
5. Ma come, non hai né studiato né riordinato la tua camera?
6. Non potremmo mai chiedergli di aiutarci!
7. In natura, non si crea nulla e non si distrugge nulla, ma tutto si trasforma.
8. Neppure quelli del soccorso stradale sono riusciti a far partire la mia macchina.
9. Non smetteva di agitarsi neanche quando dormiva.
10. Non avrei voluto incontrarlo mai più!
11. Non sa dove sia andato a finire né suo padre né sua madre!
12. Non mi può giudicare nessuno, nemmeno tu!

17.4 *Non ... più* and other negative adverbs

1. No, non è affatto vero.
2. No, non l'ho ancora visitata.
3. No, non abitano più in Italia.
4. No, non ci vado mai.
5. No, non hanno ancora scritto.
6. No, non è stata per niente interessante.
7. No, non fa più freddo.
8. No, non ne vogliamo più.
9. No, non ci vado più.
10. No, non ci andremo più.
11. No, non lo era per niente.

18 Conjunctions and discourse markers

18.1 Co-ordinating conjunctions

1. Alle due di notte, non un minuto di più, gli alcolici non saranno più serviti nelle discoteche. E un'ora più tardi, alle tre del mattino, le discoteche italiane dovranno spegnere la musica, oscurare le piste da ballo e soprattutto mandare tutti a casa.
2. La nuova legge riguarda non solo le discoteche, ma anche tutti i locali dove si fa musica e si servono alcolici, i pub o le birrerie, per esempio.
3. Se riusciremo a ridurre anche di poco il numero di vittime – ha aggiunto il vicepresidente del Consiglio – questo provvedimento sarà stato un successo. Lo definisco una legge moralmente giusta, anche se qualcuno storcerà il naso per

questo aggettivo, ma credo, per il bene dei nostri figli, che occorra assumersi le proprie responsabilità.

4. Chiunque abbia sfogliato un paio di volte una rivista di annunci immobiliari avrà notato la presenza di peculiari espressioni altrimenti sconosciute alla lingua italiana.
   A volte la semiotica immobiliare oscilla in un'ambiguità sospetta di malafede; per esempio, la locuzione "Da vedere!!!" non necessariamente significa qualcosa che è meritevole di essere visto, bensì spesso indica qualcosa in tali disastrose condizioni da non poterci credere se non vedendolo coi propri occhi; e ancora, alla scritta cubitale "Grande affare!!!" non segue mai una precisazione che pure ci parrebbe necessaria: ovvero, *per chi* si tratterebbe di un affare.
5. Consigliamo, inoltre, di diffidare del termine "servitissimo", poiché, solitamente indica la presenza nel salotto di casa di un casello della Milano-Laghi.
6. Ci siamo arresi, invece, di fronte alla locuzione "contesto plurisignorile"; non c'è stato infatti possibile comprendere in alcun modo se, rispetto al contesto signorile, quel "pluri" voglia indicare il moltiplicarsi dei signori o delle abitazioni o se, come ha sostenuto un agente immobiliare da noi intervistato, si configura come un accrescitivo, finalizzato a indicare l'estrema signorilità del contesto medesimo.
7. La società contemporanea si è abituata all'idea che risorse essenziali per la vita e per le attività economiche e produttive, come l'acqua, siano inesauribili, a portata di mano, sempre disponibili. Non tutti sanno, tuttavia, che questa fondamentale risorsa è limitata e, in alcune situazioni, comincia anche a scarseggiare.
8. Il mare era molto forte. Gli uomini parlavano fra di loro. Le donne, invece stavano zitte.
9. Il mare era molto forte. Mentre gli uomini parlavano fra di loro, le donne stavano zitte.
10. Letizia Moratti ribadisce la sua idea di tema per la maturità: "Ho cercato di scegliere argomenti che aiutassero i ragazzi a riflettere sui valori umani fondamentali e sui principi di vita. L'ho fatto perché mi sembra importante spingere i ragazzi in questa direzione". Tracce che non servono soltanto a misurare delle capacità, ma piuttosto aiutano a esprimere valori, idee, punti di vista.
11. Quando non ero sotto lo sguardo dei commissari, lo estraevo velocemente e copiavo sul foglio. Come me, lo hanno fatto in molti. Non mi vergogno: anzi.
12. I genitori sono di origine siriano-libanese: per questo motivo Zulemita è musulmana. E per il medesimo motivo le nozze non si sono svolte in chiesa, bensì con una cerimonia civile a Villa Durazzo, una casa del '500 a Santa Margherita.
13. E comunque, per quanto i termini anglosassoni possano sembrarci invasivi, dagli spogli lessicali dello scritto e del parlato, sia quotidiano sia specialistico, risulta che essi sono in realtà un'esigua percentuale del lessico comune degli italiani e raggiungono livelli considerevoli solo in alcuni settori dove l'inglese è ormai lingua franca. Insomma, io non parlerei né di invasione né di necessità di "difenderci".
14. La molecola è sempre H_2O ma in molte parti del mondo è marrone, sporca di fango e portatrice di funghi e batteri e quindi di malattie e di morte, oppure è assente del tutto. Per l'Organizzazione mondiale della Sanità la situazione peggiora: nel 2025 l'oro blu potrebbe essere insufficiente per due persone su tre.
15. Era trascorso quasi un giorno di viaggio. Però si capiva che il peschereccio faticava, i motori facevano uno strano rumore e poi, per almeno tre, quattro ore, abbiamo navigato con lo scafo praticamente piegato su un lato.

16. Siediti pure sul divano. Ti porto qualcosa da bere.
17. Mi hanno scritto al vecchio indirizzo e la lettera è andata persa. Eppure glielo avevo detto che avrei traslocato.

18.2 Declarative and conclusive conjunctions

1. Milano è una città purtroppo sempre più cara, perciò rischia di diventare meno attraente e richiesta.
2. Quando noi camminiamo, in genere lo facciamo con uno scopo ben preciso: viceversa, la danza "non va da nessuna parte", e rappresenta perciò un sistema di atti che ha il suo fine in se stesso. Essa dunque non mira a raggiungere un obiettivo, bensì a "produrre uno stato", un'euforia che coincide con la sua stessa pratica. Ecco così formulata la differenza che passa tra il messaggio della prosa (ossia di chi cammina) e quello della poesia (ovvero di chi danza): il primo si abolisce nella sua funzione, l'altro si riproduce perpetuamente nella sua forma.
3. Fiorella Mannoia, amatissima interprete italiana, ha sorpreso tutti nel suo ultimo tour interpretando con ironia e vivacità persino i ritmi brasiliani. "A questo punto della carriera e della vita – ha spiegato –, non ho più nulla da dimostrare e nulla da pretendere. Perciò posso cercare di prendermi la libertà di giocare e di volare più leggera."
4. La società-spettacolo non vuole cancellare la nobile funzione della poesia, perché sa che ne avrebbe un ritorno d'immagine negativo. E allora, semplicemente, e per arrivare ai grandi numeri, fa della canzone il surrogato di massa della poesia ... C'è però un fatto decisivo a conferma della presenza vitale, anche se occultata dai media più forti, della poesia, e cioè la fiducia tranquilla dei giovanissimi in questo genere espressivo. Qualche anno fa pensavo: com'è possibile che un diciottenne, oggi, affidi il meglio di sé alla poesia, in un mondo che tende a nasconderla? Ebbene, i giovani che scrivono versi, ma non per raccontare le sole sciocchezze in cuore e amore, sono tanti e pienamente persuasi.
5. La firma che lascia sui muri è Alfa: lui si chiama Romeo Rath, è un ragazzone tedesco di 29 anni, nella vita fa il grafico. "Ma è un lavoro come un altro. Perché io sono un writer." Cioè uno che dall'età di 13 anni colora vagoni, muri, saracinesche, palazzi interi. Da venerdì è a Ostia, per partecipare al "Sea writing contest", specie di campionato europeo per graffitari. A fine "contest" i graffiti sui muri resteranno, come le "tag" (cioè le firme) degli autori.
6. Affinché vi sia cibo occorre che vi sia acqua. È quindi fondamentale investire per garantire la disponibilità e l'uso efficiente delle risorse idriche, in un indispensabile contesto di salvaguardia ambientale. Acqua e cibo rappresentano il motore di quello sviluppo autosostenibile cui tutti dobbiamo dare priorità assoluta.
7. L' acqua è un problema globale, ma a differenza del riscaldamento del clima, è affrontabile su scala locale. Lo stress idrico è, per esempio, spesso causato da sprechi locali: in primo luogo dalle inefficienze in agricoltura (attività per la quale utilizziamo il 70% dell'acqua), ma anche da semplici, stupide perdite delle tubature o contaminazioni evitabili.
8. Tutti gli esseri umani, senza distinzione alcuna di sesso, razza, nazionalità e religione, sono titolari di diritti fondamentali riconosciuti da leggi internazionali. Ciò ha portato all'affermazione di un nuovo concetto di cittadinanza, che non è più soltanto "anagrafica", o nazionale, ma che diventa "planetaria" e quindi universale.
9. Antonio Bassolino, presidente della Regione Campania, dice in un'intervista al

Corriere che "è essenziale arrivare ad un accordo leale con Rifondazione. Non basta un'intesa elettorale come nel '96. Anche Bertinotti ne è consapevole. Pertanto se vinceremo le elezioni, dovranno esserci anche ministri di Rifondazione nel governo. So bene quanto sarà complicato mettersi d'accordo..."

10. Le cose stanno diversamente nel campo degli studi storici, che da tempo considerano invece il trasformismo come un fenomeno non necessariamente negativo, a cominciare dalla sua prima e "classica" manifestazione nell' Italia di fine Ottocento. Fu allora, negli anni Ottanta, che il presidente del Consiglio Depretis inaugurò quel sistema per cui il variare dei governi non corrispondeva, come avrebbe voluto il modello anglosassone, all'alternanza tra due schieramenti opposti, bensì a cambiamenti interni a un'unica, ampia maggioranza "centrista", tenuta assieme anche grazie a una politica di favori nei confronti dei singoli deputati e dei loro elettori.
11. Questo libro non persuade interamente quando considera cinquant'anni di politica repubblicana come una riedizione del "sistema trasformista". Resta invece molto convincente la sua analisi delle ragioni obiettive e "di sistema" per cui in Italia è mancata, fino ad anni recenti, l'alternanza tra schieramenti politici diversi.
12. Umberto Bossi ha sempre subordinato ogni decisione alla necessità di difendere con le unghie la sua creatura, vale a dire la Lega. Quando ha sentito aria di bruciato non ha esitato un secondo a compiere incredibili giravolte.
13. Per prevenire questo inganno, Baldovino fonda tutto il suo rapporto col marchese su un patto di onestà di pura forma: chiede che tutti debbano apparire sempre e in ogni cosa onesti, anche se non lo sono. Infatti, Baldovino, per tutta la vita imbroglione e sregolato, accetta questo vile patto solo per provare il piacere di apparire onesto, in una società che non rende affatto facile l'essere onesti.
14. In Valle d'Aosta si vota con il sistema proporzionale, con uno sbarramento pari ai voti necessari per eleggere almeno due consiglieri. Vale a dire che le sette liste in competizione dovranno ottenere non meno di 4.000–4.400 voti; pari a circa il 5% dei votanti.
15. Le vistose orchidee, a dispetto delle apparenze, avrebbero molto in comune con la pianta dell'asparago. Difficile da credere? Non tanto. Grazie all'analisi comparativa dei geni, infatti, gli studiosi hanno confermato senza lasciar ombra di dubbio che le orchidee appartengono all'ordine delle Asparagales, gruppo che – oltre a iris e narcisi – include appunto il comune vegetale. Le scoperte dello studio, comunque, non finiscono qui. A differenza di quanto ritenuto finora, infatti, si è trovato anche che le orchidee affondano le loro origini nella notte dei tempi.
16. Nel suo libro Lei ricorre ad un esempio illuminante: che senso ha utilizzare una telecamera posta dietro a una porta, punto nel quale l'arbitro non si potrà mai trovare durante la partita, e in base ad essa giudicarne la prestazione? "In effetti tutto questo è senza logica. L'arbitro è solo contro 20 telecamere."
17. La motovedetta è lurida, rugginosa. L'idea che possa prendere il largo e affrontare le onde per un pattugliamento anche di poche ore lascia perplesso lo stesso comandante. "Be', in effetti, usciamo solo se le condizioni del mare lo consentono."
18. Invece occorre dare la precedenza alle nuove quote di ingresso: è miope bloccare le frontiere. Per tanti motivi. Prima di tutto perché la povertà di certi Paesi continuerà a esistere. E poi perché non si possono fermare certi settori della produzione legati al lavoro extracomunitario. In altre parole, più che alle motovedette è importante pensare ai flussi di ingresso regolare. Anche perché se si stabilisce che un Paese potrà avere una quota riservata di 10 mila persone

farà di tutto per impedire che dal suo territorio partano nuovi clandestini: altrimenti l'accordo salterebbe.

19. Chi scrive sui muri oggi non parla più agli altri, si esprime, parla fondamentalmente a se stesso. In effetti, delle scritte dei cosiddetti "writers" non si capisce niente e non c'è niente da capire. Il significato sta nell'azione stessa, nel gesto. Nella pura e semplice segnalazione della propria esistenza.
20. La performance faceva parte della serie "Parola suono pensiero" nell'ambito della rassegna "Poesia festival di Verona e della Valpolicella", che va avanti dal 15 maggio. La gente alla fine ha fatto la fila per avere una "poesia personalizzata" al computer. In altre parole: scrivendo nome e cognome il computer provvede a mescolare i circa 400 versi che Balestrini ha riversato in un database estraendo quelli consoni alle lettere dell'interessato.

18.3 Causal and conclusive conjunctions

1. Se fossimo nel mondo di Harry Potter sarebbe una magia, ma siccome siamo nel mondo dei babbani non può che essere stato un furto.
2. E dato che il libro è anche troppo spesso per le misure standard delle cassette, la Royal Mail invita coloro che abbiano ordinato una copia del libro a stare in casa ad aspettarlo.
3. Quando Garibaldi era a Caprera, il postino gli portava la corrispondenza dentro cestoni trainati da un carretto. Le donne gli inviavano messaggi appassionati e lui rispondeva a tutte. Le spese di affrancatura diventarono insostenibili, al punto che un giorno fece pubblicare un appello: se non gli avessero mandato dei francobolli, disse, sarebbe stato costretto a vendere la camicia.
4. Ma la quiete sembra solo apparente e si temono nuove proteste, dal momento che già la scorsa settimana c'erano stati segnali di insofferenza che avevano mobilitato le forze dell'ordine.
5. Ho sistemato lì la tua bicicletta perché non desse disturbo.
6. Vorremmo fare un'osservazione conclusiva, visto che il tempo passa.
7. Se non ne sono rimasto impressionato, è perché un'emozione non può essere suscitata da un'indagine astratta.
8. "Il servizio – spiega il presidente Roberto Vernarelli – è nato da una precisa esigenza di molte mamme, soprattutto separate, che nel nostro territorio sono sempre di più. Con la chiusura delle scuole molte di loro non sanno a chi affidare i figli quando vanno a lavorare. E, siccome il costo medio di una baby sitter è di 8 euro l'ora abbiamo cercato di andare loro incontro con la richiesta di un piccolo contributo, il resto lo pagherà il municipio".
9. Ha rivolto un appello ai parlamentari affinché chiedano al ministro quali siano le intenzioni del governo sul futuro dello scalo aereo di Firenze.
10. Considerato che questo contratto scadrà a marzo, sarebbe opportuno iniziare le trattative per il suo rinnovo.
11. Si avvia a festeggiare i vent'anni d'età il Coro di voci bianche del Teatro alla Scala e del Conservatorio "G. Verdi" di Milano. Due decenni di storia che il coro formato da bambini e adolescenti di ambedue i sessi e costituito nel 1984 da Gerhard Schmidt-Gaden ha "sfruttato" per crescere in esperienza e fama. Sono infatti tanti i compositori contemporanei che hanno "lavorato" per questa formazione al punto che, accanto all'attività regolare nelle produzioni liriche della Scala, il Coro di voci bianche si è ormai ritagliato un proprio spazio autonomo.
12. Pur di riuscire ad ottenere la nomina, sarebbe stato disposto a fare qualsiasi cosa.

13. Il successo o l'insuccesso del semestre italiano di Presidenza europea si misurerà anche su questo: si riuscirà a ottenere in tempi brevi che l'Unione investa attenzione e risorse per fronteggiare il traffico clandestino nel Mediterraneo? Sappiamo che gli sbarchi sul territorio italiano non riguardano solo noi, dal momento che, giunta in Italia, una parte consistente di clandestini si dirige verso altri Paesi, come Germania e Francia.
14. Si sforzavano di italianizzare il loro inglese, in modo da farmi capire il più possibile.
15. Potremo mandare un numero considerevole di rappresentanti, in quanto la nostra associazione annovera più iscritti a livello nazionale.
16. Affinché l'ipnosi agisca nel caso in cui si desideri smettere di fumare, la volontà di smettere deve essere forte e radicata: se non c'è convincimento, è inutile tentare.

18.4 Conditional and concessive conjunctions

1. Sempre che tutto vada bene, Marina arriverà stanotte alle tre alla Stazione Termini.
2. A patto che tu me lo restituisca stasera, non ho problemi a prestarti il mio libro.
3. Benché vivano in condizioni economiche piuttosto disagiate, non fanno mancare nulla ai figli.
4. Sì agli integratori alimentari, purché servano davvero. (*Direttiva 15/2001/CE*)
5. Ancorché "non completo", come lo definisce il Corretti, il censimento dei siti di produzione siderurgica elbani, costituisce un punto di arrivo importante per la storia della metallurgia medievale.
6. In Friuli, paese, quantunque che freddo, lieto di belle montagne, di più fiumi e di chiare fontane, è una terra chiamata Udine, nella quale fu già una bella e nobile donna, chiamata madonna Dianora. (*Boccaccio*)
7. A costo di lavorare giorno e notte, sono deciso a saldare tutti i miei debiti entro fine luglio.
8. La disponibilità di fondi per un progetto, all'epoca ancora molto vago e comunque senza ricadute immediate, fu dovuta alla grande quantità di denaro che il governo americano destinava a ricerche militari. Questo spiega il perché la rete si sviluppò in America, anche se la sua tecnica base era stata concepita in Europa.
9. Sempre che tutto vada bene, Anna dovrebbe iniziare il suo nuovo lavoro a Londra fra un paio di settimane.
10. Pur consapevole dei rischi dell'operazione, la signora Bartoli non ha avuto alcun dubbio nel dare il proprio assenso.
11. Nonostante che di telelavoro si parli da oltre vent'anni, le prime consistenti applicazioni pratiche del lavoro svolto a distanza grazie all'utilizzo delle tecnologie informatiche e telematiche sono molto più recenti.

18.5 Time conjunctions

1. Quando fa così caldo, non è prudente esporsi a lunghi bagni di sole.
2. Esponiamo la bandiera della pace dal balcone di casa nostra, dalla finestra dell'ufficio, dal campanile della chiesa, dal pennone del municipio finché non sarà scongiurata la minaccia della guerra.
3. Sono passati più di quarant'anni, da quando gli ultimi tram passavano sferragliando per le strade fiorentine.
4. Il francese Alain Robert, meglio noto col soprannome di 'l'uomo ragno', è stato fermato ieri a Singapore mentre tentava di scalare un grattacielo di 63 piani.

5. Man mano che imparate a conoscere il vostro bambino e a riconoscere i suoi segnali, comincerete probabilmente a notare il ripetersi di alcuni schemi di comportamento, specialmente per quanto riguarda il sonno e l'alimentazione, schemi che potranno comunque variare da un giorno all'altro.
6. Potrai modificare queste due impostazioni ogni volta che invii un messaggio, attraverso le "Opzioni avanzate" nella pagina di composizione del messaggio.
7. Prima di spedire la raccomandata, per favore assicurati di avere incluso tutti i documenti.
8. Appena scesa dall'autobus, mi ricordai di aver dimenticato a casa il telefonino e la lista della spesa.
9. Mentre ero in banca, i ladri sono entrati in casa, l'hanno messa a soqquadro e hanno rubato tutti gli oggetti di valore in camera nostra, finché non hanno sentito arrivare una macchina nel cortile. A quel punto se la sono data a gambe levate.
10. Cosa ne dici di chiedere ad Andrew quando sia il periodo migliore dell'anno per andare in Australia?
11. Se ti rimproveravo, non mi rivolgevi la parola per giorni. Era difficilissimo trattare con te, sai, quando avevi più o meno diciassette-diciotto anni, prima di iscriverti all'università.
12. Fate fondere in un pentolino i 2/3 del burro con la maizena e 30 grammi di farina. Mescolate energicamente senza mai interrompere fino a che non avrà preso un leggero colore, a questo punto versare 1 litro e mezzo di latte preventivamente scaldato e far cuocere prima fino a che non si ispessisce.
13. Finché la barca va, lasciala andare!
14. Un'idea, finché resta un'idea è soltanto un'astrazione. (*Giorgio Gaber*)

18.6 Discourse markers and interjections

1. Mah! Non so davvero come spiegarmi questo atteggiamento ostile di Daniele, sai?!?
2. Anch'io avrei pensato ad una soluzione di questo tipo. Gianni, invece, ha un'idea diametralmente opposta alla mia per risolvere il caso.
3. Siamo partiti da Parigi all'una, ci siamo fermati ad Avignone per un paio d'ore, poi a Marsiglia; il giorno dopo a Saint-Tropez e a Montecarlo; insomma, per farla breve, siamo arrivati a casa soltanto ieri in tarda serata.
4. Vieni al cinema con me, Luca, questa sera?
   Veramente devo finire questo saggio per domani.
5. Guarda, se non te la senti, non venire proprio!
6. Proprio come ti dicevo, per l'appunto!
7. Questa sera vado a trovare Graziana.
   A proposito, quando la vedi, potresti restituirle questo libro?
8. Vieni con noi, vero, Marco?
   Beh, non credo, purtroppo.
   Peccato! Sono sicuro che ti divertiresti!
9. Come sta Anna, Elena?
   Boh! Che ne so? Chi la vede più?!?
10. Basta, Andrea, con questa storia! Non se ne può proprio più.
    Dacci un taglio!
11. Anche tu approvi questo punto, no?
    Certo. Non c'è dubbio che sia una buona idea.
12. Puoi chiedere un passaggio a Giovanna per stasera. Magari viene in macchina.

13. Mamma, mi porti su gli occhiali?
    Sono al telefono, Luca!
    Eh?
    Ho detto che sono al telefono. Non posso portarti gli occhiali ora.
14. Ahi!
    Cos'è successo?
    Mi sono appena tagliata!
15. Ti sei ricordato di mandare un'email a Marcello?
    Accidenti, papà, me ne sono dimenticato!

19 Word derivation

19.1 Compounds and conversion

copriletto
coprifuoco
passaparola
mangiafumo
posacenere
cassaforte
tagliaerba
aspirapolvere
stendipanni
telecomando

19.2 Prefixes and suffixes

(a)

1. preconfezionato
2. ex-marito
3. scorretto
4. inutile
5. oliveto
6. verdastro
7. postino
8. dentista
9. attrice
10. lavoratore
11. fogliame
12. sbucciare
13. stravecchio
14. decaffeinato
15. prepagato
16. insegnante
17. ragazzino
18. asociale

(b)

1. fattibile
2. milanese
3. orgoglioso

4. portoghese
5. cinese
6. ossuto
7. portabile
8. popolare
9. ammirevole
10. dimostrabile
11. perugino
12. sorridente

(c)

1. umanesimo/umanità
2. amoralità
3. scricchiolio
4. sudiciume
5. bonifica
6. guardata/sguardo
7. ricevimento/ricevuta
8. credibilità

(d)

1. sereno
2. informare
3. Reggio Calabria
4. nazione
5. calpestare
6. pallavolo

19.3 Evaluative suffixes

(a)

1. libriccino
2. bambinona
3. giretto
4. bastoncino
5. tempaccio
6. nerastro

(b)

1. una ragazzona
2. un appartamentino
3. un discorsone
4. un vinaccio
5. un orsacchiotto
6. un poetastro
7. malaticcio

(c)

1. tadpole
2. bodice

3. easel
4. battalion
5. windmill
6. handcuff

20 Time expressions

20.1 Telling the time

(a)

1 Sono le tre e un quarto
2. È la mezza
3. È l'una e venti
4. Sono le cinque meno dieci
5. Sono le quattro e trentacinque
6. Sono le sei e venticinque

(b)

1. Alle otto meno venti
2. All'una e un quarto
3. Alle sette e cinque
4. Alle undici e mezza
5. Alle nove esatte
6. A mezzanotte

20.2 Days, months, seasons, etc.

1. Mio fratello esce sempre con gli amici la domenica sera.
2. D'inverno alle sei di sera è già buio.
3. Abbiamo fatto tardissimo: siamo tornati alle due di notte!
4. Ci hanno regalato una bottiglia di vino di ottima annata.
5. Che bella serata abbiamo passato con i tuoi genitori!
6. Questa sera ceniamo fuori, se ne hai voglia.
7. Suo padre era nato il primo aprile.
8. Nel 1981 ci fu un disastroso terremoto.
9. Oggi è il dieci di giugno.
10. Il marito di mia cugina non è anziano: avrà sì e no una cinquantina d'anni.
11. Aveva conosciuto la moglie quando lei era appena sedicenne.
12. È orfano da quando aveva dodici anni.

20.3 Expressions of frequency and time adjectives

1. Usciamo almeno una volta alla settimana.
2. L'autobus per il centro città passa ogni venti minuti circa.
3. Cerco di telefonare a mia madre un giorno sì e uno no.
4. Ogni quanto vai dal dentista?
5. Prenda queste compresse quattro volte al giorno, ogni sei ore.
6. Hai visto Riccardo la settimana scorsa?
7. Ho saputo che se n'era andato la settimana precedente.
8. Il nostro gruppo si riunisce l'ultimo lunedì del mese.
9. Traslochiamo il mese prossimo.

10. Vuoi fermarti a cena?
    Un'altra volta, magari.
11. Siamo arrivati il giorno prima di Natale e siamo ripartiti la settimana seguente.
12. Attualmente non ci sono posti.

21 Forms of address

21.1 Forms and syntax of pronouns and verb forms used in addressing someone

(a)

1. Sergio, Lei è stato così gentile ad interessarsi di questo caso.
2. Davvero Vi siete recata in città nel pomeriggio, contessa?
3. Quando vi siete accorti di aver perso il passaporto?
4. Professor Biagini, l'ho sentita ieri sera alla radio!
5. Professoressa Nannini, l'ho sentita ieri sera alla radio!
6. La Signoria Vostra è pregata di presentarSi appena possibile.
7. Cosa ordinano, Signori?
8. Non sapevo che lei si fosse occupata di questa questione.
9. Franco, non sapevo che fosse stato Lei ad essersi occupato di questa questione.
10. Marinella non sarà all'università oggi: ti dispiacerebbe fare lezione tu ai suoi studenti?
11. Professor De Carlo, La ringrazio molto per la Sua lettera.

(b)

1. Quando arriva all'incrocio, volti a destra in via Garibaldi.
2. Se non sa cosa regalargli, chieda a Paola direttamente.
3. Può prendere l'autobus per il centro ogni 10 minuti.
4. Fabrizio, ti senti bene?
5. Bigliardi, quando hai un attimo di tempo per Lunari?
6. Prendi pure il libro dallo scaffale.
7. Gabriele, parte oggi per la Sardegna?
8. Si serva pure, per favore.
9. Non disturbarti. Me la caverò da solo.
10. Cosa ne pensi di questa proposta?
11. Gliene sarei davvero grato, Mario.

21.2 Uses of the address forms *tu, Lei, voi, Ella, La Signoria Vostra,* etc.

1. Papà, non dimenticarti di comprare i biglietti per la partita.
2. Cara Benevelli, Le auguro buone vacanze.
3. Buongiorno, Professore, mi sa dire se la biblioteca è aperta oggi?
4. Onorevole De Giorgi, posso rivolgerLe qualche domanda sui risultati delle ultime elezioni?
5. Sant'Antonio, non mi abbandonate!
6. Cari colleghi, vi sarei grata se mi poteste comunicare al più presto il vostro piano ferie.
7. Eccellenza, Ella è stata una presenza davvero insostituibile per la nostra comunità.
8. Mi dà un chilo di ciabattine, Dante, per favore?
9. Anna e Giuliana, venite a prendere un caffè al bar?
10. Marco, ti presento Luca, il figlio di Martina e Stefano.

11. Siamo onorati di informarLa che Ella è stata indicata dal Dipartimento come migliore studente dell'anno.
12. La Signoria Vostra è invitata al ricevimento a Palazzo Magnani martedì 26 giugno, alle 17.

21.3 Salutations, titles and address forms: *Ciao, bello!* v. *Buonasera, signore*

1. Ciao, Gianni. Come stai?
2. Buonasera, signori Caraffi. Si accomodino!
3. Ohé, Mario! Dove stai andando?
4. Gianni, puoi/può richiamare fra cinque minuti, per favore?
5. Ingegner Fabbri, è in ufficio domattina?
6. Anna, non dimenticarti di passare a prendere tua sorella quando torni dal corso!
7. Ciao, bello! Tutto bene? Dai, vieni con noi a Riccione!

Index